K-WPPSI-IV
이해와 활용

장희순 · 박혜근 · 최은실 공저

Practical Guide for K-WPPSI-IV Assessment

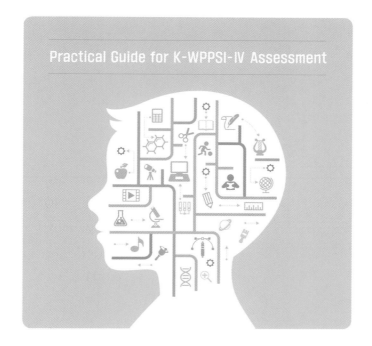

학지사

아이를 키우는 부모가 자녀의 성장과정을 지켜보면서 놀라고 신기해 하는 것처럼, 저자들도 오랜 기간 동안 학교와 임상장면에서 유ㆍ아동 발달에 관해 공부하고 연구하며 아이들이 보이는 변화와 성장의 모습이 경이로웠을 뿐만 아니라, 아이들의 잠재력과 탄력성에 감동하기도 하였다. 아이들이 가진 변화와 성장의 잠재력은 성인보다 훨씬 크기에, 아이에 대한 심리평가는 성인에 대한 심리평가와 달리 발달적 요소에 대한 고려가 필요하다.

개인의 지적 수준을 평가하기 위한 대표적 심리검사 중 하나인 웩슬러 (Wechsler) 지능검사의 개발 과정에서도 이러한 발달적 특성을 고려하여 성인용과 아동용이 구분되어 제작되었고, 가장 마지막으로 어린 유아를 위한 유아용 지능검사가 제작되었다. 우리나라에서는 WPPSI-R(Wechsler, 1989)을 표준화한 한국판 웩슬러 유아용 지능검사(Korean Wechsler Preschool and Primary Scale of Intelligence, 이하 K-WPPSI)가 1996년도에 표준화되어 출간된 이후, 20년 뒤인 2016년에서야 한국판 웩슬러 유아용 지능검사 4판(Korean Wechsler Preschool and Primary Scale of Intelligence Forth Edition, 이하 K-WPPSI-IV)이 출간되었다. 새로운 개정판이 나오기를 오랫동안 손꼽아 기다리던 중에 들려온 K-WPPSI-IV 출간 소식은 관련 분야 전문가들에게 너무나 반갑고 기쁜 일이었다. 새롭게 개정된 K-WPPIS-IV는 웩슬러 지능검사의 다른 개정판들이 그러하듯 지능과 지능검사에 관한 최신의 이론을 반영하여 새로운 변화를 많이 담고 있다. 새롭게 개정된 K-WPPSI-IV는 2세 6개월~7세 7개월 사이의 유아를 대상으로 하며, 유아의 인지능력에 대한 보다 신뢰도 높고 상세한 평가를 가능하게 해 주는 도구이다.

새로운 K-WPPSI-IV가 출간된 이후, K-WPPSI-IV를 사용하여 유아의 인지기능과 특성을 보다 더 잘 평가하고, 산출된 검사결과를 적절히 해석하여 개입과 치료에 활용하는 데 도움을 줄 수 있는 가이드라인의 필요성을 절실히 느끼고 있던 중, 이에 공감한 이 책의 저자들이 의기투합하여 작업을 시작하게 되었다. 저자들은 이화여자대학교 심리학과에서 발달 및 발달임상심리를 전공한 선후배 사이로, 임상심리와 발달심리 분야에서 연구와 치료 그리고 슈퍼비전을 해 온 전문가들이다. 저자들은 각자의 교육 및 평가, 슈퍼비전 등의 경험을 공유하면서 학생들이나 수련 과정에 있는 수련생들에게 좀 더 친절하고 이해하기 쉬운 방식이 무엇일지에 대해서 고민하였고, 그러한 고민과 논의가 최대한 이 책에 반영될 수 있도록 노력하였다. 기존의 국내외 관련 저서들을 참고하되, 해석 절차는 각 단계가 좀 더 명확하고 구체적으로 드러나도록 도식화하였고, 동시에 본문의 작성 체계를 각 단계와 일치되는 방식으로 기술, 편집하여 독자들이 좀 더 직관적으로 각 단계의 내용을 파악할 수 있도록 노력하였다. 또한 여러 단계에 걸쳐 분석이 이루어지는 과정을 좀 더 이해하기 쉽게 하고자 예시를 사용하여 전체 분석 절차를 다시 한 번 더 확인할 수 있게 하였다.

그런데 임상장면에서 지능검사는 단순히 아동의 지적 수준을 파악하기 위한 목적보다는 아동의 인지기능과 특성을 파악하기 위한 좀 더 포괄적인 목적을 가지며, 지능검사 결과는 좀 더 넓은 심리평가의 맥락 내에서 이해되어야 한다. 이러한 점을 고려하여 임상장면에서 흔히 접하게 되는 발달 문제를 중심으로 한 심리평가 보고서 예시를 제공하였다. 예시에서는 K-WPPSI-IV의 평가 결과를 다른 정보들과 통합하고, 아동에 대한 평가 결과를 아동마다 고유한 방식으로 기술하며 치료적·교육적 제언을 제공하는 등 지능검사 결과를 바탕으로 아동의 인지기능에 대한 좀 더 포괄적인 심리평가 보고서를 작성하는 방식에 대해 안내하고자 하였다. 그러나 잘 통합되고 포괄적인 심리평가 보고서 작성은 K-WPPSI-IV 검사를 표준화된 실시 절차대로 정확하게 실시하고 산출된 결과를 절차에 따라 분석하는 것 이상으로 많은 훈련과 경험, 관련 지식이 요구된다. 이러한 부분은 적절한 교육과 훈련, 슈퍼비전, 심리학적 지식을 쌓아야 가능한 만큼, 독자들은 이 책에 제시된 내용의 범위와 적용이 제한적임을 숙지하길 바란다.

 이 책의 저자들이 관련 분야에서 꽤 오랜 기간 동안 공부하고 아이들을 보아 왔음에도 불구하고 이 책의 집필을 시작해서 완성하는 데 꽤나 긴 시간이 걸렸다. 이미 알고 있는 지식과 내용들임에도 불구하고 이를 체계화하고 구조화하는 데에 많은 고민이 있었고, 부족함을 들키고 싶지 않은 자기애적인 불안감을 감추느라 중요하지 않은 것에 매달려 많은 시간을 허비하고 지연했다. 그럼에도 불구하고 부족하고 미흡한 부분이 너무 많으리라 생각되어 책을 내어놓는 것이 여전히 부끄럽지만, 계속해서 실수해도 또 도전하며 성장하는 아이들처럼 이 작업을 통해 더 성장하고 배우는 기회로 삼고자 한다. 마지막으로, 이 책의 저자들을 대표하여 이 글을 쓰고 있는 대표 저자로서 공저자이신 박혜근, 최은실 선생님께 진심으로 감사드린다. 얼떨결에 대표 저자가 되었으나 두 분이 계시지 않았다면, 그리고 두 분의 열정과 성실함, 꼼꼼함이 없었다면, 이 작업은 시작하지도 못했을뿐더러 끝까지 완성하지도 못했을 것이다. 마지막으로, 기약 없이 늦어지는 이 작업을 끝까지 기다려 주고 지원해 주신 학지사 측에 죄송한 마음과 감사의 마음을 전한다.

2024년 5월
저자 대표 장희순

제**1**장

웩슬러 지능검사의 이해

제**1**장　웹슬러 지능검사의 이해

　지능(intelligence)이라는 단어는 많은 사람에게 널리 사용되고 있어 익숙한 용어이다. 일반 대중의 경우 지능과 IQ를 같은 개념이라고 알고 있는 경우가 많지만, 지능과 IQ는 같지 않을 뿐만 아니라 지능에 대해 단일한 합의된 정의를 내리는 것도 쉽지 않다. 그 이유는 많은 심리학적 구성개념이 그러하듯, 지능 역시 직접적으로 관찰할 수 없고 개인의 행동이나 반응을 통해 간접적으로 추론해야 하기 때문이다. 아동의 지능을 적절히 평가하고 이해하기 위해 검사자는 지능검사를 실시하고 채점하여 IQ 점수를 산출하는 것에서 끝나지 않는다. 지능의 정의에 관한 다양한 정의와 이론을 포함하여 지능이 실제 개인의 적응이나 수행과 어떠한 관련이 있는지와 같은 임상적 지식 그리고 발달 과정 중에 있는 어린 아동의 경우에는 인지발달과 관련된 이론 등에 대해서도 적절한 이해를 갖추어야 한다.

① 지능 이론의 발달과 웹슬러 지능검사

　지능은 우리에게 매우 익숙하고 널리 사용되는 말임에도 불구하고 그 정의에 관한 논쟁이 아직도 진행 중이다. 하지만 이러한 지능에 대한 학문적이고 이론적인 정의와 관련된 논쟁과는 별개로, 개인의 지적인 능력을 측정해야 할 현실적 필요성에 의해 지능검사가 개발되어 사용되었다. 매우 다양한 지능 이론들이 존재하는데, 이 장에서는 현재 가장 널리 사용되고 있는 웹슬러 지능검사에 영향을 미친 지능 이론을 중심으로 지능검사가 어떻게 발전되어 왔는지를 간단하게 소개하고자 한다.

　1905년에 현대적 의미의 지능검사를 최초로 개발했던 알프레드 비네(Alfred

Binet)는 지능을 '잘 판단하고 이해하고 추리하는 일반능력'으로 정의하였다 (Binet, 1905). 이후 웩슬러 지능검사를 만든 웩슬러(Wechsler, 1939)는 지능에 대해 "개인이 합목적적으로 행동하고 합리적으로 사고하여 환경을 효과적으로 다루는 전반적(global)이고 총체적(aggregate)인 능력"으로 정의하였고, 그의 지능에 관한 정의는 보편적으로 널리 사용되고 있다.

지능의 정의와 별개로 임상적 필요성에 의해 지능검사가 개발되어 사용되는 동안 지능에 대한 이론적 연구가 활발히 진행되었다. 지능에 대한 이론적 접근을 다루는 연구자들은 지능검사에 대한 상관분석이나 요인분석 등을 통해 지능의 구성요소를 밝혀내고자 하였다.

먼저, 스피어먼(Spearman, 1904)은 지능에 대해 다양한 과제를 수행하는 데 공통적으로 활용되는 일반요인 g(general factor)와 특정한 과제를 수행하는 데 작용하는 특수요인 s(specific factor)로 구분될 수 있다고 보았다.

한편, 서스톤(Thurstone, 1946)은 스피어먼의 일반요인에 보다 더 다양한 지적 요소가 포함되어 있다고 주장하고, 일곱 가지의 기본능력을 제시하였다.

카텔(Cattell, 1971)은 스피어먼의 2요인 이론과 서스톤의 이론을 결합하여 지능의 일반요인 아래 유동성 지능(fluid intelligence)과 결정성 지능(crystallized intelligence)의 하위 요인이 존재하는 위계모형을 제안하였다(Gf-Gc 이론). 유동성 지능은 유전적이고 선천적으로 갖고 태어나는 능력으로, 뇌와 신경계의 성숙에 의해 발달하고 쇠퇴하는 특성을 가진다. 반면, 결정성 지능은 유동성 지능을 바탕으로 해서 환경, 경험, 문화의 영향을 받아 후천적으로 발달하며, 환경적 자극이 지속되는 한 나이가 들더라도 지속적으로 발달 가능하다.

이러한 지능이론의 영향을 받아 웩슬러는 지능을 총체적인 능력일 뿐만 아니라 특수한 능력들의 집합체로 간주하였고, 웩슬러 지능검사의 가장 큰 특징이기도 했던 전체지능지수(Full Scale IQ)와 언어성 지능지수(Verbal IQ) 그리고 동작성 지능지수(Performance IQ)를 통해 인지능력을 밝혀내고자 하였다(김재환 외, 2014).

카텔의 Gf-Gc 이론 이후 그의 제자였던 호른(Horn)은 Gf-Gc 이론을 기반으로 카텔-호른의 Gf-Gc 이론으로 발전시켰다. 여기에는 1차 요인인 80개의 기초 정신 능력과 유동성 지능, 결정성 지능을 포함하여 시각처리(visual processing: Gv), 단기기억(short-term apprehension and retrieval: SAR), 장기기억 저장 및 인출(tertiary storage and retrieval: TSR), 처리속도(processing speed: Gs), 청각능력(auditory ability: Ga), 양적능력(quantitative mathematical abilities: Gq)의 8개의 2차 요인이 포함된다.

한편, 교육심리학자인 캐럴(Carroll)은 다양한 인지능력의 구조를 밝히고자 460여 개의 지능검사에 대한 요인분석 결과를 바탕으로, 삼층이론(Three Stratum Theory)을 발표하였다. 이 이론은 스피어먼, 서스톤, 카텔과 호른의 이론을 확장해 발전시킨 것으로, 1차 층위(firtst stratum)에는 경험과 학습의 영향을 받는 특정 능력과 같은 수많은 협의의 인지능력(narrow cognitive abilities), 2차 층위에는 1차 층위 요인들이 서로 상관하는 정도와 요인부하량에 따라 수렴되는 대략 8개의 광범위한 능력이 존재한다. 그리고 2차 층위 요인들은 다시 가장 꼭대기 층위의 3차 층위(third stratum)요인인 g 요인에 수렴된다.

카텔-호른의 Gf-Gc와 캐럴의 삼층이론이 소개된 이후, 호른과 캐럴의 합의에 의해 두 이론이 합쳐진 카텔-호른-캐럴(Cattell-Horn-Carroll) 이론(CHC 이론)이 탄생하였다(김상원, 김충육, 2011). CHC 이론에서는 인지능력을 세 단계의 위계적 구조모형으로 제시하는데, 1차 층위에는 70여 개의 협의의 인지능력을, 2차 층위에서는 10개의 광범위한 능력을, 3차 층위에는 g 요인을 가정한다. CHC 이론은 인지능력에 관한 가장 종합적 이론으로 평가받고 있으며, 많은 경험적 연구결과를 통해 지지되고 있다. CHC 이론은 현재 사용되고 있는 여러 지능검사들의 개정판 작업에 영향을 미치면서 웩슬러 유아용 지능검사 3판(WPPSI-Ⅲ)과 웩슬러 아동용 지능검사 4판(WISC-IV), 웩슬러 성인용 지능검사 4판(WAIS-IV)의 개정에 영향을 미쳤다. 그 결과 웩슬러 지능검사의 전통이라 할 정도로 오랫동안 사용되어 오던 언어성 지능지수, 동작성 지능지수, 전체지능지수 대신, 지표(지수)점수 중심으로 변화되었다. 이러한 관점은 이후에 개정된 웩슬러 지능검사들에서도 그대로 유지되었고, 후속 연구결과에서 확인된 요인구조를 반영하려는 시도들이 계속되고 있다. WPPSI-IV 역시 CHC 이론을 반영하여 지표점수가 제공되고 있다. 하지만 지능이 몇 개의 요인으로 구성되는지에 관한 논의는 아직도 진행 중이며, 특히 일부 연구자들은 유아의 지능은 아동이나 성인과 다른 요인 수를 가질 것이라고 보거나 다른 특성이 있을 것이라고 제안하였다(Raiford & Coalson, 2014). 그러므로 검사자는 최신 지능이론과 연구결과에 지속적인 관심을 갖고 새로운 정보를 업데이트할 필요가 있다.

2 웩슬러 지능검사의 발전

앞서 지능이론의 발전이 웩슬러 지능검사의 발전에 미친 영향에 대해 간단하게 소개하였다. 이 장에서는 웩슬러 지능검사가 어떻게 발전해 왔는지에 대해 설명하고자 한다. 웩슬러 지능검사와 한국판 웩슬러 지능검사의 변천사를 비교하면 [그림 1-1]과 같다.

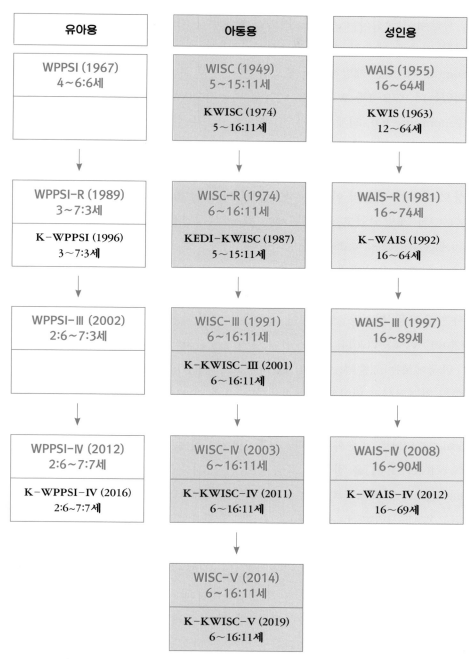

[그림 1-1] 웩슬러 지능검사와 한국판 웩슬러 지능검사의 변천사

웩슬러 지능검사의 시작은 1939년 웩슬러가 기존에 개발되어 있던 지능검사를 기초로 웩슬러-벨뷰 지능검사 1판(Weschler Bellevue Intelligence Scale Form I, WB-I)을 개발하면서 출발하였다. 이후 1946년 WB-II가 새롭게 개발되었는데, WB-I과 WB-II는 언어성 지능지수(Verbal IQ)와 동작성 지능지수(Performance IQ), 전체지능지수(Full Scale IQ)를 산출할 수 있었으며, 편차 IQ를 도입하여 개인이 속한 연령 집단 내에서 상대적 위치를 파악할 수 있게 하였다(Lichtenberger & Kaufman, 2012). 1949년에는 5~15세 11개월의 아동을 대상으로 하는 웩슬러 아동용 지능검사(Wechsler Intelligence Scale for Children: WISC)가 개발되었고, 1955년에는 웩슬러 성인용 지능검사(Wechsler Adult Intelligence Scale: WAIS)가 개발되었다. 다음으로 1967년에는 4:0~6:6세의 더 어린 연령의 유아에게 사용할 수 있는 유아용 웩슬러 검사(Wechsler Preschool and Primary Scale of Intelligence: WPPSI)까지 개발되었다. 이후 웩슬러 지능검사는 유아용, 아동용, 성인용이 계속해서 여러 차례 개정되어 현재 WPPSI-IV(2012), WISC-V(2014), WAIS-IV(2008)가 출판되어 사용되고 있다.

한국에서는 고순덕(1954: 김재환 외, 2014 재인용)이 Wechsler Bellvue II를 웩슬러 지능검사로 번안하여 소개하였다. 이후 1963년 전용신, 서봉연, 이창우가 WAIS(Wechsler, 1955)를 한국판 웩슬러 지능검사(Korean Wechsler Intelligence Scale: KWIS)로 표준화하였다. 이후 1992년 한국임상심리학회에서 WAIS-R(Wechsler, 1981)을 한국판 웩슬러 성인용 지능검사(Korean-Wechsler Adult Intelligence Scale: K-WAIS)로 표준화하였고, WAIS-III(Wechsler, 1997)를 건너뛰고 WAIS-IV(Wechsler, 2008)를 2012년에 황순택, 김지혜, 박광배, 최진영, 홍상황이 K-WAIS-IV로 표준화하여 현재에 이르렀다.

웩슬러 아동용 지능검사의 경우, 1974년 서봉연과 이창우가 WISC (Wechsler, 1949)를 한국판 웩슬러 아동용 지능검사(Korean-Wechsler Intelligence Scale for Children: K-WISC)로 표준화한 데 이어, 1987년에는 한국교육개발원에서 박경숙 등이 WISC-R(Wechsler, 1974)을 한국교육개발원판 웩슬러 아동용 지능검사(Korean Educational Development Institute Wechsler Intelligence Scale for Children: KEDI-WISC)로 표준화하였다. 이어서 2001년에는 WISC-Ⅲ (Wechsler, 1991)가 곽금주, 박혜원, 김청택에 의해 한국판 웩슬러 아동용 지능검사 3판(Korean Wechsler Intelligence Scale for Children-Third Edition: K-WISC-Ⅲ)으로, 2011년에는 WISC-IV(Wechsler, 2003)가 곽금주, 오상우, 김청택에 의해 한국판 웩슬러 아동용 지능검사 4판(Korean Wechsler Intelligence Scale for Children-Forth Edition: K-WISC-IV)으로 개정되었다. 그리고 현재는 WISC-V (Wechsler, 2014)를 곽금주, 장승민이 2019년도에 표준화한 한국판 웩슬러 아동용 지능검사 5판(Korean Wechsler Intelligence Scale for Children-Forth Edition: K-WISC-V)이 출판되어 사용되고 있다.

성인과 아동에게 사용되는 WAIS와 WISC에 비해 더 어린 유아에게 사용 가능한 WPPSI의 경우 가장 나중에 개발되었고, 한국에서도 표준화가 가장 늦게 이루어졌다. 한국에서는 WPPSI-R(Wechsler, 1989)을 1996년도에 박혜원, 곽금주, 박광배가 표준화하여 한국판 웩슬러 유아용 지능검사(Korean Wechsler Preschool and Primary Scale of Intelligence: K-WPPSI)로 출간하였다. 그 이후 WPPSI-Ⅲ(2002)를 건너뛰고 WPPSI-IV(Wechsler, 2012)를 박혜원, 이경옥, 안동현(2016)이 한국판 웩슬러 유아용 지능검사 4판(Korean Wechsler Preschool and Primary Scale of Intelligence Forth Edition: K-WPPSI-IV)으로 출판하였다.

3 K-WPPSI-IV의 신뢰도와 타당도

K-WPPIS-IV의 신뢰도와 타당도에 관한 보다 상세한 내용은『K-WPPSI-IV 기술지침서』(박혜원, 이경옥, 안동현, 2020)를 참고하면 된다. 여기서는『K-WPPSI-IV 기술지침서』에 제시된 내용을 간단하게 살펴보고자 한다. 먼저, K-WPPSI-IV의 소검사 신뢰도(반분신뢰도와 검사-재검사 신뢰도)는 적합한 수준(토막짜기: .75, 모양맞추기: .71, 선택하기 비정렬: .73)~우수한 수준(위치찾기: .94)의 범위에 분포한다. 다만, 〈모양맞추기〉 소검사에서 6:0~6:11세와 7:0~7:7세에서 미국

표본에 비해 신뢰도가 낮게 나타난 것은 해당 소검사에서 한국 아동의 점수가 높아 천정효과가 발생하였기 때문으로, 추후 보완할 필요성이 제기되었다. 기본지표점수의 신뢰도계수 전체 평균은 소검사보다 전반적으로 높게 나타나 유동추론지표 .92, 언어이해지표 .90, 작업기억지표 .88, 처리속도지표 .85, 시공간지표 .80으로 양호한 수준이다. 전체 IQ(.86)와 추가지표점수의 신뢰도 계수도 .73~.91로 적합한 수준~우수한 수준으로 나타났다.

평균 23일(10~43일)의 검사 간격을 두고 재실시한 결과를 통해 산출된 K-WPPSI-IV의 검사-재검사 안정성의 경우, 소검사 수행 간 상관은 .68~.95 범위로 나타났다. 〈위치찾기〉 소검사가 .68로 가장 상관이 낮았고, 〈수용어휘〉, 〈그림명명〉, 〈동물짝짓기〉 소검사는 .91~.95의 높은 상관이 나타났다. 전체지능과 5개의 기본지표 검사-재검사 수행 간 상관은, 전체 IQ의 안정성이 가장 높았고(.90), 작업기억지표가 .75로 가장 낮았다. 거의 모든 소검사에서 재검사 시 1차 검사에 비해 수행이 향상되었는데, 이는 연습효과에 기인한 것으로 추정된다. 따라서 재검사 시 검사 점수의 상승이 실제 기능의 향상을 반영한 것이라기보다 단순한 연습효과일 가능성을 고려해야 한다.

『K-WPPSI-IV 기술지침서』에서는 내용타당도, 반응과정타당도, 내적구조타당도, 공인타당도에 관한 결과가 상세하게 제시되어 있다. 이 가운데 검사문항과 검사요소 간의 관계가 구성개념과 일치하는지를 의미하는 내적구조타당도는 K-WPPSI-IV의 요인구조의 이해와 관련된다. K-WPPSI-IV의 요인구조를 확인하기 위하여 확인적 요인분석을 실시한 결과, 2:6~3:11세 연령군의 경우에는 3요인 모형(언어이해, 시공간, 작업기억의 3개의 1차 요인과 1개의 2차 g 요인)이 가장 적합한 것으로 나타났다. 4:0~7:7세 연령군의 경우에는 5요인 모형(언어이해, 시공간, 유동추론, 작업기억, 처리속도의 5개 1차 요인과 1개의 2차 g 요인)이 가장 적합한 것으로 나타났다.

4 K-WPPSI-IV 이해 및 해석 시 고려사항

지능이라는 용어는 관련 분야를 전공하지 않은 사람들에게도 익숙한 단어
이다. 비전문가들은 흔히 지능을 IQ(지능지수)와 동의어이거나 '공부'를 하는
데 필요한 능력으로 생각하는 경우가 많다. 그리고 지능검사가 그러한 지능을
'잘', '완벽하게' 측정할 수 있는 검사라고 생각한다. 비전문가들의 이러한 생각
은 일부 맞는 부분도 있지만 충분하지 않을 뿐만 아니라, 때로는 잘못된 오해
와 지능검사에 대한 심각한 오남용의 부작용을 낳기도 한다. 이 장에서는 지능
검사를 올바르고 적절하게 사용하며, 정확하게 해석하고, 더 나아가 결과를 적
절히 활용하기 위해 고려해야 할 몇 가지 주제를 살펴보고자 한다.

① IQ와 지능은 같은 개념이다?

앞서 지능 이론과 관련된 부분에서 이야기했지만, 지능을 어떻게 정의할 것
인지는 쉬운 문제가 아니다. 하지만 일반적으로 지능검사를 통해 지능을 측정
하고자 할 때, '지능이란 영리한 사람들이 여러 과제에 걸쳐서 복잡한 문제를
풀 수 있는 능력'이라는 전제를 가정하고 있다고 할 수 있다. 이때 검사 점수
를 지능 자체로 볼 수는 없지만, 검사 수행과 검사 점수를 통해 우리는 간접적
으로 지능을 알 수 있다고 보는 것이다. 처음 지능검사를 만들었던 비네(Binet)
역시 다양한 난이도를 가진 문항을 아이들에게 제시하고 아동이 풀 수 있는 평
균적인 수준을 확인함으로써 아동의 지능을 측정하고자 하였다. 이후 비네 검
사를 미국 상황에 맞게 수정한 터먼(Terman)의 스탠퍼드-비네 검사(Stanford-
Binet Scale)에서 처음으로 지능지수(Intelligence Quotient: IQ)라는 개념이 사
용되었는데, 이때의 IQ는 아동의 생활 연령(chronological age)에 대한 정신연
령(mental age)의 비율을 의미하였기 때문에 현재 사용되고 있는 웩슬러 지능
검사의 IQ와는 다르다. 웩슬러 지능검사는 이전의 지능검사들과 달리 편차
IQ(deviant IQ)를 도입했다. 비율 IQ와 달리 편차 IQ는 지적 능력은 일정 연령
이후부터 연속적으로 발달하지 않는다는 점을 고려하여 지능검사를 통해 얻은

검사 점수의 상대적 위치를 수량화해 나타낸다. 편차 IQ는 각 개인의 검사 점수를 평균 100, 표준편차 15인 표준점수 체계로 바꾸어 개인이 속한 연령 집단에서 해당 개인이 어느 정도에 위치하는지를 알려 준다. 그러므로 IQ가 100인 아동이 IQ가 50인 아동보다 지적 능력이 2배 더 높다는 의미가 아니다. 임상현장에 있다 보면 많은 사람이 IQ를 지적 능력에 대한 절대적 측정치로 생각해서 IQ 점수 자체에 집착하는 경우를 매우 자주 접하게 된다. 그 결과 검사자로부터 자신 혹은 자녀의 IQ를 듣고 난 이후 높은 IQ를 믿고 노력을 하지 않거나 반대로 크게 실망하고 좌절하여 자신이 가진 능력조차도 발휘하지 못하는 경우를 보기도 한다.

IQ 점수의 의미에 대해 잘못 이해하는 것과 더불어 전체 IQ 점수에만 관심을 두는 것도 문제가 될 수 있다. 전체 IQ는 아동의 전반적인 지적 능력에 대한 신뢰할 만한 값이지만, 전체 IQ 점수보다 더 중요한 것은 아동의 인지적 강점과 약점에 관한 구체적 정보를 통해 아동이 가진 능력을 최대한 발휘할 수 있도록 해 주는 중재와 개입이다. 그러므로 검사자는 비전문가인 개인이나 아동의 보호자에게 지능검사 결과를 설명할 때 이러한 점을 분명하게 전달함으로써 잘못된 오해가 생기지 않도록 하는 것이 중요하다.

② 지능검사는 모든 인지능력을 측정할 수 있다?

웩슬러 지능검사는 여러 가지 소검사로 구성되어 있기 때문에 흔히 각각의 소검사를 구분되는 별개의 인지기능을 측정하는 것으로 생각하기 쉽다. 초심 검사자들은 지능검사의 결과를 해석할 때 개별 소검사의 수행점수를 통해 아동의 인지적 특성을 단정하는 실수를 하지 않도록 주의해야 한다. 특정 소검사의 수행이 높거나 낮을 때 해당 소검사가 측정한다고 생각하는 인지능력이 반드시 그리고 언제나 높거나 낮다고는 해석할 수 없다. 지능검사의 소검사 수행에는 다양하고 복합적인 인지기능이 필요하고, 특정한 인지기술에서의 부진은 동시에 여러 소검사의 수행에 영향을 미치면서 각 소검사에 미치는 영향의 정도도 다를 수 있다.

한편, 웩슬러는 자신이 만들어 낸 지능검사가 지능을 완벽하게 측정할 수 있는 검사가 아니라고 생각하였다. 이러한 그의 생각은 추후 지능평가에서의 비지적 요인의 중요성에 대한 강조로 이어졌다. 지능 평가에서 비지적 요인이란 인내, 의지, 끈기뿐만 아니라 불안, 충동성, 정서적 불안정성과 같은 동기와 태도, 성격 특질 등을 포함한다. 웩슬러는 이러한 속성들이 개인의 수행에 영향을 미치지만, 이러한 속성들은 현재 존재하는 지능검사로는 직접적으로 다루기 어렵다고 보았다. 이외에도 지능검사가 직접적으로 측정할 수 없지만 아동의 적응과 수행에 영향을 미치는 다양한 특성이 존재한다. 그러므로 우리가 얻은 아동의 지능검사 결과는 아동의 지능 중 일부분만 알려 주는 자료일 뿐, 여전히 알 수 없고 설명되지 않는 많은 부분이 존재한다고 보아야 한다. 특히 지능검사는 단기적인 학업성취와 직업적 성취는 대체로 잘 예측하지만(그럼에도 불구하고 아동의 학업적 성공의 원인 중 50~75%가 비지적 요인이다!), 창의력, 비학업적 기술, 사회적 상호작용 능력 등을 예측하는 데에는 한계가 있다. 그러므로 검사자는 지능검사가 가진 한계에 대한 인식뿐만 아니라, 지능검사를 통해 알기 어려운 아동의 지적 특성을 파악하기 위하여 면담 및 행동관찰을 포함한 다양한 정보원을 고려하는 것이 요구된다.

③ 어릴 때 지능은 계속 유지된다?

어린 유아의 지능검사 결과를 부모에게 전달할 때 많은 부모가 자녀의 IQ가 어느 정도나 안정적인 것인지 궁금해한다. 관련된 연구들은 아동의 연령이 증가할수록 지능이 좀 더 안정적으로 유지되는 경향이 있음을 시사한다(곽금주, 2016). 따라서 나이가 어릴수록 나이가 더 많은 아동이나 성인보다 IQ가 변화할 가능성이 좀 더 크다고 할 수 있다. 하지만 나이와 IQ의 안정성의 관계는 어린 아동의 IQ가 얼마나 높거나 낮았는지에 따라서도 달라질 수 있다. 흔히 어린 나이에 IQ가 매우 낮은 경우(평가 결과에 영향을 미칠 만한 상황적이거나 일시적인 요인이 없고 정서적인 문제 등과 같은 원인이 아닌 경우와 분명한 기질적 원인이 존재하는 경우 등) 이후 IQ 점수가 크게 상승하기는 어렵다.

한편, 최신의 신경발달 연구결과를 보면, 지능검사에서 처리속도 요인은 중추신경계 시냅스의 연결에서의 수 변화 및 수초화의 증가와 매우 밀접하게 관련되어 있는 것으로 생각되고 있다. 수초화의 증가는 뇌 영역 간의 연결성을 증가시킴으로써 좀 더 통합적인 정보처리와 신경처리의 효율성을 높이는 것으로 알려져 있다. 일부 연구에서 유아의 처리속도가 성장 후 IQ 점수를 예측하기도 하고 청소년의 일반지능 발달을 조정한다고 알려지기도 하였는데(Coyle et al., 2011; Dougherty & Haith, 1997), 이러한 뇌 영역 간 연결성은 6~8세경부터 성숙하기 시작하는 것으로 보인다(Langeslag et al., 2013). 아마도 이러한 뇌의 성숙 정도와 지능의 발달 그리고 지능의 안정성 등이 서로 밀접하게 관련되어 있을 것으로 생각되는 만큼, 나이가 어린 유아를 대상으로 할수록 지능검사 결과는 아동의 현재의 발달 및 기능 수준을 반영하는 것으로 보는 것이 좀 더 적절할 것이다. 무엇보다 아동의 대뇌발달과 지능에 영향을 미치는 환경의 영향은 발달과정에서 누적되어 나이가 들수록 더욱 그 영향력이 커진다는 점을 기억해야 한다. 따라서 발달 초기의 IQ 점수 자체가 중요한 것이 아니라 이후 아동에게 어떠한 자극과 환경을 제공함으로써 지적 발달을 촉진할 것인지가 좀 더 중요하다 할 수 있겠다.

제**2**장

K-WPPSI-IV의 구성

1. K-WPPSI-IV의 연령군에 따른 구성

2. K-WPPSI-IV의 지표척도 소개

3. K-WPPSI-IV의 소검사 소개

제2장   K-WPPSI-IV의 구성

① K-WPPSI-IV의 연령군에 따른 구성

K-WPPSI-IV는 2세 6개월부터 7세 7개월(2:6~7:7세) 아동의 인지능력을 평가하기 위한 개인용 지능검사이다. K-WPPSI-IV는 두 개의 연령군에 따라 2세 6개월~3세 11개월 아동을 위한 검사(2:6~3:11세용)와 4세~7세 7개월 아동을 위한 검사(4:0~7:7세용)로 나뉘며, 각 연령군에 따라 소검사들의 구성이 다르다. 2:6~3:11세용은 총 7개의 소검사로 구성되며, 4:0~7:7세용은 총 15개의 소검사로 구성된다. 소검사들을 조합하여 전체 IQ, 기본지표척도, 추가지표 척도가 구성된다.

2:6~3:11세용과 4:0~7:7세용에서는 각각 서로 다른 지표점수가 산출된다. 2:6~3:11세용에서는 기본지표점수 3개(언어이해, 시공간, 작업기억), 추가지표 점수 3개(어휘습득, 비언어, 일반능력), 그리고 전체 IQ가 산출된다. 4:0~7:7세 용에서는 기본지표점수 5개(언어이해, 시공간, 유동추론, 작업기억, 처리속도), 추 가지표점수 4개(어휘습득, 비언어, 일반능력, 인지효율성), 그리고 전체 IQ가 산출 된다. 2:6~3:11세용과 4:0~7:7세용을 구성하는 지표척도 및 소검사들은 각각 [그림 2-1]과 [그림 2-2]와 같다(박혜원, 이경옥, 안동현, 2016).

K-WPPSI-IV에서 소검사는 지표점수 산출에 사용되는 방식에 따라 핵심소 검사, 보충소검사, 선택소검사로 분류된다(박혜원, 이경옥, 안동현, 2020). **핵심 소검사**는 전체 IQ, 기본지표점수, 추가지표점수 산출에 사용되는 기본적인 소 검사이다. **보충소검사**는 특정한 핵심소검사를 대체하여 전체 IQ와 추가지표 점수를 산출하는 데 사용되는 소검사이다. 아동의 특성(예: 신체적 조건)이 소검 사 수행에 지장을 주어 핵심소검사를 시행할 수 없거나 핵심소검사의 시행이 유효하지 않은 경우, 특정한 핵심소검사를 대체하기 위해 보충소검사를 사용

할 수 있다. 핵심소검사를 대체하기 위한 목적 이외에 아동의 인지기능에 대해 보다 광범위한 정보를 얻기 위해서도 보충소검사를 시행할 수 있다. **선택소검사**는 아동의 지적 기능에 대한 추가적인 정보를 알아내기 위해서 시행하나, 핵심소검사를 대체하여 지표점수를 산출하는 데 사용할 수 없다. 각 소검사는 연령군에 따라, 그리고 어떤 지표점수 산출에 사용되는지에 따라 핵심소검사가 될 수도 있고 보충 혹은 선택소검사가 될 수도 있다. 가령, 수용어휘 소검사는 2:6~3:11세용에서 전체 IQ 및 언어이해지표점수 산출을 위한 핵심소검사이고, 4:0~7:7세용에서는 전체 IQ 및 언어이해지표점수 산출에 사용하지 않는 선택소검사이다. 모양맞추기 소검사는 4:0~7:7세용에서 시공간지표점수 산출을 위한 핵심소검사이나, 전체 IQ, 비언어지표 및 일반능력지표점수 산출에서는 토막짜기 소검사를 대체할 수 있는 보충소검사이다.

1) 2:6~3:11세용

2:6~3:11세용

전체척도		
언어이해(VC) 수용어휘 (그림명명) 상식	**시공간(VS)** 토막짜기 모양맞추기	**작업기억(WM)** 그림기억 (위치찾기)

기본지표척도		
언어이해(VC) 수용어휘 상식	**시공간(VS)** 토막짜기 모양맞추기	**작업기억(WM)** 그림기억 위치찾기

추가지표척도		
어휘습득(VA) 수용어휘 그림명명	**비언어(NV)** 토막짜기 모양맞추기 그림기억 위치찾기	**일반능력(GA)** 수용어휘 (그림명명) 상식 토막짜기 모양맞추기

[그림 2-1] K-WPPSI-IV 2세 6개월~3세 11개월 아동을 위한 검사의 구성

2:6~3:11세용은 총 7개의 소검사(수용어휘, 그림명명, 상식, 토막짜기, 모양맞추기, 그림기억, 위치찾기)로 구성된다. 소검사들의 조합으로 전체 IQ, 기본지표점수, 추가지표점수가 산출된다. 각 지표점수의 산출에 사용되는 핵심소검사와 보충소검사를 구분하여 정리하면 다음과 같다. 특정한 핵심소검사를 보충소검사로 대체하는 규칙에 대해서는 제3장 K-WPPSI-IV의 실시와 채점에서 자세히 설명한다.[1]

① 전체 IQ
수용어휘, 상식, 토막짜기, 모양맞추기, 그림기억의 총 5개 핵심소검사로 산출. 그림명명과 위치찾기는 보충소검사

② 기본지표척도
- 언어이해지표: 수용어휘, 상식 총 2개의 핵심소검사로 산출
- 시공간지표: 토막짜기, 모양맞추기 총 2개의 핵심소검사로 산출
- 작업기억지표: 그림기억, 위치찾기 총 2개의 핵심소검사로 산출

③ 추가지표척도
- 어휘습득지표: 수용어휘, 그림명명 총 2개의 핵심소검사로 산출
- 비언어지표: 토막짜기, 모양맞추기, 그림기억, 위치찾기 총 4개의 핵심소검사로 산출
- 일반능력지표: 수용어휘, 상식, 토막짜기, 모양맞추기 총 4개의 핵심소검사로 산출. 그림명명은 보충소검사

---

1 실시지침서의 표(본 책 26, 28쪽 [그림 2-1], [그림 2-2])에 사용된 '전체척도'의 의미는 전체 IQ 산출에 사용될 수 있는 모든 핵심소검사와 보충소검사를 포함하고 있다. 반면, 학지사 인싸이트 홈페이지에서 제공되는 결과지의 '전체척도'는 전체 IQ의 개념이므로, 본 책에서는 해석과 보고서 작성 시 '전체척도' 대신 전체 IQ로 사용하고자 한다.

1) 4:0～7:7세용

4:0～7:7세용

전체척도

언어이해(VC)	시공간(VS)	유동추론(FR)	작업기억(WM)	처리속도(PS)
상식	토막짜기	행렬추리	그림기억	동형찾기
공통성	(모양맞추기)	(공통그림찾기)	(위치찾기)	(선택하기)
(어휘)				(동물짝짓기)
(이해)				

기본지표척도

언어이해(VC)	시공간(VS)	유동추론(FR)	작업기억(WM)	처리속도(PS)
상식	토막짜기	행렬추리	그림기억	동형찾기
공통성	모양맞추기	공통그림찾기	위치찾기	선택하기

추가지표척도

어휘습득(VA)	비언어(NV)	일반능력(GA)	인지효율성(CP)
수용어휘	토막짜기	상식	그림기억
그림명명	(모양맞추기)	공통성	위치찾기
	행렬추리	(어휘)	동형찾기
	공통그림찾기	(이해)	선택하기
	그림기억	토막짜기	(동물짝짓기)
	(위치찾기)	(모양맞추기)	
	동형찾기	행렬추리	
	(선택하기)	(공통그림찾기)	
	(동물짝짓기)		

[그림 2-2] K-WPPSI-IV 4세～7세 7개월 아동을 위한 검사의 구성

4:0～7:7세용은 총 15개의 소검사(상식, 공통성, 토막짜기, 모양맞추기, 행렬추리, 공통그림찾기, 그림기억, 위치찾기, 동형찾기, 선택하기, 어휘, 이해, 동물짝짓기, 수용어휘, 그림명명)로 구성된다. 소검사들의 조합으로 전체 IQ, 기본지표점수, 추가지표점수가 산출된다. 각 지표점수의 산출에 사용되는 핵심소검사와 보충소검사를 구분하여 정리하면 다음과 같다. 특정한 핵심소검사를 보충소검사로 대체하는 규칙에 대해서는 제3장에서 자세히 설명한다.

① 전체 IQ

상식, 공통성, 토막짜기, 행렬추리, 그림기억, 동형찾기의 총 6개 핵심소검사로 산출. 어휘, 이해, 모양맞추기, 공통그림찾기, 위치찾기, 선택하기, 동물짝짓기는 보충소검사. 수용어휘, 그림명명은 선택소검사

② 기본지표척도
- 언어이해지표: 상식, 공통성 총 2개의 핵심소검사로 산출
- 시공간지표: 토막짜기, 모양맞추기 총 2개의 핵심소검사로 산출
- 유동추론지표: 행렬추리, 공통그림찾기 총 2개의 핵심소검사로 산출
- 작업기억지표: 그림기억, 위치찾기 총 2개의 핵심소검사로 산출
- 처리속도지표: 동형찾기, 선택하기 총 2개의 핵심소검사로 산출

③ 추가지표척도
- 어휘습득: 수용어휘, 그림명명 총 2개의 핵심소검사로 산출
- 비언어: 토막짜기, 행렬추리, 공통그림찾기, 그림기억, 동형찾기 총 5개의 핵심소검사로 산출. 모양맞추기, 위치찾기, 선택하기, 동물짝짓기는 보충소검사
- 일반능력: 상식, 공통성, 토막짜기, 행렬추리 총 4개의 핵심소검사로 산출. 어휘, 이해, 모양맞추기, 공통그림찾기는 보충소검사
- 인지효율성: 그림기억, 위치찾기, 동형찾기, 선택하기 총 4개의 핵심소검사로 산출. 동물짝짓기는 보충소검사

2 K-WPPSI-IV의 지표척도 소개

K-WPPSI-IV에서는 소검사들을 조합하여 기본지표척도와 추가지표척도의 점수가 산출된다. 기본지표척도(Primary Index)는 아동의 가장 일반적인 인지 능력을 설명하고 평가하기 위한 것으로, 요인분석 결과에 기초하여 각 지표를 구성하는 소검사들이 선정되었다. 추가지표척도(Ancillary Index)는 임상적 상

황에서 기본지표척도를 보완하기 위한 것으로, 임상적 판단에 따라 이론적으로 관련된 소검사들로 각 지표가 구성되었다(박혜원, 이경옥, 안동현, 2016).

1) 기본지표척도

(1) 언어이해지표

언어이해지표(Verbal Comprehension Index: VCI)는 언어이해력, 새로운 문제해결에 언어적 기술과 정보를 적용하는 능력, 언어적 정보처리 능력, 장기기억자료의 인출, 결정화된 지식(crystalized knowledge), 환경으로부터 습득한 지식, 언어적 개념형성, 개념적 추론 능력, 언어발달을 측정한다. 어떤 질문에서는 새롭고 익숙하지 않은 문제에 대해 생각해 보아야 하지만, 아동은 비공식 혹은 공식적 장면(예: 유치원)에서 배운 정보를 사용하여 언어적으로 반응해야 한다. 질문은 언어적으로 제시되며 아동도 말로 대답해야 한다.

(2) 시공간지표

시공간지표(Visual Spatial Index: VSI)는 시각적 이미지로 사고하는 능력, 시각적 이미지를 능숙하고 신속하게 조작하는 능력, 시각적인 자료를 빠르게 해석하거나 조직화하는 능력, 부분과 전체 관계 이해, 비언어적 추론, 시지각적 변별, 시공간적 처리, 시공간적 추론, 세부적인 시각 자극에 대한 주의력, 시각과 운동 기능의 통합 능력을 측정한다. 언어적 지시가 주어지나 과제 자극은 시각적으로 제시된다. 아동은 토막 패턴을 구성하거나 물건의 전체 형태를 완성하기 위해 조각들을 조합한다.

(3) 유동추론지표

유동추론지표(Fluid Reasoning Index: FRI)는 유동추론 능력, 시지각 추론과 조직화, 시각적 이미지로 사고하는 능력, 시각적 이미지를 능숙하게 조작하는 능력, 시각적인 자료를 빠르게 해석하고 조직화하는 능력, 비언어적 추론, 개념적 사고, 분류 능력, 시지각적 변별 능력을 측정한다. 언어적 지시가 주어지나 자극은 시각적으로 제시된다. 아동은 행렬을 완성하거나 혹은 공통점을 가진 그림들을 찾아서 손가락으로 가리킨다.

(4) 작업기억지표

작업기억지표(Working Memory Index: WMI)는 단기기억력, 시각적 처리, 시각적 작업기억, 시공간적 작업기억, 기억폭, 기계적 암기(rote memory), 즉각적인 시각적 기억, 주의력, 집중력을 측정한다. 이전에 기억한 자극이 간섭을 일으키는 것에 저항하는 능력이 필요하다. 아동은 검사자가 제시하는 언어적 지시에 주의를 기울여 시각 자극을 기억한 후, 방금 본 자극을 재인하거나 위치를 회상하여 선택하는 행동을 수행해야 한다. 과제에서 사용되는 자극은 일상적인 사물이나 동물 그림이다.

(5) 처리속도지표

처리속도지표(Processing Speed Index: PSI)는 처리속도, 지각속도, 시각 운동 협응과 민첩성, 정신적 조작속도, 주사(scanning) 능력, 심리운동속도, 시각적 단기기억, 시지각 변별, 주의력, 집중력을 측정한다. 시각 자극을 신속하고 정확하게 주사하고 변별하는 능력과 관련된다. 검사자가 언어로 제시한 지시에 따라 목표 자극을 빠르게 찾아 도장을 찍어야 한다.

2) 추가지표척도

(1) 어휘습득지표

어휘습득지표(Vocabulary Acquisition Index: VAI)는 결정화된 지식, 언어발달, 단어 지식, 언어이해력, 지식의 양, 장기 기억력, 의미 있는 자극의 지각, 시각적 기억, 수용 및 표현 언어 능력을 측정한다. 수행은 아동의 축적된 경험과 관련된다. 아동은 질문에 해당되는 그림을 가리키거나, 보통 한 개의 단어를 언어로 표현해야 한다. 질문은 언어로 제시되며 아동은 손으로 가리키거나 말로 대답한다. 어휘습득지표는 언어발달 지연을 보이는 아동을 평가하는 경우와 같이 과제 수행을 위해 언어적 능력을 덜 요구하는 언어 과제가 필요할 때 유용하다.

(2) 비언어지표

비언어지표(Nonverbal Index: NVI)는 유동추론 능력, 시각적 처리, 처리속도, 단기 기억력, 시지각적 추론, 정신적 조작속도, 상징 연합 기술, 분석과 통합, 주사 능력, 주의력, 집중력을 측정한다. 언어장애나 자폐스펙트럼장애를 가진 아동들 혹은 한국어를 배우고 있는 아동들과 같이 언어 능력이 제한된 아동들에 대해 언어적 요구를 줄인 과제를 사용하여 지적 능력의 유용한 추정치를 제공할 수 있다.

(3) 일반능력지표

일반능력지표(General Ability Index: GAI)는 결정화된 지식, 유동추론 능력, 시각적 처리, 언어발달, 단어 지식, 시각화, 귀납 논리, 언어적 개념 형성, 비언어적 추론, 시지각 변별, 주의력, 집중력을 측정한다. 일반능력지표는 작업기억과 처리속도에 대한 요구를 줄이고 지적 능력을 추정하는 방법이 필요할 때 유용할 수 있다.

(4) 인지효율성지표

인지효율성지표(Cognitive Proficiency Index: CPI)는 단기 기억력, 처리속도, 시각적 처리, 작업기억, 기억폭, 시각화, 시각적 기억, 시지각적 변별, 정신적 처리속도, 주사 능력, 주의력, 집중력을 측정한다. 인지효율성지표는 언어이해, 시공간 능력, 유동추론 능력의 측정치를 포함하지 않는 지적 능력의 추정치가 필요할 때 유용할 것이다.

〈표 2-1〉에는 K-WPPSI-IV의 지표점수와 관련된 주요 능력 및 수행에 영향을 미치는 배경 요인에 대해 정리하였다.

〈표 2-1〉 K-WPPSI-IV 지표점수와 관련된 주요 능력 및 배경 요인

언어이해 지표	시공간 지표	유동추론 지표	작업기억 지표	처리속도 지표	전체 IQ	능력 및 배경 요인
■	■	■	■	■	■	주의력
■			■		■	청각적 예민성과 변별
■			■		■	청각적-음성처리
	■				■	완결속도(closure speed)
	■	■	■	■	■	집중력
■		■			■	결정화된 지식
■	■	■			■	문화적 기회
	■	■			■	유동추론 능력
	■	■			■	즉각적 문제해결
■		■			■	귀납 논리
■					■	흥미와 독서 패턴
■					■	언어발달
■					■	단어 지식
			■		■	기억폭(memory span)
	■	■			■	비언어적 추론
				■	■	처리속도
		■			■	양적 추론
■					■	장기기억 자료의 인출
		■		■	■	주사 능력
■	■	■			■	정신적 조작의 전환
			■		■	청각적 단기기억
			■	■	■	단기기억

언어이해 지표	시공간 지표	유동추론 지표	작업기억 지표	처리속도 지표	전체 IQ	능력 및 배경 요인
			■	■	■	시각적 단기기억
			■		■	정신적 조작속도
	■				■	빠른 회전(speeded rotation)
			■	■	■	부호화 전략의 사용
			■	■	■	시연 전략의 사용
■					■	언어이해
	■	■			■	시각적 예민성과 변별
				■	■	시각 운동 협응
	■	■	■		■	시각 운동 변별
	■	■	■		■	시지각적 변별
	■	■			■	시지각적 조직화
	■	■			■	시지각적 추론
			■		■	시각적 처리
					■	시공간 능력
	■	■			■	시각화
■					■	어휘
			■		■	작업기억

출처: Sattler, Dumont, & Coalson (2016).

3 K-WPPSI-IV의 소검사 소개

각 소검사에 대한 설명은 새틀러, 듀몬트 그리고 콜슨(Sattler, Dumont, & Coalson, 2016), 레이포드와 콜슨(Raiford & Coalson, 2014) 그리고 리흐텐베르거와 카우프만(Lichtenberger & Kaufman, 2003)의 문헌을 참고하였다.

1) 상식

상식(Information) 소검사(총 29개 문항)는 일반 상식에 대한 질문을 듣고 이에 맞는 그림을 가리키는 그림문항(4개)과 단답형의 답을 언어로 대답하는 언어문항(25개)으로 구성된다. 상식 소검사는 사실적 정보에 대한 장기기억력을 측정하며, 결정화된 지식 습득 수준, 일반적인 언어적 정보 습득 수준, 언어이해 능력, 사실적 지식의 범위, 수용 및 표현 언어 능력, 주의력, 환경과 학교로부터 배운 지식의 기억과 인출 능력을 평가한다. 소검사 수행에는 초기 환경의 풍부함, 조기 교육과 일반 교육의 질, 문화적 기회, 흥미와 독서 범위, 환경에 대한 기민함, 지적 호기심 및 동기 수준이 관련된다.

상식 소검사에서 아동의 수행에 대해 고려할 사항
- 반응속도와 정확성은 어떠한가?
  - (예) 반응이 빠르고 정확, 느리고 정확, 빠르고 부정확, 느리고 부정확, 혹은 잘 모르면서 추측하여 대답
- 정확한 답을 몰라서 추측하는 경우, 추측하는 내용이 어느 정도 합리적인 근거를 갖춘 것인가 아니면 부적절하거나 엉뚱한가?
- 반응할 때 아동이 자신있어 보이는가 혹은 주저하는가?
- 특이한 반응을 하는가? 그렇다면 반응이 왜 특이한가?
- "내가 아는 건데 생각이 안 나요." 혹은 "몰라요."라고 자주 말하는가?
- 반응이 정교한가 혹은 애매모호한가?
- 아동의 반응을 명확하게 하기 위해 추가 질문을 얼마나 많이 해야 하는가?
- 추가 질문에 어떻게 반응하는가?
- 부정확한 반응이 정답에 가까운가 혹은 완전히 틀렸는가?
- 반응이 길고 장황한가? 그렇다면 반응의 내용은 아동이 풍부한 지식을 가지고 있다는 것을 보여 주는가 아니면 습득하고 있는 지식이 핵심을 벗어나고 모호한 것을 나타내는가?
- 질문과 별로 관련되지 않는 자신의 개인적 경험을 첨가하여 답하는가?
- 반응을 하는 데 억제된 것처럼 보이는가?
- 성공과 실패의 패턴은 어떠한가?

쉬운 문항은 틀리면서 어려운 문항은 맞추는 반응 패턴은 낮은 동기 수준, 지루함, 불안, 지적 활동에 대한 일시적인 비효율성을 시사할 수 있다. 또는 이러한 패턴이 장기기억에서 정보를 인출하는 데 대한 문제를 나타낼 수도 있다. 이러한 문제가 의심된다면 틀린 문항의 내용을 분석해 본다. 이러한 분석은 아동의 흥미에 대한 단서, 지능검사를 마친 후에 부모님과 면담에서 질문할 만한 주제, 혹은 교정이 필요한 기술을 파악하는 데 도움이 된다.

애매모호한 대답은 단어 인출의 어려움을 시사할 수도 있다(예: '여름'이라는 정답 대신 '더워요'라고 대답). 긴 반응이나 관계없는 정보로 가득찬 반응은 강박적이거나 완벽주의적 성향을 나타낼 수도 있다. 지나친 세부사항이 포함된 반응은 지식이 많은 아동의 반응 양상일 수도 있고 검사자에게 좋은 인상을 주고 싶어하는 아동의 반응일 수 있다. 정답과 상관없는 개인적 경험을 말하는 반응은 아동이 특정한 주제에 몰두하고 있는 것이거나 지적 장애가 있는 아동이 무슨 내용이든 대답해 보려는 행동일 수도 있다. 아동의 긴 반응을 해석할 때에는 다른 관련 정보와 더불어 아동의 전체 검사 수행을 고려한다.

2) 공통성

공통성(Similarities) 소검사(총 23개 문항)는 2개의 사물이나 개념의 공통점을 찾아내는 과제로, 그림문항(4개)과 언어문항(19개)으로 구성된다. 그림문항에서는 2개의 사물 그림과 같은 범주에 속하는 사물을 4개의 보기 중에서 선택한다. 언어문항에서는 공통점을 가진 2개의 단어(사물 혹은 개념)를 듣고 공통된 특성이나 상위 범주를 말한다.

공통성 소검사는 언어적 개념형성 능력을 측정한다. 짝지어진 2개의 그림이나 단어의 공통적인 속성을 찾아내고 이를 의미 있는 개념으로 만드는 능력이 필요하다. 공통적인 속성이 즉시 명확하게 떠오르지 않는 경우가 많으므로 둘 간의 관계를 찾아내려는 정신적 노력과 추상화 과정이 요구된다. 하지만 공통점을 대답하는 것은 자동화된 관습적 언어 사용을 보여 줄 수도 있으며, 기억력, 단어 인출 혹은 적절한 단어를 찾아내는 능력도 관련된다. 어떤 문항은 짝 지어진 두 단어가 반대말인 경우도 있는데, 두 단어 간의 다른 연관성이 아니라 공통적인 속성을 찾아내는 데 계속 초점을 맞추어 생각하는 능력이 필요하다. 공통성 소검사는 결정화된 지식, 언어발달, 어휘 지식, 언어적 이해력, 추상적 사고 능력, 추론 능력, 연합 사고 능력(capacity for associative thinking), 범주화, 비본질적인 특성과 본질적인 특성을 변별하는 능력, 장기기억, 어휘력, 수용 및 표현 언어 능력을 평가한다. 공통성 소검사는 또한 조기 교육과 일반 교육의 질, 문화적 기회, 풍부한 초기 환경, 홍미와 독서 범위와 관련된다.

[고려사항]

공통성 소검사에서 아동의 수행에 대해 고려할 사항
- 검사 지시를 이해하는 것처럼 보이는가?
- 아동의 반응을 명확히 하기 위해 추가 질문이 얼마나 많이 필요한가?
- 추가 질문에 어떻게 대답하는가?
- 공통점을 찾으라는 지시를 기억하고 수행하는가 아니면 지시에서 벗어나서 두 단어 간의 다른 연관성을 찾으려 하는가?
- 성공과 실패에 패턴이 나타나는가? 가령, 0, 1, 2점 반응이 얼마나 많으며, 일관적인 패턴이 있는가?
- 질문에 대해 얼마나 오래 충분히 생각하며, 대답은 정확한가?
  (예) 빠르게 정확한 반응, 느리게 정확한 반응, 빠르게 부정확한 반응, 느리게 부정확한 반응, 단순히 추측한 반응)
- 추측한 반응이 타당한가 혹은 터무니없는가?
- 기이한 반응을 하는가? 어떤 점에서 기이한가? 이것이 시사하는 점은 무엇인가?
- 확신을 가지고 반응하는가 아니면 주저하는 것처럼 보이는가?
- "답을 아는데 생각이 안 나요." 혹은 "몰라요."라고 자주 이야기하는가?
- 반응이 명확한가 혹은 모호한가?
- 반응이 정답에 가까운가 아니면 완전히 틀렸는가?
- 반응이 너무 포괄적인가?
- 반응이 지나치게 장황한가 혹은 짧고 간결한가?

- 두 단어 사이의 음운적 유사성을 말하는 경우가 많은가?
  (**예** 두 단어가 같은 자음으로 끝나거나 시작함)
- 스스로 오류를 수정하는 경우가 많은가?
- 개인적인 경험을 근거로 대답하는가?

공통성 소검사는 두 단어의 의미를 모두 알아야 수행할 수 있으므로 문항에 나온 단어의 뜻을 모르는 경우 실패하게 된다. 아동이 단어를 이해하지 못하는 어휘 문제로 낮은 점수를 받는다면, 공통성 소검사의 결과는 언어적 개념형성이나 범주화 능력보다는 어휘력의 결핍을 원인으로 보아야 할 것이다.

아동의 반응에서 나타난 개념화 방식(구체적, 기능적, 추상적)을 통해 아동의 사고력 수준을 알아볼 수 있다. 구체적인 대답이란 겉으로 보이거나 느껴지는 특징을 말하는 것으로 낮은 수준의 사고를 반영한다(예: 귤-바나나, "노란색이에요."). 기능적인 대답은 사물의 기능이나 용도를 보여 주는 것이다(예: 귤-바나나, "먹을 수 있어요."). 추상적인 대답은 더 보편적인 속성이나 공통적인 범주를 나타내는 것으로 더 높은 차원의 사고 수준으로 볼 수 있다(예: 귤-바나나, "과일이에요.").

점수의 패턴을 보면 아동의 개념화 방식이 구체적인지 기능적인지 혹은 추상적인지 알 수 있다. 0점과 1점 반응이 주로 나온다면 구체적이고 기능적인 개념화 방식을 시사하고, 2점 반응은 더 추상적인 개념화 방식을 시사한다. 그러나 2점 반응이 반드시 추상적 사고 능력을 필요로 한다고 볼 수는 없으며, 단순히 과잉학습된 관습적 언어 반응일 수도 있다.

몇 개의 문항에서 1점을 받았으나 2점은 거의 받지 못한 아동은 많은 지식을 가지고 있기는 하나 이에 대한 깊은 이해는 부족할 수 있다. 반대로, 몇 개의 문항에서 2점을 받았으나 1점 반응이 거의 없는 아동은 자신이 아는 지식에 대해서는 깊이 이해하고 있지만 지식의 폭이 넓지 않을 수 있다. 쉬운 문항에서 실패하고 더 어려운 문항에서 성공하는 경우는 빈약한 동기, 불안, 일시적 비효율성 혹은 지루함을 시사할 수도 있다.

지나치게 포괄적인 반응(너무 일반적인 반응)은 보통 0점을 받는다. 가령, 귤-바나나 문항에서 "둘 다 지구에서 발견할 수 있어요."라는 대답은 두 사물의 고유한 특성을 나타내지 못하므로 너무 포괄적인 것이다. 지나치게 포괄적인 반응이나 다수의 공통점을 말하는 대답은 완벽주의적 성향을 시사할 수 있다. 공통점을 매우 많이(예: 4개 이상) 말하는 아동은 검사자에게 좋은 인상을 주고 싶은 욕구를 드러내는 것일 수 있다. 아동의 전체 검사 수행과 다른 관련 정보를 고려하여 지나치게 포괄적인 반응을 해석한다. 지나치게 포괄적인 반응이 두드러지는 경우 특이한 사고의 미묘한 지표일 수도 있다.

질문에 대한 반응을 살펴보면 과제 수행 중에 느끼는 좌절감을 아동이 어떻게 다루는지 알아볼 수 있다. 가령, 질문에 대답하기 어려운 아동은 거부적이고 비협조적인 태도를 보일 수도 있고 질문에 답하려고 계속 노력하는 모습을 보일 수도 있다. "비슷한 점 없어요."라고 반응한 경우, 아동은 범주화나 추상적 사고에 곤란을 겪는 중일 수 있지만, 거부, 회피, 의심, 또는 경직된 대처 기제를 나타내고 있는 것일 수도 있다. 아동의 반응을 설명하는 가장 적합한 원인을 파악하기 위해서는 공통성 소검사 질문에 대한 아동의 반응 양상과 다른 소검사들의 질문에 대한 아동의 반응 양상을 비교할 필요가 있다. 또한 이에 대한 가설을 세우고 확인하기 위해서 면담 및 다른 출처의 정보를 활용한다.

3) 어휘

어휘(Vocabulary) 소검사(총 23개 문항)는 그림의 이름을 말하는 그림문항(3개)과 단어의 뜻을 설명하는 언어문항(20개)으로 구성된다. 그림문항에서는 검사책자에 있는 사물 그림을 보고 이름을 말하며, 언어문항에서는 검사자가 읽어 준 단어를 듣고 정의를 설명한다.

어휘 소검사는 단어 지식을 측정하며, 결정화된 지식, 언어발달, 어휘 지식, 언어적 이해력, 어휘력, 지식의 양, 아이디어의 풍부함, 장기기억, 언어적 유창성, 개념적 사고, 수용 및 표현 언어 능력을 평가한다. 또한 문화적 기회, 흥미와 독서 범위, 초기 환경의 풍부함, 초기 교육과 일반 교육의 질, 지적 호기심과 관련된다. 잘 발달된 어휘력은 아동의 학습 능력과 지식 축적 능력을 반영하므로, 어휘 소검사는 지적 능력에 대한 훌륭한 추정치를 제공한다. 어휘 소검사의 수행은 시간에 따라 안정적이고 신경학적 결함과 심리적 장해에 상대적으로 영향을 덜 받으므로 아동의 전반적인 지적 능력에 대한 유용한 지표로 볼 수 있다.

 [고려사항]

어휘 소검사에서 아동의 수행에 대해 고려할 사항
- 과제를 수행할 때 청각적 문제를 보이는가? 어떤 문제인가?
- 비슷한 발음의 단어와 혼동하는가?
- 단어를 확실하게 알고 익숙한가, 아니면 모호하게 알고 있는가?
- 단어를 어떤 방식으로 설명하는가?
    (예) 정확하고 간결함, 간접적이고 모호함, 길고 장황함)
- 질문을 듣고 어떻게 반응하는가? 빠르고 정확히, 느리고 정확히, 빠르고 부정확하게, 혹은 느리고 부정확하게 반응하는가; 아니면 단순히 추측하는가?
- 반응이 객관적 혹은 주관적인가? 즉 단어의 뜻을 일반적 지식에 근거하여 설명하는가 아니면 개인적 경험과 연관지어 설명하는가?
- 반응에 아동의 감정이 드러나는가?
    (예) '병원' 문항에서 "나는 병원이 무서워서 싫어요."라고 대답)
- 아동이 단어의 뜻을 잘 모르는 경우 어떤 반응을 하는가? 질문을 듣자마자 곧장 "몰라요."라고 말하는가? 합리적인 추측을 하는가 아니면 엉뚱한 반응을 하는가? 잠시 멈추거나, 곰곰이 생각하거나, 혹은 생각하는 내용을 소리 내어 말하는가?
- 단어의 뜻을 쉽게 말로 표현하는가, 혹은 의미를 말하느라 힘들어하는가? 즉, 단어 인출이나 단어 찾기(word-finding) 어려움을 보이는가?
- 단어를 제대로 발음하지 못하는가? 어떻게 어려워 하는가?
- 자신의 생각을 어떻게 표현할지 모르는 것처럼 보이는가?
- 단어의 뜻을 설명하기 위해 애매모호하거나 우회적인 표현을 사용하는가?

- 제스처를 사용하여 단어의 뜻을 표현하려 하거나 심지어 제스처만 사용하는가?
- 외국어를 사용하여 설명하려 하는가? 반응의 일부로 외국어를 사용하는가 혹은 외국어로 전체 반응을 말하는가? 문항이 어려워질수록 이러한 반응이 더 빈번하게 나타나는가?
- 문항에 대한 반응 패턴이 다양한가, 혹은 일관적인가? 가령, 0, 1, 2점 반응이 얼마나 많은가? 아동의 반응을 명확하게 하기 위해 추가질문이 얼마나 많이 필요한가?

어휘 소검사에서 나타난 아동의 반응은 언어 기술, 배경, 문화적 환경, 사회적 발달, 생활 경험, 좌절에 대한 반응, 사고 과정에 대한 정보를 제공할 것이다. 어휘 소검사는 상당히 긴 언어적 표현을 요구하기 때문에, 아동의 반응에서 심하지 않은 언어 손상이나 사고 과정의 장애를 찾아낼 수도 있다.

4) 이해

이해(Comprehension) 소검사(총 22개 문항)는 대부분의 아동에게 익숙한 상황이나 활동에 대한 일반적인 원칙을 답하는 과제로 그림문항(4개)과 언어문항(18개)으로 구성된다. 질문들은 생존 기술, 건강 수칙, 대인관계, 사회적 관습 등의 내용을 포함한다. 그림문항에서는 검사자의 질문에 가장 잘 맞는 그림을 4개의 보기 중에서 선택하고, 언어문항에서는 검사자의 질문을 듣고 말로 설명한다.

이해 소검사는 사회적 상황에 대한 실제적인 추론과 판단 능력을 측정한다. 이 과제를 수행하려면 사회적 상황을 이해하는 능력이 필요하며, 상황에 대한 아동의 실제적ㆍ경험적 지식이 중요하다. 이해 소검사를 통해 상식, 사회적 판단, 사회적 관습에 대한 아동의 이해 수준을 알아볼 수 있다. 또한 이해 소검사 문항에 대한 아동의 반응 내용을 자세히 살펴보면, 아동이 사실적인 지식을 사회적 상황에 적절하고 의미 있고 정서적으로 적합하게 사용할 수 있는지 추측해 볼 수 있다.

이해 소검사는 결정화된 지식, 언어발달, 일반적(언어적) 정보, 언어적 이해력, 사회적 판단력, 상식, 논리적 추론, 행동의 관습적 기준에 대한 지식, 추론, 과거 경험을 평가하는 능력, 도덕적 및 윤리적 판단, 장기기억, 수용 및 표현언어 능력을 평가한다. 또한 문화적 기회, 초기 교육과 일반 교육의 질, 양심과 도덕성 발달, 환경에 대한 인식과 관련된다.

[고려사항]

이해 소검사에서 아동의 수행에 대해 고려할 사항

- 단어의 뜻이나 특정 구절에 함축된 의미를 이해하지 못하여 저조한 수행을 보였는가?
- 완전한 정답을 말하는가 아니면 부분적으로만 맞는 반응을 하는가?
- 전체 질문에 대해 반응하는가 아니면 질문의 일부에 대해서만 반응하는가?
- 질문에 대해 다양한 가능성을 고려하여 가장 가능한 반응을 선택하는 등 아동이 객관성을 보이는가?
- 우유부단하여 단호하게 반응하지 못하는가?
- 추측해서 반응하는가?
- 질문 전체를 고려하지 않고 반응하는 것으로 보이는가? 가령, 질문에 대한 아동의 반응이 너무 빠른가?
- 반응이 충분한지 혹은 불충분한지 아동이 인식하는가?
- 검사자가 아동에게 추가 질문을 하여 자세히 설명하도록 할 때 어떻게 반응하는가?
  (예) 성급히 대답, 좌절, 열심히 대답)
- 반응이 특이하고 독특한가? 어떻게 그러한가?

이해 소검사의 반응은 아동의 성격 유형, 도덕적 가치, 사회 문화적 배경에 대한 정보를 준다. 단답형의 정확한 답을 끌어내는 상식 소검사와 달리, 이해 소검사는 더욱 복잡하고 개인 고유의 내용을 끌어낼 수도 있다. 또한 질문은 사회적 상황에 대한 판단과 관련되기 때문에, 아동의 사회적 태도가 반응에 나타난다. 아동이 사회적 관습을 이해하여 질문에 정답을 말했더라도, 아동이 이러한 관습을 수용하고 실제 행동으로 옮길 것이라고 확신할 수는 없다. 가령, '길거리에서 돈을 주우면 경찰서로 가져가야 한다.'고 대답하여 그 문항에서 점수를 받은 아동이 실제로 돈을 주웠을 때 자신이 갖지 않고 주인에게 돌려주려 노력할 것인지는 알 수 없다. 즉 도덕적 판단이나 사회적 대처 방법을 묻는 질문에 아동이 정답을 말한 점을 근거로 아동이 사회적 상황에서 적절하고 윤리적으로 행동한다고 해석하는 것은 맞지 않다.

아동의 반응은 주도성, 자기 신뢰, 독립성, 자신감, 무기력감, 우유부단함, 융통성 부족, 조종하려는 경향성, 문제에 대한 순진한 관점, 협동심, 적대감, 공격성 등의 특성을 나타낼 수 있다. 예를 들어, 의존적인 성격을 가진 아동은 문제에 직면했을 때 타인에게 도움을 요청하겠다고 대답할 수도 있다. 이해 소검사는 상당한 언어적 표현을 요구하기 때문에, 아동의 반응에서 언어 손상이나 사고 과정의 장애를 찾아낼 수도 있다.

5) 토막짜기

토막짜기(Block Design) 소검사(총 17개 문항)는 한 가지 혹은 두 가지 색의 토막 여러 개를 가지고 실제 모형이나 토막그림을 보면서 똑같은 모양으로 만드는 과제이다. 하나의 형태를 여러 개의 토막으로 만들기 위해서는 완성할 전체 형태를 부분으로 해체하는 분석(analysis) 과정 그리고 각 토막들(부분)을 조합하여 전체 형태로 합치는 통합(synthesis) 과정이 요구된다. 과제를 성공적으로 수행하기 위해서 아동은 시각적 조직화와 시각 운동 협응 능력을 사용해야 하고, 시공간적 과제에 전경–배경 변별 능력을 적용해야 한다.

토막짜기 소검사는 시각적 처리, 시각화, 시공간 구성 능력, 시지각적 추론, 시지각적 조직화, 시각 운동 협응, 공간 지각, 추상적 개념화, 분석과 통합, 시각 운동 처리속도, 계획 능력, 집중력, 미세 운동 협응, 시지각 변별, 시각 자극의 형태–배경 분리 능력을 평가한다. 소검사의 수행에는 운동활동(motor activity), 색채 지각, 시간 제한 내에서 작업하는 능력, 시각적 예민성, 시행착오 학습, 동기, 인내심이 관련된다.

　과제 수행을 위해 아동은 완성해야 할 형태를 눈으로 정확히 지각하고 토막을 손으로 조작해야 하므로 수행 결과는 지각 능력과 운동 기술 둘 다의 영향을 받는다. 토막짜기 점수가 낮은 경우, 형태를 지각하고 변별하는 능력 혹은 토막을 손으로 만드는 운동 기술 중에서 어떤 능력의 문제가 원인인지 알 수 없다. 손으로 형태를 만드는 능력이 손상되어 저조한 수행을 보였다 할지라도 형태를 지각하고 변별하는 능력은 온전할 수 있기 때문에, 토막짜기의 저조한 수행을 시각적 형태 지각에 어려움이 있다는 직접적인 증거로 해석하면 안 된다.

[고려사항]

토막짜기 소검사에서 아동의 수행에 대해 고려할 사항

- 토막을 다루는 문제해결 방식이 어떠한가?

  예 시행착오를 통해 해결 방법 찾기, 성급하고 충동적으로 다루기, 주의를 기울여 숙고하기, 속도와 정확성(빠르고 정확, 빠르고 부정확, 늦고 정확, 늦고 부정확)

- 똑같은 문제해결 방식을 계속 사용하는가, 혹은 필요에 따라 방식을 바꾸는가?
- 자신이 배열한 토막이 모형이나 그림과 형태가 같은지 꼼꼼히 확인하는가?
- 실패했을 때 쉽게 중단하거나 좌절하는가, 혹은 어려운 문항을 끈질기게 지속하고 심지어 제한 시간 후에도 계속 작업하는가?
- 토막들을 줄을 맞추어 나란히 놓으려고 애쓰는가?
- 토막을 손으로 조작하기 전에 완성할 모형이나 그림을 우선 자세히 살펴보는가?
- 미리 계획을 세우고 이에 따라 토막을 맞추는 것처럼 보이는가?
- 더 많은 토막을 요청하거나 제시된 토막 개수로 완성할 수 없다고 말하는가?
- 토막을 배열하기 전에 모형이나 그림을 자신의 손으로 가리면서 전체를 부분으로 나눠 보는가?
- 9~17번 문항에서 그림 위에 토막을 놓으려고 하는가?
- 단색 토막에서 두 가지 색 토막으로 바뀔 때 어려워하고 긴장하는가?

- 빨간색-하얀색 토막을 놓는 자리에 빨간색이나 하얀색으로 된 토막을 사용하는가?
- 실제로는 틀렸는데 자신이 배열한 형태가 그림과 똑같다고 하는가?
- 토막을 배열한 형태는 맞았지만 토막 전체를 회전시키는가? 얼마나 회전시키는가?
- 토막 전체가 아니라 한 개의 토막만 회전시키는가? 얼마나 회전시키는가?
- 잘못 놓은 토막을 발견했을 때 틀린 토막만 돌려서 수정하는가 아니면 모든 토막들을 흩어놓고 다시 맞추기 시작하는가?
- 손떨림이나 둔한 움직임과 같은 미세 운동에 어려움을 보이는가?
- 토막을 차례대로 맞추는가 아니면 아무거나 되는 대로 맞춰 보는가?
- 왼쪽에서 오른쪽 방향으로 맞춰 가는가 아니면 오른쪽에서 왼쪽 혹은 아래에서 위 방향과 같이 더 드문 방향으로 맞추는가?
- 그림에 안내선이 없는 문항에서 오류를 보이는가? (안내선이 1~11번에는 있고 12~17번에는 없음)
- 전체 형태를 완성하기 전에 일부 성공한 부분을 해체하는가?
- 토막을 섞어 놓거나 소책자의 페이지를 넘길 때 검사자를 도와주는가?
- 자신이 토막을 가지고 무엇을 하고 있는지 말로 묘사하면서 수행하는가?
- 속도나 정확성 혹은 둘 다에 대해 걱정하는 말을 하는가?
- 검사자가 시작하라고 말하기 전에 하려고 하거나, 아동이 다 했다고 말한 후에 갑자기 토막을 옮기려고 하는가?
- 소검사를 모두 마친 후에 자신이 토막들을 상자에 넣겠다고 제안하는가?

　토막 형태를 완성하는 데 시간이 오래 걸리는 경우, 아동이 우울감, 지루함, 혹은 완벽주의 성향을 가지고 있는 것인지 아니면 정보처리속도가 느린 것인지 구별해서 해석해야 한다. 그림과 비교하여 자신이 맞추고 있는 토막들을 계속 다시 확인하는 아동은 불안정감, 강박 성향을 가지고 있거나 시각적 작업기억력이 저조할 수도 있다. 전체를 완성하기 전에 일부 성공한 부분을 해체하는 아동은 전체적인 형태를 정확히 인지하는 데 어려움이 있거나 쉽게 좌절하는 성향을 가진 것일 수 있다.

6) 모양맞추기

모양맞추기(Object Assembly) 소검사(총 13개 문항)는 여러 개(2~10개)의 조각으로 된 퍼즐을 맞추어 하나의 사물그림을 완성하는 과제이다. 완성해야 하는 그림은 수박, 시계, 나무 등의 일상적인 사물이며, 각 문항은 90초의 제한시간이 있고 시간 내에 완성한 부분만큼 점수를 받는다. 조각들을 모아서 사물의 전체 형태를 만들기 위해서는 개별적인 조각들이 각각 사물의 어느 부분인지 알아내야 하고, 아직 형태가 완전하지 않은 상태에서 조각들을 맞는 자리에 놓아야 한다.

모양맞추기 소검사는 시지각적 조직화 능력을 측정하며, 시각 처리, 시행착오 학습, 완결속도(closure speed), 시지각 변별, 시각 운동 협응 능력, 구체적인 부분을 의미 있는 전체로 통합하는 능력, 정신적 처리속도, 미세 운동 협응 능력, 비언어적 추론, 의미 있는 자극의 지각, 분석과 통합, 정신운동 속도를 평가한다. 또한 모양맞추기 소검사는 운동활동속도, 형태와 퍼즐에 대한 친숙함, 동기와 인내력, 부분-전체 관계에 대한 경험, 드러나지 않은 목표(unknown goal)를 향해 작업하는 능력, 시간 압력하에서 작업하는 능력, 시행착오 학습, 시각적 예민성과 관련된다.

 **[고려사항]**

모양맞추기 소검사에서 아동의 수행에 대해 고려할 사항
- 과제를 시작할 때 곧장 접근하는가 혹은 주저하는가?
- 과제에 쉽게 압도되어 포기하는가?
- 제한 시간이 지날 때까지 퍼즐을 풀기 위해 계속 노력하며 인내력을 보여 주는가?
- 수행 속도는 어떠한가?
  (예) 느림, 신중함, 빠름, 충동적임)
- 조각이 부족하다고 주장하거나, 조각들이 맞지 않는다고 말하는가?
- 사물의 이름을 큰소리로 말하거나, 수행하는 동안 자신의 행동을 말로 표현하는가?

- 특정한 유형의 연결에 어려움을 보이는가?
  (예 직선 모서리, 곡선 모서리, 시각적 단서가 없는 조각)
- 조각들을 서로 어긋나게 놓거나 조각들 사이에 틈이 벌어지게 놓는 '간격과 정렬불량'을 보여서 실패하는가? 이러한 오류는 빈약한 미세 운동 통제 능력과 관련된다.
- 전체 형태의 한 부분을 무시하고 다른 부분만 맞추는가?
- 과제에 대한 아동의 문제해결 방법은 어떠한가?
  (예 시행착오, 체계적이고 계획적, 조각을 무선적으로 아무렇게나 놓아보기)
- 조각 하나를 잘못된 위치에 억지로 맞추려고 애쓰느라 긴 시간을 낭비하는가?
- 퍼즐을 맞추기 위해 아동이 어느 쪽 손을 사용하는가?
- 아동의 운동 협응은 어떠한가?
  (예 부드러움, 움직임이 끊기고 어눌함, 협응되지 않음)
- 오류의 패턴은 무엇인가? 가령, 낮은 점수는 일시적인 비효율성(두 부분이 바뀜) 때문인가 아니면 조각들을 정렬하는 데 너무 많은 시간을 보내기 때문인가?
- 추가 시간이 주어진다면 퍼즐을 성공적으로 완성할 것인가?
- 과제를 마친 후에 아동이 직접 조각을 상자에 넣겠다고 하는가?

　모양맞추기 소검사는 아동의 사고 양식(thinking style)과 작업 습관을 관찰하는 데 특히 유용하다. 어떤 아동은 완성된 사물의 형태를 거의 처음부터 마음속에 그리고, 부분과 전체의 관계를 인식하거나 이해한다. 다른 아동은 시행착오 접근을 사용하여 조각들을 서로 잘 맞추려고 노력한다. 또 다른 아동은 처음에 실패를 경험하고 나서 시행착오 접근을 사용하는 것으로 바꾸며, 그 후에 조각들이 어떻게 서로 제대로 맞는지 통찰을 갖게 될 수도 있다.

7) 행렬추리

　행렬추리(Matrix Reasoning) 소검사(총 26개 문항)는 시각 자극의 행렬을 보고 물음표가 그려진 부분에 가장 알맞은 그림을 4~5개의 보기 중에서 선택하는 과제이다. 행렬추리 소검사는 시지각적 유추와 추론 능력을 측정하며, 시간 제한이 없어 수행속도는 측정하지 않는다. 시각 자극의 부분-전체 관계와 패턴 완성 경험이 있는 아동이 과제를 좀 더 잘할 수 있다.

　행렬추리 소검사는 비언어적 유동추론 능력, 시각 처리, 귀납, 시각화, 시지각적 조직화, 추론 능력, 범주화 능력, 형태 유추 능력, 세부에 대한 주의력, 집중력, 공간적 능력, 시지각적 변별력을 평가한다. 소검사의 수행에는 동기와 인내력, 목표를 향해 작업하는 능력, 시행착오를 사용하는 능력, 시각적 예민성이 관련된다.

[고려사항]

행렬추리 소검사에서 아동의 수행에 대해 고려할 사항

- 반응속도는 어떠한가?
  (예) 빠름, 느림, 신중함, 충동적임, 조심스러움)
- 반응하는 데 오래 걸린다면, 긴 반응 시간의 이유는 무엇일까?
  (예) 무관심, 신중함, 결정을 하지 못함, 불안)
- 선택한 보기를 손가락으로 가리키거나 번호를 말하지 못하여 검사자가 "답이 무엇인가요?"라고 얼마나 여러 번 말해야 했는가?
- 반응의 규칙성이 나타나는가?
  (예) 아동이 각 문항에 같은 번호를 지적하기)
- 수행을 방해하는 시각적 어려움이 나타나는가?
  (예) 시력 문제, 색맹)
- 수행에 도움을 얻기 위해 문항들을 손가락으로 가리키거나 짚어 가면서 보는가?
- 수행을 거부하거나 협조하지 않는 행동을 보이는가? 어떤 행동인가?
- 수행 중에 말하거나 노래하거나 흥얼거리는가?

8) 공통그림찾기

　공통그림찾기(Picture Concepts) 소검사(총 27개 문항)는 두 줄(마지막 두 문항만

세 줄)로 제시된 그림(한 줄에 그림 2~3개)들을 보고 하나의 개념이나 범주로 묶을 수 있는 그림을 한 줄에서 하나씩 선택하는 과제이다. 아동은 우선 각 그림을 재인 혹은 식별하여 어떤 대상인지 알아내고, 각 줄에 있는 그림들이 가진 공통된 특성을 파악한다. 특성은 같은 범주(예: 동물), 외양(예: 정육면체), 행동(예: 날다), 혹은 기능(예: 탈 수 있다)과 관련될 수 있다.

공통그림찾기 소검사는 시지각 재인 과정에 기반한 추상적, 범주적 추론능력을 측정한다. 또한 유동적 추론 능력, 결정화된 지식, 귀납, 어휘적 지식, 시지각적 추론, 개념적 사고, 일반 상식, 비언어적 추론, 시지각적 변별을 평가한다. 공통그림찾기 소검사는 문화적 기회, 흥미와 독서 범위, 지적 호기심, 초기 교육과 일반 교육의 질, 시각적 예민성과 관련된다.

과제를 수행할 때 아동은 그림들을 손으로 가리켜서 반응하면 되므로 아동이 어떤 근거로 추론하여 대답했는지는 알 수가 없다. 때로 아동은 다른 그림과 달라 보이기 때문에(시각적 변별), 혹은 단순히 개인적인 선호 때문에 그림을 선택할 수도 있다.

[고려사항]

공통그림찾기 소검사에서 아동의 수행에 대해 고려할 사항

- 수행을 방해하는 아동의 시각적 어려움(예 시력 문제, 색맹)이 나타나는가?
- 수행 중 촉구가 필요한가? 얼마나 많이 필요한가? 촉구에 대한 아동의 반응은 어떠한가?
- 반응속도는 어떠한가?
  (예 빠름, 느림, 신중함, 충동적임, 조심스러움)
- 반응 시간이 짧거나 긴 경우 이유는 무엇인가?
- 같은 방식으로 반응하는가?
  (예 아동이 각 문항에서 같은 번호 혹은 페이지의 같은 위치를 지적함)
- 거부적이거나 비협조적인 행동을 보이는가? 어떤 행동인가?

9) 그림기억

　그림기억(Picture Memory) 소검사(총 35개 문항)는 자극페이지에 있는 1개 이상의 그림을 3초 혹은 5초 동안 보고 나서, 반응페이지에 있는 그림들 중에서 방금 본 그림(들)을 찾아내는 과제이다. 반응페이지에는 자극페이지에 있던 그림(들)과 더불어 방해 자극인 다른 그림(들)이 같이 있다.

　그림기억 소검사는 시각적 단기기억 능력을 측정한다. 그림에 대한 재인 기억, 시각적 형상화(imagery), 세부사항에 대한 기억, 지남력에 대한 기억, 언어적 매개 전략의 사용, 주의력, 집중력을 평가한다. 그림기억 소검사는 시각 자극을 수용하는 능력, 시각적 예민성, 자기점검(self-monitoring) 능력, 부호화 전략의 사용 능력, 시연 전략의 사용 능력과 관련된다. 결과적으로 그림기억 소검사는 순행 간섭(proactive interference, 이전에 배운 것이 현재의 학습이나 회상을 방해하는 것)에 저항하는 능력을 측정한다.

 [고려사항]

그림기억 소검사에서 아동의 수행에 대해 고려할 사항
- 큰 노력을 기울이지 않고 수월하게 수행하는가, 혹은 상당한 노력을 기울여 집중하는 것처럼 보이는가?
- 문항을 보자마자 즉시 빠르게 반응하는가, 혹은 반응하기 전에 깊이 생각하는가?
- 반응속도는 어떠한가?
  (예 빠름, 느림, 신중함, 충동적임, 조심스러움)
- 오류를 알아채는가 혹은 자신의 답이 항상 맞다고 생각하는가?
- 자신의 답이 항상 틀렸다고 생각하는가?
- 문항이 더 복잡해져도(자극페이지에 두 개 이상의 그림이 나올 때) 과제를 이해하는가?
- 반응 후에 자신의 반응을 수정하는가? 얼마나 자주 수정하는가?
- 반응페이지에서 그림들을 가리키는 순서는 어떠한가?
- 같은 방식으로 반응하는가?
  (예 각 문항에서 반응페이지의 같은 위치를 지적)

• 문항이 진행되면서 과제에 대한 아동의 반응은 어떠한가? 가령, 어려워지면 도전하고자 하는가 아니면 긴장하고 불안해하고 좌절하는가? 자극페이지에 2~3개의 그림이 나오는 문항에서 아동이 무슨 말을 하는가?

10) 위치찾기

위치찾기(Zoo Location) 소검사(총 20개 문항)는 울타리(총 여섯 가지) 안에 놓인 동물카드(1~7개)를 3초 혹은 5초 동안 보고 나서, 각 카드(들)를 원래 있던 위치에 배치하는 과제이다. 울타리에 2개의 구획이 있는 판에 한 장의 동물카드를 놓는 문항부터 시작하며, 울타리 안의 구획과 동물카드의 개수가 점점 많아진다. 아동은 동물카드가 어떤 위치에 있는지 보고 기억했다가, 검사자가 섞어서 주는 동물카드(들)를 받아서 원래 자리에 놓아야 한다.

위치찾기 소검사는 시각적 단기기억력을 측정하며, 시공간적 능력, 그림에 대한 재인 기억, 시각적 형상화, 세부사항에 대한 기억, 지남력에 대한 기억, 언어적 매개 전략의 사용, 주의력, 집중력을 평가한다. 또한 시각적 자극을 수용하는 능력, 시각적 예민성, 자기점검 능력, 부호화 전략을 사용하는 능력, 시연 전략을 사용하는 능력과 관련된다. 위치찾기는 순행 간섭에 저항하는 능력을 측정한다.

[고려사항]

위치찾기 소검사에서 아동의 수행에 대해 고려할 사항
• 큰 노력을 기울이지 않고 수월하게 수행하는가, 혹은 상당한 노력을 기울여 집중하는 것처럼 보이는가?
• 문항을 보자마자 즉시 빠르게 반응하는가, 혹은 반응하기 전에 깊이 생각하는가?
• 오류를 알아채는가 혹은 자신의 답이 항상 맞다고 생각하는가?
• 자신의 답이 항상 틀렸다고 생각하는가?

- 문항이 더 복잡해져도(동물카드가 여러 장 나옴) 과제를 이해하는가?
- 반응 후에 자신의 반응을 수정하는가? 얼마나 자주 수정하는가?
- 같은 방식으로 반응하는가?
    (예) 각 문항에서 같은 위치에 동물카드 놓기)
- 문항이 진행되면서 과제에 대한 아동의 반응은 어떠한가? 가령, 어려워지면 도전하고자 하는가 아니면 긴장되고 불안하고 좌절하는가? 울타리의 구획과 동물카드의 개수가 많아지면 아동이 무슨 말을 하는가?

11) 동형찾기

동형찾기(Bug Search) 소검사(총 66개 문항)는 제한시간 내에 목표그림과 똑같은 모양의 그림을 5개의 보기그림 중에서 찾아서 도장을 찍는 과제이다. 모든 시각 자극들은 곤충 모양의 그림이며, 120초 동안 가능한 한 많은 문항에서 일치하는 그림을 정확하게 찾아 도장을 찍어 표시한다.

동형찾기 소검사는 시지각적 변별속도와 주사(scanning)속도를 측정하며, 처리속도, 지각속도, 과제수행속도, 심리운동속도, 주의력, 집중력, 시각적 단기기억, 대근육 협응 능력을 평가한다. 소검사의 수행에는 운동활동속도, 동기, 인내력, 시간 압력하에서 작업하는 능력, 시각적 예민성이 관련된다. 도장을 손으로 잡고 찍는 과제이므로 소근육 운동 협응 능력은 과제 수행에서 중요한 역할을 하지 않는다. 선택 소검사와 마찬가지로 동형찾기 소검사에서 측정하는 지적 능력은 아동의 처리속도와 정확성이다.

[고려사항]

동형찾기 소검사에서 아동의 수행에 대해 고려할 사항
- 한 손으로 반응지를 고정하고 다른 손으로 도장을 찍는가?
- 과제에 어떻게 접근하는가?
    (예) 충동적. 꼼꼼하고 세심. 불안)

- 손떨림을 보이는가?
- 지시를 이해하는가? 지시를 이해하는 데 얼마나 걸리는가? 지시를 반복해야 하는가?
- 목표그림과 보기그림을 계속 왔다갔다하며 보는가?
- 실수를 하는가? 자신의 실수를 알아채는지, 실수에 대한 반응은 무엇인지 기록한다.
- 다음 문항으로 넘어가기 전에 모든 문항을 재확인하는가?
- 그림을 차례대로 질서정연하게 보면서 수행하는가? 아니면 자신이 어디를 봐야 하는지 가끔 헛갈리고 찾기 어려워하는가?
- 끈기있게 수행하는가? 아니면 과제를 계속하도록 촉구해야 하는가?
- 과제를 지루해하는 것처럼 보이는가?
- 수행 도중에 멈추고 기지개를 하거나 한숨을 쉬거나 주변을 둘러보거나 말을 하는가?
- 수행을 하면서 동시에 말하거나 노래를 하거나 흥얼거리는가?
- 후반부로 진행할수록 수행속도가 빨라지거나 느려지는가?
- 수행속도가 느린가? 그 이유는 무엇일까?
- 속도 혹은 정확성 중 어디에 중점을 두는가?
  (예 실수를 하면서도 너무 빨리 수행하기, 너무 적은 수의 문항밖에 하지 못할 정도로 지나치게 천천히 수행하기)

　과제 수행에서 보인 아동의 행동을 통해 아동의 주의력과 인내력, 그리고 충동, 강박 및 불안 성향에 대한 정보를 알 수 있다. 아동이 계속 정답에 도장을 찍는 동시에 속도가 빨라진다면 과제에 잘 적응하고 있다는 것을 나타내며, 오답에 도장을 찍는 동시에 속도가 느려진다면 아동이 피곤하거나 지루한 상태라는 것을 시사한다.

　아동이 동형찾기 소검사에서 다음과 같은 방식으로 수행한다면 낮은 점수를 받게 된다. 첫째, 극도로 느리고 주의깊게 반응하기, 둘째, 보기그림을 보면서 강박적으로 목표그림을 계속 확인하기, 셋째, 목표그림과 일치하는 보기그림을 찾는 데 부주의하게 살펴보기. 동형찾기 소검사의 수행 결과를 설명할 수 있는

가설을 검증하기 위해서는 소검사의 전체 수행과 더불어 다른 출처의 정보(면담자료, 행동관찰, 다른 검사 결과 등)를 함께 고려해야 한다.

12) 선택하기

선택하기(Cancellation) 소검사는 두 페이지에 가득 흩어져 있는 사물 그림들을 훑어보면서 제한시간(45초) 내에 최대한 많이 목표그림을 찾아 도장을 찍어 표시하는 과제이다. 목표그림은 옷 종류(예: 바지, 모자, 양말, 등)이며, 여러 가지 다른 사물(예: 가위, 바나나, 개구리 등)의 그림들과 섞여 있는 목표그림을 찾아야 한다. 그림들의 배열 방식에 따라 두 개의 문항으로 구성되며, 첫 번째는 비정렬, 두 번째는 정렬 문항이다. 비정렬 문항은 그림들이 무선적으로 배열되어 있고, 정렬 문항은 줄과 열에 맞추어 질서있게 배열되어 있다.

선택하기 소검사는 시지각적 재인과 시각적 처리속도를 측정한다. 이 소검사는 처리속도, 지각속도, 과제수행속도, 시각적 처리, 정신적 조작속도, 주사능력, 심리운동속도, 시각적 단기기억, 시각기억, 주의력, 집중력, 시지각적 변별능력을 평가한다. 또한 선택하기 소검사의 수행은 운동활동속도, 동기와 인내력, 시각적 예민성, 시간 압력하에서 작업하는 능력과 관련된다. 도장을 손으로 잡고 찍는 과제이므로 소근육 운동 협응 능력은 과제 수행에서 중요한 역할을 하지 않는다. 동형찾기와 동물짝짓기 소검사와 마찬가지로 선택하기 소검사에서 측정하는 지적 능력은 아동의 처리속도와 정확성이다.

[고려사항]

선택하기 소검사에서 아동의 수행에 대해 고려할 사항
- 수행을 방해하는 시각적 어려움이 나타나는가? 그것은 무엇이며 아동의 수행을 어떻게 방해하는가?
- 검사 지시를 이해하는가?
- 도장을 손으로 제대로 잡는가 아니면 부자연스럽고 불편하게 잡는가?

- 손을 떨지 않고 가만히 있는가 혹은 손이 자꾸 흔들리는가?
- 과제 자극을 어떻게 다루는가?
  (예) 순조롭고 질서정연하게, 충동적으로, 끈기있게, 주의깊게, 지루하게, 체계적으로, 혼란스럽고 무계획적으로)
- 쉽게 포기하는가?
- 자신의 오류를 알아채는가?
- 오류를 수정하려고 노력하는가? 어떻게 수정하는가?
- 특정한 옷 종류를 계속 빠뜨리거나 혹은 옷 종류가 아닌 특정한 사물을 계속 표시하는가? 그것은 무엇인가?
- 과제를 지속하도록 격려와 촉구가 계속 필요한가?
- 과제가 진행되면서 아동의 수행 양상이 변하는가? 어떻게 변하는가?
- 반응지의 특정 부분을 무시하는가(즉, 아동이 무시증(visual neglect)을 보이는가)?

　목표그림이 아닌 그림에 도장을 찍는 오류가 나타난다면, 오류가 충동성, 부주의, 빈약한 자기점검, 혹은 시각 운동 협응의 어려움 때문인지 살펴본다. 또한 시간이 지날수록 아동이 더 빠르고 정확하게 목표그림을 찾는지 아니면 점점 속도가 느려지는지, 수행이 똑같이 유지되는지 평가한다. 향상된 수행은 과제를 완성하면서 아동이 자신감이나 흥미가 커진 것을 나타내며, 저하된 수행은 지루함, 불안, 피곤 혹은 과제 지시를 잊어버린 것을 나타낼 수 있다.

　선택하기 소검사는 ADHD, 불안장애, 혹은 외상성 뇌손상과 관련하여 주의력 문제가 의심되는 경우 아동의 주의력 평가에 유용하다. 만약 다른 검사를 통해 아동의 반응속도와 시각적 예민성의 발달이 양호하다고 확인되었다면, 선택하기의 낮은 점수는 시지각적 어려움보다는 주의력 결핍 문제와 관련될 것이다.

13) 동물짝짓기

　동물짝짓기(Animal Coding) 소검사(총 72개 문항)는 제한시간 내에 동물과 짝지어진 모양을 찾아 도장을 찍는 과제이다. 동물과 모양의 대응표(고양이-별, 거북이-원, 물고기-사각형)가 반응지의 모든 페이지 상단에 제시되어 있으며, 아동은 대응표를 보면서 문항(동물그림 1개와 3개의 모양)에 있는 동물과 짝지어 진 모양을 찾는다. 120초 동안 가능한 많은 문항에서 동물에 대응된 모양을 정확하게 찾아 도장을 찍어 표시한다.

동물짝짓기 소검사는 정신적 조작 및 심리운동 속도와 관련된 새로운 과제를 학습하는 능력을 측정한다. 이 소검사는 처리속도, 과제수행속도, 시각 운동 협응, 주사(scanning) 능력, 시각적 단기기억, 시각 기억, 주의력, 집중력, 시지각적 기호 관련 기술, 시각적 처리, 시지각적 변별 능력을 평가한다. 또한 운동활동속도, 동기와 인내력, 시각적 예민성, 시간 압력하에서 작업하는 능력, 대근육 협응과 관련된다. 아동이 동물이나 모양에 언어적 묘사를 사용하는 경우(예: "고양이-별"이라고 명칭을 사용), 과제 수행이 언어적 부호화 과정과 관련될 수 있다.

동물짝짓기 소검사는 동물과 모양의 연합을 배우는 능력 및 빠르고 정확하게 연합을 만드는 능력을 측정한다. 이 과제에서 아동은 대응표를 보면서 정보를 부호화하고, 문항을 보고 맞는 모양에 표시할 수 있을 만큼의 시간 동안 단기기억에 정보를 보유해야 한다. 그러므로 동물짝짓기 소검사는 시각적 변별 그리고 동물-모양 연합의 기계적 암기(rote memory) 능력과 관련된 정보처리 과제라고 할 수 있다.

[고려사항]

동물짝짓기 소검사에서 아동의 수행에 대해 고려할 사항

- 검사 지시를 이해하는가?
- 검사자가 설명을 한 후에 아동이 과제를 제대로 수행하는가?
- 검사자의 지시에 주의를 기울여 듣고 지시가 끝날 때까지 기다리는가, 아니면 산만하고 충동적인가?
- 한 손으로 반응지를 잡아 고정시키고 다른 손으로 도장을 찍는가?

- 과제에 어떻게 접근하는가? 가령, 아동이 끈기 있고, 불안하고, 지루해하고, 꼼꼼하고, 혹은 조심스러운가?
- 과제를 수행하면서 속도가 빨라지는가 아니면 느려지는가?
- 동물이 바뀌었는데도 같은 모양에 반복해서 표시하는가(perseveration 보속증)?
- 같은 방식으로 반응하는가?
  (예 하나의 동물이나 모양만을 골라서 도장을 찍고 다른 것은 넘어가기)
- 오류를 알아채는가? 아동이 어떤 말을 하는가?
- 오류를 수정하려고 하는가? 어떤 행동을 하는가?
- 수행이 저조한 경우, 원인은 느린 속도, 부정확한 표시 혹은 둘 다인가?
- 저조한 수행이 빈약한 주의력과 관련되어 보이는가?
- 각 문항마다 페이지 상단의 대응표를 보며 확인하고 수행하는가, 아니면 동물-모양 연합을 기억해서 대응표를 올려다보지 않고 수행하는가?
- 다음 문항으로 넘어가기 전에 앞선 문항을 재확인하는가?
- 수행 도중에 멈추고 기지개를 켜거나 한숨을 쉬거나 주변을 둘러보거나 말을 하는가?
- 과제를 수행하면서 동시에 말을 하거나 노래를 부르거나 흥얼거리는가?

　동물-모양 대응이 맞지 않는 모양에 도장을 찍는 오류가 나타난다면, 오류가 충동성, 빈약한 자기점검, 혹은 빈약한 자기수정 때문인지 살펴본다. 시간이 지나면서 더욱 빠른 속도로 맞는 모양을 선택한다면 아동은 과제에 잘 적응하고 있다고 볼 수 있으나, 속도가 느려지고 모양 선택에 오류를 보인다면 아동이 피곤하거나 점점 지루해지거나 주의가 분산되는 상태일 수 있다.

　동물짝짓기 소검사는 ADHD, 불안장애, 혹은 외상적 뇌손상과 관련하여 주의력 문제가 의심되는 경우 아동의 주의력 평가에 유용하다. 만약 다른 검사를 통해 아동의 반응속도와 시각적 예민성의 발달이 양호하다고 확인되었다면, 동물짝짓기의 낮은 점수는 시지각적 어려움보다는 주의력 문제와 관련되었을 것이다. 느리고 신중한 수행 방식은 완벽주의를 시사할 수 있다.

　보속(perseveration, 문항들에서 모두 같은 모양을 계속 선택)은 신경학적 어려움을 시사하며 반드시 추후 탐색이 필요하다. 과제가 시시하게 느껴지고 도전하

고자 하는 동기를 갖지 못하는 아동은 빨리 지루해하거나 흥미를 잃어서 낮은
점수를 받을 것이다.

14) 수용어휘

수용어휘(Receptive Vocabulary) 소검사(총 31개 문항)는 검사자가 들려주는 단
어를 듣고 이에 해당하는 그림을 4개의 보기 중에서 선택하는 과제이다.

수용어휘 소검사는 단어 지식을 측정하며, 수용언어 능력, 어휘 발달, 기억,
정보의 양, 지각적 재인 능력을 평가한다. 또한 문화적 기회, 흥미와 독서 범
위, 초기 환경의 풍부함, 초기 교육과 일반 교육의 질, 지적 호기심, 시각적 예
민성과 관련된다.

[고려사항]

소검사에서 아동의 수행에 대해 고려할 사항

- 얼마나 빨리 그림을 가리키는가? 모든 보기를 주의깊게 고려하는가?
- 그림을 자신있게 선택하는가 아니면 자신의 선택에 확신이 없어 보이는가?
- 선택에 어려움을 보이는가?
  (예) 여러 개의 보기를 가리킴)
- 검사자가 불러 준 단어의 뜻을 모르면 추측하는가?
- 정답을 잘 모를 때 아동이 쉽게 "몰라요."라고 말하고 문항을 끝내는가 아니면
  잠시 멈추거나, 곰곰이 생각하거나, 혹은 문항에 대해 생각하며 소리 내어 말하
  는가?
- 그림을 손으로 가리키는 대신 그림의 명칭을 말하는가?
- 같은 방식으로 반응하는가?
  (예) 모든 문항에서 페이지의 같은 위치를 계속 가리킴)
- 청각적 문제를 보이는가? 어떻게 나타나는가?
  (예) 발음이 비슷한 다른 단어를 질문과 혼동함)
- 시각적 문제를 보이는가?
- 한계검증에서 질문을 말하는 대신 인쇄된 단어로 보여 주면 수행이 향상되는가?

수용어휘 소검사에서 아동의 답변은 언어 기술, 배경, 문화적 분위기, 사회적 발달, 생활 경험, 좌절에 대한 반응, 사고 과정에 대한 정보를 제공한다. 청각적, 시각적, 언어적 문제와 관련된 오류를 구분하여, 아동이 오답을 선택한 원인을 파악해 본다. 아동이 그림을 잘못 해석했거나, 그림 전체를 제대로 보지 않았거나, 그림의 부분을 전체와 연결지어서 보지 못하였기 때문일 수도 있다. 오류가 단어나 그림 때문인지 혹은 단어와 그림 모두와 관련되는지 알아내기 어렵다.

15) 그림명명

그림명명(Picture Naming) 소검사(총 24개 문항)는 그림으로 제시된 사물의 이름을 말하는 과제이다. 그림명명 소검사는 단어 지식을 측정하며, 결정화된 지식, 언어발달, 어휘 지식, 단어 지식, 언어적 이해력, 획득된 지식, 정보의 양, 장기기억, 의미 있는 자극의 지각, 시각 기억, 시각적 처리, 시지각적 변별, 수용 및 표현 언어 능력을 평가한다. 또한 문화적 배경, 흥미와 독서 범위, 초기 환경의 풍부함, 초기 교육과 일반 교육의 질, 시각적 정확성과 관련된다.

 [고려사항]

소검사에서 아동의 수행에 대해 고려할 사항
- 과제에 어떻게 접근하는가?
  (예) 쉽게 정답을 말함. 오답을 말함. 추측. "몰라요."라고 말함. 객관적인 답변 혹은 매우 개인적인 답변을 말함. 그림의 이름을 말하기보다는 그림의 특정한 특징을 묘사함)
- 반응의 질은 어떠한가?
  (예) 단어를 쉽게 또는 어렵게 발음함. 의미 있는 반응 혹은 특이한 반응을 함)
- 청각 혹은 시각적 문제를 보이는가? 어떻게 나타나는가?
- 오류가 경험의 결핍을 나타내는가 아니면 지식의 결핍을 보여 주는가?
- 외국어를 사용하여 반응하는가? 일부 문항에서만 외국어를 사용하는가 아니면 모든 문항에서 사용하는가?

> • 아동의 반응에서 감정이 드러나거나 개인적인 경험을 참조한 내용이 나타나는
>   가? (예 "나는 연필이 싫어요.") 이를 통해 알 수 있는 것은 무엇인가?

　그림명명 소검사에서 아동의 반응은 언어적 기술, 배경, 문화적 분위기, 생활 경험, 좌절에 대한 반응에 대한 정보를 제공한다. 만약 아동이 그림을 묘사하지만 이름을 말하지 못한다면, 아동이 어떤 언어적 문제를 가지고 있는지 자세히 알아볼 필요가 있다.

　〈표 2-2〉에는 K-WPPSI-IV의 소검사와 관련된 주요 능력 및 수행에 영향을 미치는 배경 요인에 대해 정리하였다.

〈표 2-2〉 K-WPPSI-IV 소검사와 관련된 주요 능력 및 배경 요인

토막짜기	상식	행렬추리	동형찾기	그림기억	공통성	공통그림찾기	선택하기	위치찾기	모양맞추기	어휘	동물짝짓기	이해	수용어휘	그림명명	능력 및 배경 요인
■	■	■	■	■	■	■	■	■	■	■	■				주의력
	■					■					■	■			청각적 예민성
	■					■					■	■			청각적 순차처리
■		■	■	■			■	■			■				집중력
■					■	■									개념적 사고
	■									■		■	■	■	결정화된 지식
■	■	■			■				■	■	■	■		■	문화적 기회
■												■		■	표현언어
■									■						소근육 협응
		■				■									유동적 추론능력
	■					■					■	■		■	상식의 양
			■												대근육 협응
	■					■					■		■	■	지적 호기심

토막짜기	상식	행렬추리	동형찾기	그림기억	공통성	공통그림찾기	선택하기	위치찾기	모양맞추기	어휘	동물짝짓기	이해	수용어휘	그림명명	능력 및 배경 요인
	■				■	■				■			■	■	흥미와 독서 패턴
					■					■		■	■	■	언어발달
					■						■		■	■	단어 지식
	■				■					■		■	■	■	장기기억
■		■	■				■	■			■				동기와 끈기
■		■				■			■						비언어적 추론
						■									지각적 추론
			■				■								지각 속도
													■		실용적 추론
■							■				■				처리속도
	■				■	■				■			■	■	정규교육의 질
■		■			■	■						■			추론
			■				■	■			■				주사능력
									■		■				검사상황 인식유지 능력 (set maintenance)
			■	■			■	■			■				단기기억
■		■						■	■						공간 지각
■									■						빠른 회전
	■				■					■		■			언어이해
■		■	■	■		■	■				■				시각적 예민성
		■	■				■				■		■	■	시각기억
■			■						■						시각운동 협응
■		■	■			■			■						시지각적 변별
■		■	■				■		■						시지각적 조직화
■		■	■			■	■		■		■		■	■	시지각적 처리

토막 짜기	상식	행렬 추리	동형 찾기	그림 기억	공통성	공통 그림 찾기	선택 하기	위치 찾기	모양 맞추기	어휘	동물 짝짓기	이해	수용 어휘	그림 명명	능력 및 배경 요인
■		■				■	■		■						시지각적 추론
■		■						■	■						시공간적 능력
■		■							■						시각화
					■					■		■	■	■	어휘

출처: Sattler, Dumont, & Coalson (2016).

K-WPPSI-IV의 실시와 채점

제3장 K-WPPSI-IV의 실시와 채점

① 전반적 실시 가이드

   K-WPPSI-IV의 결과를 임상적으로 활용하거나 인지적 장단점을 확인하여 잠재력을 신장시키기 위해서는 정확한 실시가 중요하다. 따라서 검사자는 다음의 실시 가이드를 충분히 숙지한 상태에서 아동을 만나야 한다. 검사 실시에 대한 표준적 지침은 K-WPPSI-IV 실시지침서 및 기술지침서(박혜원, 이경옥, 안동현, 2016)에 상세히 기술되어 있으며, 본 장에서는 시행 시 유의해야 할 부분에 대해 간략히 안내하고자 한다.

> **[추가설명] K-WPPSI-IV 검사도구 목록**
>
> - 실시지침서
> - 기술지침서
> - 검사책자 1, 2, 3
> - 기록용지(2:6~3:11세용, 4:0~7:7세용)
> - 반응지 1, 2, 3
> - 토막짜기 세트
> - 채점판(동형찾기, 선택, 동물짝짓기)
> - 모양맞추기 퍼즐
> - 위치찾기 울타리 판
> - 위치찾기 카드 세트
> - 도장
> - 초시계
>
> 검사를 실시하기 전에 검사도구 목록을 확인하여 미리 준비한다.

- 검사는 조용하고, 주의가 분산되지 않는 방해 자극이 적은 장소에서 실시해야 한다. 아동에게 검사에 대해 설명할 때, "지능"이라는 용어를 사용하지 않도록 주의해야 하며 검사에 대해 아동이 질문하면 아동의 발달 수준에 맞게 대답해 주어야 한다.

- 검사자와 아동은 마주 보는 자리에 위치하고 아동의 수행이 충분히 보이면서도 너무 가까워서 검사도구나 기록용지를 두기 불편해서는 안 된다. 바퀴가 달려 있지 않은 의자를 사용하고, 가능하다면 아동에게 너무 높지

않은 책상과 의자를 준비한다.
• 검사를 실시하기 전에 검사도구 목록을 확인하여 미리 준비한다.

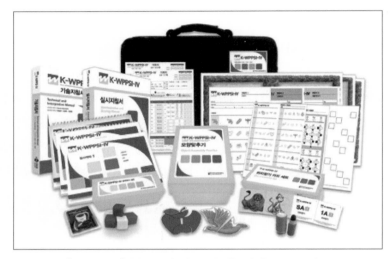

[그림 3-1] 한국 웩슬러 유아지능검사 도구구성표

• 실시지침서는 가로 분선이 있어 뒤로 꺾으면 세울 수 있으므로, 아동에게
지침서의 내용이 보이지 않도록 세워 둔다.

[그림 3-2] 좌석과 도구의 배치의 예

• 검사를 실시할 때, 아동과 라포가 잘 형성되어야 하며 아동의 기분을 잘 살피고 검사과정이 아동에게 고통스러운 시간이 되지 않도록 해야 한다. 검사자는 전문적이고 너무 서두르지 않아야 하며, 검사실시가 구조화되어 있어야 한다. 일반적으로는 소검사 시행 순서를 지켜야 하며, 임상적으로 필요하다고 판단될 때는 순서를 변경해서 사용할 수 있다(실시지침서 참고).

• 검사에 임하는 아동에게 격려를 해 줄 수 있으나 정답 여부를 알려주거나 정답을 알려 주어서는 안 된다("너무 어려웠지. 다른 거 해 보자." "열심히 하고 있구나." 등). 검사의 지시사항을 정확히 알려 주어야 하며, 실시지침에서 벗어나는 추가 설명을 제공해서는 안 된다. 아동의 수행을 면밀히 관찰하고 아동의 언어적/비언어적 반응을 검사기록지에 기록해 두어야 한다.

• 일반적으로 아동은 시간 제한이 없는 소검사에서 5~10초 안에 응답을 하며, 각 문항에서 30초 정도를 기다려 주도록 실시지침서에서 안내하고 있으나 아동이 너무 지루해한다면 검사자의 판단에 따라 융통성 있게 조절할 수 있다.

• 가능한 한 회기에 모든 검사가 실시되도록 해야 하고, 아동이 너무 힘들어하면 두 회기에 나누어서 실시할 수 있으나 두 번째 회기는 가능하면 일주일 이내에 실시해야 하고, 아동이 첫 번째 회기 이후 아동의 수행에 영향을 미칠 수 있는 중요한 사건이 있었는지 확인하는 것이 좋다.

• 아동의 인지능력 변화를 알아보기 위해 재검사를 시행할 경우, 최소 1년 이상의 기간을 두고 평가하는 것이 적절하다.

• 일부 소검사에서는 아동의 이해를 돕기 위해 시범문항(검사자가 아동에게 시범을 보임), 연습문항(아동이 실제 시행에 앞서 연습을 해 봄), 설명문항(틀릴 경

> **[추가설명]**
> **아동의 연령이 6:0~7:7세인 경우,
> 웩슬러 유아용 지능검사(K-WPPSI-IV)와
> 웩슬러 아동용 지능검사(K-WISC-V) 선택 기준**
>
> • 6세~7세 7개월의 경우, K-WPPSI-IV와 K-WISC-V 둘 다 사용 가능
> - K-WISC-V 사용: 인지 능력이 평균 이상으로 추정되는 경우
> - K-WPPSI-IV 사용: 인지 능력이 평균 이하로 추정되는 경우, 언어적 어려움이 있는 경우, 한국어가 모국어가 아닌 경우

우 아동에게 정답을 알려 줌)이 포함되어 있다. 이러한 문항들은 검사의 실시 지침에 따라 진행되어야 한다.

1) K-WPPSI-IV 시행 순서

모든 연령군에서 전체 IQ를 산출하는 데 사용되는 소검사를 먼저 실시한다. 주의해야 할 사항은 K-WPPSI-IV는 2:6~3:11세와 4:0~7:7세 유아에게 실시하는 소검사의 종류(개수)와 실시 순서가 다르기 때문에 아동의 연령(만 나이로 몇 세 몇 개월)을 정확하게 계산해야 한다. K-WISC-V나 K-WAIS-IV의 경우는 연령과 상관없이 소검사 종류(개수)와 실시 순서가 모두 같지만(단, K-WISC-V의 경우, 연령에 따라 시작점은 다름), K-WPPSI-IV는 소검사 종류, 실시 순서, 시작점, 기본지표와 추가지표의 개수와 종류가 연령에 따라 다르다. 충분히 숙련될 때까지 반복해서 확인하는 것이 필요하다. 실시 순서는 〈표 3-1〉과 같다.

〈표 3-1〉 K-WPPSI-IV 실시 순서

2:6~3:11세용	4:0~7:7세용	
1. 수용어휘	1. 토막짜기	2. 상식
2. 토막짜기	3. 행렬추리	4. 동형찾기
3. 그림기억	5. 그림기억	6. 공통성
4. 상식	7. 공통그림찾기	8. 선택하기
5. 모양맞추기	9. 위치찾기	10. 모양맞추기
6. 위치찾기	11. 어휘	12. 동물짝짓기
7. 그림명명	13. 이해	14. 수용어휘
	15. 그림명명	

2) K-WPPSI-IV 시행 시간

2:6~3:11세용의 경우, 전체 IQ를 산출하기 위한 핵심소검사는 5개이고, 기본지표점수를 산출하기 위해서는 핵심소검사(5개)와 보충소검사(1개)를 합쳐 6개의 소검사를 실시한다. 추가지표점수까지 산출하기 위해서는 핵심소검사(5개)와 보충소검사(2개)를 합쳐 7개의 소검사를 실시한다.

4:0~7:7세용의 경우, 전체 IQ를 산출하기 위한 핵심소검사는 6개이고, 기본지표점수를 산출하기 위해서는 핵심소검사(6개)와 보충소검사(4개)를 합쳐 10개의 소검사를 실시한다. 추가지표점수까지 산출하기 위해서는 핵심소검사(6개)와 보충소검사(7개) 및 선택소검사(2개)를 실시한다. 단, 추가지표의 경우 산출 목적에 따라 보충 또는 선택 소검사를 선택하여 실시한다. 자세한 사항은 제2장 K-WPPSI-IV의 구성을 참고하라.

- 2:6~3:11세용의 경우, 전체 IQ를 산출하기 위해서는 평균 27분이 소요되고, 3개의 기본지표를 산출하기 위해서는 평균 32분이 소요된다.
- 4:0~7:7세용의 경우, 전체 IQ를 산출하기 위해서는 평균 31분이 소요되고, 5개의 기본지표를 산출하기 위해서는 평균 60분이 소요된다.
  *아동의 장애 정도에 따라 검사시간이 더 길어지거나 짧아질 수 있다.

3) 기록용지

- 기록용지는 2:6~3:11세용은 총 14페이지, 4:0~7:7세용은 총 18페이지로 구성되어 있으며, 각 소검사마다 시작점, 역순규칙, 중지규칙, 채점 방법, 시간제한(초시계) 등을 제공한다.
- 반응지는 4:0~7:7세용에만 사용되며 3개로 구성되어 있다(반응지 1: 동형찾기, 반응지 2: 선택하기, 반응지 3: 동물짝짓기).
- 아동의 정확한 생년월일을 보호자에게 확인하여, 검사일을 기준으로 연령

을 산출해야 한다. 기록용지는 2:6~3:11세용과 4:0~7:7세용으로 나누어져 있으며, 연령에 따라 시작점도 다르고 역순 규칙도 다르기 때문에 주의해야 한다.

〈표 3-2〉 아동 연령 산출하기

	연령 계산		
	년	월	일
검사일	2022	6	30
출생일	2018	10	26
연령	3	8	4

- 아동이 검사 도중에 하는 모든 말과 행동을 그대로(verbatim) 기록해야 하며, 모든 내용은 깔끔하고 정확하게 기록해야 한다. 행동관찰, 오답, 정답, 아동이 하는 말 등을 모두 기록해 놓아야 하며, 이러한 내용은 질적 분석에 포함된다.
- 기록용지 작성 시 필요한 약어:
  - 추가질문(Queries: Q): 일부 소검사에서는 반드시 추가질문을 하도록 규칙을 제시하고 있으나, 모든 소검사에서 아동의 지식을 더 정확히 평가하기 위해 추가질문을 할 수 있다. 너무 많은 추가질문을 하면 아동이 피로해 하고 불편해 할 수 있으니 유의해야 한다.
  - 촉구(Prompts: P): 소검사의 지시문에 제시되어 있으며, 과제를 가르치거나 재확인하기 위해 사용한다. 어떤 소검사에서 아동이 정답이 2개라고 한다면, 검사자는 최선의 정답을 하나만 선택하라고 촉구할 수 있다.
  - 반복(Repeating items: R): 아동이 문항을 다시 알려 달라고 하거나 아동이 문항을 잘못 들었거나 잘못 이해했거나 문항을 잊어버렸을 때, 문항

> **[추가설명] 주의 사항**
> - 상식, 행렬추리, 공통성, 공통그림찾기, 어휘, 이해, 수용어휘, 그림명명: 문항 반복 가능
> - 토막짜기, 동형찾기, 선택하기, 모양맞추기, 동물짝짓기: 반복은 가능하나 시간 측정은 멈추지 않는다.

을 반복해서 안내해 준다.

– 반응없음(No Response: NR): 검사자의 질문에 전혀 반응하지 않음

– 모른다고 함(Don't Know: DK): 검사자의 질문에 모른다고 답함

---

5. 그림기억

연습문항 SA – 문항 6 : 자극페이지를 3초 동안 제시
연습문항 SB – 문항 35 : 자극페이지를 5초 동안 제시

시작
4:0~7:7 연습문항 SB, 문항 7

역순
첫 2문항 연속 만점이 아니면, 2문항 연속 만점 받을 때까지 역순 실시

중지
3문항 연속 0점

채점
정답 – 빨간색, 0, 1점

문항	반응						점수		문항	반응						점수	
SA.	1	2							23.	1	2	3	4	5	6	0	1
†1.	1	2					0	1	24.	1	2	3	4	5	6	0	1
†2.	1	2					0	1	25.	1	2	3	4			0	1
3.	1	2	3				0	1		5	6	7	8				
4.	1	2	3				0	1	26.	1	2	3	4			0	1
5.	1	2	3	4			0	1		5	6	7	8				
6.	1	2	3	4	5		0	1	27.	1	2	3	4	5		0	1
SB.	1	2	3	4						6	7	8	9	10			
†7.	1	2	3	4			0	1	28.	1	2	3	4	5		0	1
†8.	1	2	3	4			0	1		6	7	8	9	10			

4:0~7:7

[그림 3-3] 시작점규칙, 역순규칙, 중지규칙, 연습문항, 설명문항 예시

---

(1) 시작점규칙

• 2:6~3:11세용: 모든 소검사에서 1번 문항부터 시작

• 4:0~7:7세용: 아동 연령과 능력에 따라 시작문항이 결정(지적장애나 낮은 인지적 능력을 가진 것으로 의심되는 아동은 연령에 상관없이 1번 문항에서 시작).

(2) 역순규칙

• 2:6~3:11세용: 역순규칙 해당 안 됨

• 4:0~7:7세용: 아동이 시작문항에서 만점이 아니라면, 또는 시작 문항은 만점이지만 다음 문항에서 만점이 아니라면 역순으로 진행한다. 아동이 두 개의 문항을 연속적으로 맞출 때까지 역순으로 진행한다. 단, 지적장애 의심

아동이 자신의 시작점이 아니라 문항 1에서 시작했을 때에는 특별히 주의
해야 한다. 시작점 이전 문항의 수행과 상관없이 자신의 연령에 해당하는
시작문항과 그 다음 문항에서 만점을 받으면 이전 문항을 만점 처리한다.

(3) 중지규칙

- 각 소검사에서 제시하는 연속되는 틀린 문항의 개수(예: 그림기억의 경우,
3문항 연속 0점)에 따라 소검사를 중지한다.
- 정답 여부가 명확하지 않아 중지 기준을 넘어서 실시한 문항이 있는 경우,
중지 기준 이후에 맞힌 문항에 대해서는 점수를 주지 않는다.
- 역순으로 진행한 문항에 대해서도 같은 기준으로 실시한다.

(4) 시범문항, 연습문항, 설명문항, 추가질문

- 시범문항: 검사자가 해당 과제를 수행하는 방법을 아동에게 보여 주는 문
항이다. 예를 들면, 선택하기 소검사에서 시범문항을 사용하여 아동에게
과제를 설명하면서 검사자가 시범을 보여 준다.
- 연습문항: 아동이 해당 과제를 정확하게 이해했는지를 확인하기 위해 연
습문항을 제공하여 본검사를 실시하기 전에 연습해 볼 수 있게 한다(S, SA,
SB, SC로 표기). 예를 들면, 선택하기 소검사에서 검사자가 시범을 보인 후
에 아동이 연습문항을 사용하여 과제를 연습하게 한다.
- 설명문항: 정답이 아닌 경우, 실시지침서에 있는 정답을 가르쳐 준다(†로
표기). 공통성 소검사의 경우, 5번과 6번에서 아동이 정답을 말하지 못한
경우, 정답을 가르쳐 준 후에 시행 2를 한다(‡로 표기).
- 추가질문: *로 표기되어 있는 문항의 경우, 추가질문이 필요한 반응을 확
인하여 추가질문을 실시한다.

(5) 마지막 페이지

검사를 시행하는 아동의 의뢰사유, 언어, 외모, 시각/청각/신체운동 문제, 주

의력과 집중력, 검사태도, 정서/기분, 특이행동/언어화 등에 대한 정보를 기록하도록 되어 있다.

K-WPPSI-IV
KOREAN—WECHSLER PRESCHOOL AND PRIMARY
SCALE OF INTELLIGENCE—FOURTH EDITION

아동 이름:		소속:		연령:
성별: □ 남　□ 여		우세손: □ 오른손　□ 왼손		
검사자 이름:		검사 기관:		

기록지

행동관찰

의뢰인/의뢰 사유/현재 보이는 문제점

언어(예, 사투리, 외국어 사용, 표현/수용언어능력, 조음문제 등)

외모

시각/청각/신체운동 문제(교정여부[예, 안경, 보청기 등])

주의력과 집중력

검사태도(예, 라포, 적극성, 습관, 관심, 동기, 성공/실패에 대한 반응)

정서/기분

특이행동/언어화(예, 보속증, 상동운동, 특이 언어사용 등)

기타

정상곡선

백분율	2.2%	6.7%	16.1%	50%	16.1%	6.7%	2.2%
분류범주	매우 낮음	경계선	평균 이하	평균	평균 이상	우수	매우 우수
지표점수	70	80　85	90	100	110　115　120	130	

[그림 3-4] K-WPPSI-IV 기록용지의 행동관찰 기록지

4) 소검사 대체

검사자의 선호가 아니라 임상적 판단에 따라 소검사를 대체할 수 있는데(예: 동형찾기 소검사 동안 외부에 심한 소음이 있어 검사 점수가 유효하지 않을 때 선택하기 소검사로 대체한다), 아동의 점수를 높여 주기 위해 핵심소검사를 보충소검사로 대체해서는 안 된다. 또한 규준은 핵심소검사를 기초로 제공되기 때문에 가능한 한 소검사 대체를 하지 않는 것이 좋다.

(1) 전체 연령

- 기본지표점수(즉, VCI, VSI, FRI, WMI, PSI)와 추가 어휘습득지표점수(VAI)는 소검사 대체가 불가능하다.

> **[추가설명] 비례산출 환산점수의 사용**
>
> 어떤 이유에 의해 검사가 중단된 경우, 소검사 대체로도 전체 IQ 산출이 불가능할 때 사용한다. 하지만, 소검사 대체보다 선호되지 않는 방법이며, 소검사 대체와 비례산출 환산점수는 함께 사용하지 않는다.

- 전체 IQ, NVI, GAI, CPI의 경우, 지표점수별로 하나의 소검사 대체만이 허용되나 동일한 인지영역 내에서만 대체가 가능하다.

(2) 2:6~3:11세용

- 전체 IQ와 일반능력지표(GAI) 산출 시 그림명명으로 수용어휘를 대체할 수 있지만 상식을 대체할 수 없다.
- 전체 IQ 산출 시 위치찾기로 그림기억을 대체할 수 있다.

(3) 4:0~7:7세용

- 전체 IQ와 일반능력지표(GAI) 산출 시 어휘나 이해로 상식이나 공통성 중 하나를 대체할 수 있다.
- 전체 IQ와 일반능력지표(GAI), 비언어지표(NVI) 산출 시 모양맞추기로 토막짜기를 대체할 수 있다.

- 전체 IQ와 일반능력지표(GAI) 산출 시 공통그림찾기로 행렬추리를 대체할 수 있다.
- 전체 IQ와 비언어지표(NVI) 산출 시 위치찾기로 그림기억을 대체할 수 있다.
- 전체 IQ와 비언어지표(NVI) 산출 시 선택하기나 동물짝짓기로 동형찾기를 대체할 수 있다.
- 전체 IQ와 비언어지표(NVI) 산출 시 모양맞추기로 토막짜기를 대체할 수 있다.
- 인지효율성지표(CPI) 산출 시 동물짝짓기로 동형찾기나 선택하기 중 하나를 대체할 수 있다.

② 소검사별 실시 가이드

총 15개의 소검사 실시와 채점 방법 및 주의사항에 대해 살펴보고, 준비사항, 시작규칙, 역순규칙, 중지규칙에 대해서 간략히 안내한다. 다음의 모든 예시는 실제 검사문항은 아니며, 이해를 돕기 위해 실제 문항과 유사하게 만들어서 제시하였다.

1) 토막짜기(Block Design: BD) ⏰

[그림 3-5]
토막과 초시계

(1) 실시연령

• 2:6~7:7세

(2) 해당 지표

• 2:6~3:11세용: 전체 IQ 핵심소검사/시공간지표 핵심소검사/비언어지표 핵심소검사/일반능력지표 핵심소검사
• 4:0~7:7세용: 전체 IQ 핵심소검사/시공간지표 핵심소검사/비언어지표 핵심소검사/일반능력지표 핵심소검사

(3) 설명

제한시간 내에 빨간색 토막/하얀색 토막/빨간-하얀색 토막을 제시된 모형이나 그림과 똑같이 만들어야 한다.

(4) 준비 도구

• 토막짜기 세트, 검사책자 1(2:6~3:11세용), 검사책자 3(4:0~7:7세용), 초시계, 실시지침서, 기록지

(5) 시행규칙

1. 검사책자를 펼쳤을 때 아동에게 잘 보이게 하기 위해 검사책자 1 또는 3의 그림 부분이 아동을 향하게 두고(검사자에게는 거꾸로 보임) 초시계를 준비한다.
2. 검사자는 검사책자, 제시 모형, 토막을 적절한 위치에 둔다.
   a. 검사책자나 모형 하나만을 제시하는 문항에서 아동이 앉은 책상 가장자리에서 18cm 앞에 모형이나 검사책자를 놓는다.
   b. 아동이 오른손잡이인 경우, 모형이나 검사책자를 아동의 약간 왼쪽에 배치한다. 아동이 왼손잡이인 경우, 모형이나 검사책자는 아동의 약간 오른쪽에 배치한다.

c. 검사책자와 모형을 모두 제시하는 문항에서는 아동이 오른손잡이인 경우 모형을 검사책자의 왼쪽에, 왼손잡이인 경우 모형을 검사책자의 오른쪽에 놓는다(검사자 기준).

    d. 각 문항에 필요한 토막만을 제시한다.

    e. 불필요한 토막은 아동의 시야에서 제거한다.

    f. 문항 1, 2는 토막을 위로 쌓는 것이고, 문항 3~17은 토막을 쌓지 않고 책상 위에 평평하게 구성하는 것이다.

3. A형은 하나의 색으로 된 토막을 사용하고, B형은 두 가지 색으로 된 토막을 사용한다.

4. B형에서는 다양한 면이 위로 향하게 토막을 제시해야 한다. 2개의 토막을 사용하는 문항의 경우, 토막들은 서로 다른 면이 위로 향하게 제시한다. 4개의 토막을 사용하는 문항의 경우, 토막 1개만 빨간-하얀색 면이 위로 향하게 제시한다.

5. 문항 9 시작 전에 B형 지시사항을 읽고 토막의 다른 면을 보여 준다.

6. 문항 1~8까지는 모형 제시를 위해 토막만을 사용하지만, 문항 9, 10에서는 모형 제시를 위해 토막과 그림 자극을 사용하고, 문항 11~17에서는 모형 제시를 위해 그림 자극만을 사용한다.

7. 문항 1~8은 아동이 모형을 구성할 때까지 시범을 보인 모형을 남겨 둔다.

8. 아동이 검사책자 위에다가 토막을 구성하려고 하거나, 모형의 옆면까지 똑같이 모방하려고 하면 수정해 준다.

9. 정확하게 시간을 측정해야 한다.

    a. 지시문을 다 말하자마자 바로 초시계를 눌러야 한다.

    b. 시간 제한 규칙에 따라 시행해야 한다. 문항 1~5는 30초, 문항 6~10은 60초, 문항 11~17은 90초

    c. 아동이 수행을 완료했는지 명확하지 않을 때, 다 한 것인지 묻는다.

    d. 아동이 제한시간이 되었을 때 수행을 거의 완료해 가면 추가적인 몇 초의 시간을 더 줄 수 있다. 하지만 제한시간 이후에 모형을 바르게 완

성하였다 해도 점수를 주지는 않는다.

10. 문항 1~4, 9에서 시행 1, 2를 진행할 때 천천히 토막을 놓는다. 토막을 가지고 아동 앞에서 모형을 구성한다. 시행 1에서 아동이 실패한 경우 시행 2를 실시한다.

시작규칙	역순규칙	중지규칙
• 2:6~3:11: 문항 1 • 4:0~5:11: 문항 4 • 6:0~7:7: 연습문항 SA, SB, 문항 9	• 시작문항에서 만점이 아니라면, 또는 시작 문항은 만점이지만 다음 문항에서 만점이 아니라면 역순으로 진행 • 2개의 문항에서 연속적으로 만점을 받을 때까지 역순으로 진행	연속 2문항 0점

2) 상식(Information: IN)

(1) 실시연령
• 2:6~7:7세

(2) 해당 지표
• 2:6~3:11세용: 전체 IQ 핵심소검사/언어이해지표 핵심소검사/일반능력 지표 핵심소검사
• 4:0~7:7세용: 전체 IQ 핵심소검사/언어이해지표 핵심소검사/일반능력지표 핵심소검사

(3) 설명
일반 상식에 대한 광범위한 주제의 질문을 한다. 1~4번은 4개의 그림 중에서 하나를 가리켜 보라고 한다(예: "이 중에서 멍멍하고 짖는 것을 가리켜 보세요.").

5~29번은 광범위한 주제의 질문에 답하게 한다(예: "말의 다리는 몇 개인가요?").

(4) 준비 도구

- 검사책자 1(2:6~3:11세용), 검사책자 3(4:0~7:7세용), 실시지침서, 기록지

(5) 시행규칙

1. 필요할 때마다 문항은 반복해서 읽어 줄 수 있다.
2. 검사책자를 펼쳤을 때 아동에게 잘 보이게 하기 위해 검사책자 1 또는 3의 그림 부분이 아동을 향하게(검사자에게는 거꾸로 보임) 둔다.
   a. 아동은 선택한 반응의 번호를 말하거나 손으로 짚어야 한다.
   b. 만약에 아동이 문항 1, 2에서 정확하게 답하지 못할 경우, 정답을 알려 주어야 한다.
3. 문항 4 시행 이후에는 검사책자를 아동의 시야에서 치워야 한다.
4. 문항 5~29에서는 아동이 언어로 답해야 한다.
5. 모호하고 불명확한 응답과 추가질문(Q)이 필요한 예시반응에 대해서는 물어보아야 한다(예: "그게 무슨 뜻이지요?" "자세히 설명해 주세요." "무슨 뜻인지 설명해 주세요." 등).
6. 문항 1, 2, 5, 6, 9, 10, 15, 16은 설명문항으로, 아동이 그 문항에서 정확하게 답하지 못하면 정답을 알려 준다.

시작규칙	역순규칙	중지규칙
• 2:6~3:11: 문항 1 • 4:0~5:11: 문항 9 • 6:0~7:7: 문항 15	• 시작문항에서 만점이 아니라면, 또는 시작문항은 만점이지만 다음 문항에서 만점이 아니라면 역순으로 진행 • 2개의 문항에서 연속적으로 만점을 받을 때까지 역순으로 진행	연속 3문항 0점

3) 행렬추리(Matrix Reasoning: MR)

(1) 실시연령
- 4:0~7:7세

(2) 해당 지표
- 4:0~7:7세용: 전체 IQ 핵심소검사/유동추론지표 핵심소검사/비언어지표 핵심소검사/일반능력지표 핵심소검사

(3) 설명
완성되지 않은 행렬을 보여 주고 그 행렬을 완성시키기 위해 보기에서 적절한 답을 선택한다.

(4) 준비 도구
- 검사책자 3, 실시지침서, 기록지

[그림 3-6] 행렬추리 예시

(5) 시행규칙

1. 검사책자를 펼쳤을 때 아동에게 잘 보이게 하기 위해 검사책자 3의 그림 부분이 아동을 향하게(검사자에게는 거꾸로 보임) 둔다.

2. 각 문항의 실시지침에 따라 시각 자극, 보기, 물음표 칸을 손으로 짚어야 한다.

3. 아동이 연습문항에서 틀렸다면, 오답을 수정해 준다.

4. 아동이 30초 내에 반응하지 않는다면, "답은 무엇이지요?" "답을 알려 주세요."라고 한다. 아동이 5~10초 안에 반응이 없다면 지시사항을 반복해 준다.

5. 아동이 지시사항을 이해했다면, 지시사항을 간략하게 또는 지시사항 없이 문항을 제시할 수 있다.

6. 아동이 보기를 짚지 않거나 보기의 번호를 말하지 않고 그림의 이름을 말한다면, "가리켜 보세요."라고 한다. 아동이 하나 이상의 보기를 선택하거나 말한다면 "여기에 답은 하나예요. 어느 것이에요?"라고 질문한다.

시작규칙	역순규칙	중지규칙
• 4:0~4:11: 연습문항 SA-SC, 문항 1 • 5:0~5:11: 연습문항 SA-SC, 문항 4 • 6:0~7:7: 연습문항 SA-SC, 문항 6 (참고: 연습문항 SA-SC에서 실패할 경우에라도 해당 시작점에서 진행한다.)	• 시작문항에서 만점이 아니라면, 또는 시작문항은 만점이지만 다음 문항에서 만점이 아니라면 역순으로 진행 • 2개의 문항에서 연속적으로 만점을 받을 때까지 역순으로 진행	연속 3문항 0점

4) 동형찾기(Bug Search: BS) ⏰

(1) 실시연령
- 4:0~7:7세

(2) 해당 지표
- 4:0~7:7세용: 전체 IQ 핵심소검사/처리속도지표 핵심소검사/비언어지표 핵심소검사/인지효율성지표 핵심소검사

(3) 설명
제시된 벌레 그림과 같은 모양의 벌레 그림을 제한시간 내에 보기 중에서 고른다.

(4) 준비 도구
- 반응지 1(동형찾기), 도장, 실시지침서, 기록지, 초시계, 동형찾기 채점판

[그림 3-7] 동형찾기 예시

(5) 시행규칙
1. 반응지 1 뒷표지의 도장찍기 연습공간을 펼친다. 아동에게 도장 찍는 방법을 알려 주고 도장 찍는 연습을 하게 한다.
2. 시범문항을 사용하여 방법을 알려 준다.
   a. 목표 자극과 보기 그림을 짚으면서 아동에게 과제를 설명해 준다.
   b. 도장으로 알맞은 자극을 찍는다.

c. 아동이 이해하지 못하면 반복해서 과제를 설명하고 시범을 보여 준다.

　　d. 아동이 과제를 이해했을 때에만 소검사를 실시한다.

　　e. 아동에게 추가적인 설명을 해도 과제를 이해하지 못하면 소검사를 중지한다.

3. 아동은 과제를 시작하기 전에 3쪽의 연습문항(6개)을 실시한다.

4. 아동이 과제를 이해하고 연습문항을 완료한 후에, 5쪽의 검사문항을 펼친다.

5. 설명이 더 필요하지 않다면 "시작하세요."라고 말한 직후에 시간을 재기 시작한다.

6. 120초가 되면 "그만하세요."라고 말하고 소검사를 중지한다.

7. 필요하다면 실시지침서에 나와 있는 대로 촉진한다. 촉진을 한 경우에는 검사기록지에 "(P)"라고 기록한다. 촉진을 주는 데 걸린 시간도 120초 제한시간에 포함된다.

8. 아동이 수행하는 동안 검사자는 반응지를 넘겨주어야 한다. 아동이 제한된 시간 내에 모두 완료하였다면, 시간측정을 중단하고 완성시간을 초 단위로 기록한다.

시작규칙	역순규칙	중지규칙
도장찍기 연습(반응지 1의 뒷면), 시범문항(1쪽), 연습문항(3쪽), 검사문항(5쪽부터)의 순서로 진행한다.	없음	1. 다음 중 하나의 경우에 중지한다. 　a. 아동이 추가적인 설명을 제공하고 지시사항을 알려 줘도 과제를 이해하지 못하는 경우 　b. 제한시간인 120초가 된 경우 　c. 제한시간보다 빨리 과제를 완료한 경우 2. 제한시간인 120초가 되기 전에 과제를 완료한 경우에는 시간측정을 중단하고 완성시간을 기록한다. 3. 검사자가 "그만하세요."라고 한 이후에 아동이 계속해서 진행한다면, 제한시간까지 진행한 문항에 표시해 두고 그 문항까지만 채점한다.

5) 그림기억(Picture Memory: PM) 🕐

(1) 실시연령
- 2:6~7:7세

(2) 해당 지표
- 2:6~3:11세용: 전체 IQ 핵심소검사/작업기억지표 핵심소검사/비언어지표 핵심소검사
- 4:0~7:7세용: 전체 IQ 핵심소검사/작업기억지표 핵심소검사/비언어지표 핵심소검사/인지효율성지표 핵심소검사

(3) 설명
3초/5초(정해진 시간) 동안 자극 페이지의 그림을 보고 난 후, 반응 페이지의 보기 중에서 자극 페이지와 같은 모양의 그림을 찾아낸다.

(4) 준비 도구
- 검사책자 2, 초시계, 실시지침서, 기록지

[그림 3-8] 그림기억 예시

(5) 시행규칙

1. 검사책자를 펼쳤을 때 아동에게 잘 보이게 하기 위해 검사책자 2의 그림 부분이 아동을 향하게(검사자에게는 거꾸로 보임) 둔다.

2. 모든 문항(연습문항과 검사문항)은 검사자가 지시사항을 읽어 주면서 아동에게 그림을 보여 준다. 검사자는 아동에게 그림을 보여 줄 때, 그림 속 물건들의 이름을 말해서는 안 된다.

3. 연습문항 SA와 문항 1~6에서는 자극 페이지를 각각 3초 동안 보여 준다. 3초 동안 제시한 후에 가능한 빨리 반응 페이지로 넘긴다.

4. 연습문항 SB와 문항 7~35에서는 자극 페이지를 각각 5초 동안 보여 준다. 5초 동안 제시한 후에 가능한 빨리 반응 페이지로 넘긴다.

5. 문항 1, 2, 7, 8은 설명문항으로, 아동이 틀렸을 경우에 정답을 알려 준다.

6. 각 문항에서는 자극 페이지를 한 번만 보여 줄 수 있다. 아동이 한 번 더 보여 주기를 요청하면, "다시 보여 줄 수는 없어요. 할 수 있는 데까지 해 보세요."라고 말한다.

7. 아동이 여러 개의 보기를 선택하거나 반응을 수정하는 경우, 의도한 반응에 대해서만 채점한다. 의도한 반응이 명확하지 않으면 "다시 가리켜 보세요."라고 말한다.

8. 아동은 반드시 선택한 보기를 손으로 가리키거나 번호를 말하여 자신의 답을 표시해야 한다. 아동이 다른 유형의 언어적 표현으로 반응할 경우(예: 그림의 이름을 말하는 경우), "가리켜 보세요."라고 한다.

9. 자극 페이지에 그림이 여러 개인 경우에(문항 7~35) 아동이 하나의 그림만 가리킨다면, 검사자는 어떠한 촉진도 주지 않아야 한다. 왜냐하면 아동은 앞에서 본 그림들이 어디에 있는지 찾아보라는 지시를 받았기 때문이다. 추가적인 촉진을 주는 것은 아동에게 추가적인 도움을 주는 것이며 이것은 표준 절차에 위배되는 것이다.

시작규칙	역순규칙	중지규칙
• 2:6~3:11: 연습문항 SA, 문항 1 • 4:0~7:7: 연습문항 SB, 문항 7	• 아동이 시작문항에서 만점이 아니라면, 또는 시작문항은 만점이지만 다음 문항에서 만점이 아니라면 역순으로 진행 • 2개의 문항에서 연속적으로 만점을 받을 때까지 역순으로 진행	연속 3문항 0점

6) 공통성(Similarities: SI)

(1) 실시연령
• 4:0~7:7세

(2) 해당 지표
• 4:0~7:7세용: 전체 IQ 핵심소검사/언어이해지표 핵심소검사/일반능력지표 핵심소검사

(3) 설명
그림문항은 제시된 2개의 사물과 같은 범주의 사물을 보기 중에 선택한다. 언어문항의 경우, 공통된 사물이나 개념을 나타내는 2개의 단어를 듣고 공통점을 말한다(예: 토끼와 다람쥐는 둘 다 무엇인가요?).

(4) 준비 도구
• 검사책자 3, 실시지침서, 기록지

[그림 3-9] 공통성 그림문항 예시

(5) 시행규칙

1. 연습문항과 문항 1~4(그림문항)는 검사책자 3에 제시되어 있다. 검사책자를 펼쳤을 때 아동에게 잘 보이게 하기 위해 검사책자 3의 그림 부분이 아동을 향하게(검사자에게는 거꾸로 보임) 둔다.

2. 필요할 때마다 문항을 반복해서 읽어 주고 검사기록지에 "(R)"이라고 기록한다. 각 문항을 읽어 주면서 "둘 다"라는 단어를 강조한다.

3. 모호하고 불명확한 응답과 추가질문(Q)이 필요한 예시반응에 대해서는 물어보아야 한다(예: "그게 무슨 뜻이지요?" "자세히 설명해 주세요." "무슨 뜻인지 설명해 주세요." 등).

4. 연습문항과 문항 1, 2에서 아동이 틀린 경우, 정답을 알려 준다.

5. 문항 5, 6에서 아동이 틀린 경우, 오답을 수정해 주면서 정답을 알려 주고 시행 2를 실시한다.

6. 문항 3, 4, 7~23에서는 아동에게 정답을 알려 주지 않는다.

7. 아동이 30초 내에 반응하지 않는다면, "답은 무엇이지요?" "답을 알려 주세요."라고 한다.

시작규칙	역순규칙	중지규칙
• 4:0~5:11: 연습문항 S, 문항 1 • 6:0~7:7: 문항 5	• 아동이 시작문항에서 만점이 아니라면, 또는 시작문항은 만점이지만 다음 문항에서 만점이 아니라면 역순으로 진행 • 2개의 문항에서 연속적으로 만점을 받을 때까지 역순으로 진행	연속 3문항 0점

7) 공통그림찾기(Picture Concept: PC)

(1) 실시연령
• 4:0~7:7세

(2) 해당 지표
• 4:0~7:7세용: 전체 IQ 보충소검사/유동추론지표 핵심소검사/비언어지표 핵심소검사/일반능력지표 보충소검사

(3) 설명
두 줄 또는 세 줄의 그림을 보고 각 줄에서 공통된 특성을 지닌 그림을 하나씩 선택한다.

(4) 준비 도구
• 검사책자 3, 실시지침서, 기록지

[그림 3-10] 공통그림찾기 예시

(5) 시행규칙

1. 검사책자를 펼쳤을 때 아동에게 잘 보이게 하기 위해 검사책자 3의 그림 부분이 아동을 향하게(검사자에게는 거꾸로 보임) 둔다.

2. 검사자는 지시사항을 읽어 주면서, 문항 1~25에서는 서로 비슷한 것을(첫 번째 줄을 가리키며) 여기서 하나, 또 (두 번째 줄을 가리키며) 여기서 하나를 고르라고 지시한다. 문항 26, 27에서는 서로 비슷한 것을(첫 번째 줄을 가리키며) 여기서 하나, 또 (두 번째 줄을 가리키며) 여기서 하나, 또 (세 번째 줄을 가리키며) 여기서 하나를 고르라고 지시한다.

3. 아동 앞에서 검사책자를 넘겨주고 한 번에 한 문항씩 보여 준다.

4. 아동이 과제를 이해하면 지시사항을 짧게(간략하게) 또는 지시사항 없이 문항을 제시할 수 있다.

5. 아동이 각 줄에서 그림 선택에 실패하거나 한 줄에 여러 개의 그림을 선택한다면 실시지침서에 따라 촉구한다. 이 경우 실시기록지에 "(P)"라고 기록한다.

6. 아동이 그림의 이름을 물어보면 이름만 알려 준다.

7. 아동이 답을 할 때 그림의 이름을 명확하게 말하지 않으면 아동에게 그림을 가리켜 보라고 한다.

8. 아동이 연습문항 SA나 SB에서 틀릴 경우, 정답을 알려 준다. 다른 검사문

항에서는 정답을 알려 주지 않는다.

9. 아동이 30초 내에 반응하지 않는다면, "답은 무엇이지요?" "나에게 답을 알려 주세요."라고 한다.

시작규칙	역순규칙	중지규칙
• 4:0~5:11: 연습문항 SA, SB, 문항 1 • 6:0~7:7: 연습문항 SA, SB, 문항 8(참고: 아동이 연습 문항 SA, SB에서 실패할 경우에라도 해당 시작점에서 진행)	• 아동이 시작문항에서 만점이 아니라면, 또는 시작문항은 만점이지만 다음 문항에서 만점이 아니라면 역순으로 진행 • 2개의 문항에서 연속적으로 만점을 받을 때까지 역순으로 진행	연속 3문항 0점

8) 선택하기(Cancellation: CA) ⏰

(1) 실시연령
• 4:0~7:7세

(2) 해당 지표
• 4:0~7:7세용: 전체 IQ 보충소검사/처리속도지표 핵심소검사/비언어지표 보충소검사/인지효율성지표 핵심소검사

(3) 설명
45초 동안 정렬/비정렬된 그림을 보고 목표그림을 찾아 표시한다.

(4) 준비 도구
• 반응지 2(선택하기), 도장, 실시지침서, 기록지, 초시계, 선택하기 채점판

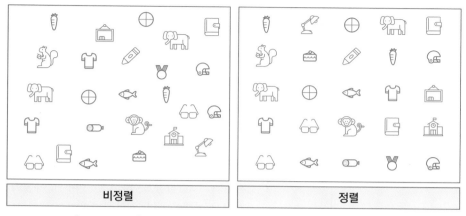

비정렬	정렬

[그림 3-11] 선택하기 예시("먹을 수 있는 것을 모두 고르세요.")

(5) 시행규칙

1. 잉크가 번지거나 묻지 않게 하기 위해 반응지 2의 각 페이지를 분리하여 관리한다.

2. 적절한 페이지를 제시하고 아동이 전체 면을 볼 수 있도록 펼쳐서 제시한다. 각 페이지가 완료되면 아동의 시야에서 치운다.

3. 아동이 과제를 이해할 수 있도록 시범문항(정답 4개)을 실시하여 보여 준다.

4. 아동에게 도장을 주고 연습 문항(정답 8개)의 지시사항을 읽어 주면서, "시작하세요."라고 한다. 연습문항에서 오류가 생기면 수정해 준다.

5. 아동이 이해하지 못하면 지시사항을 반복해서 알려 주고 과제를 설명해 준다. 연습문항을 성공적으로 수행하면, 문항 1을 진행한다.

6. 설명이 필요하지 않더라도, 문항 1에 대한 지시사항을 알려 준다(실시지침서 참조).

7. 시행 중에 아동에게 촉구가 필요하다면 촉구를 한다(실시지침서 참조).

8. 각 문항의 제한시간은 45초이며, 촉구를 주는 데 걸린 시간도 제한시간에 포함된다.

9. 문항 1에서 45초가 되면 "그만하세요."라고 말하고, 반응지의 잉크를 말리

기 위해 옆으로 이동시킨다. 그리고 문항 2를 지시사항에 따라 실시한다.

시작규칙	역순규칙	중지규칙
시범문항, 연습문항, 문항1, 2의 순서로 진행한다.	없음	1. 다음 중 하나의 경우에 중지한다. a. 아동이 추가적인 설명을 제공하고 지시사항을 알려 줘도 과제를 이해하지 못하는 경우 b. 문항 2에서 제한시간인 45초가 된 경우 c. 문항 2에서 제한시간보다 빨리 과제를 완료한 경우 2. 검사자가 "그만하세요."라고 한 이후에 아동이 계속해서 진행한다면, 제한시간까지 진행한 그림을 표시해 두고 그 그림까지만 채점한다.

9) 위치찾기(Zoo Location: ZL) ⏰

(1) 실시연령
• 2:6~7:7세

(2) 해당 지표
• 2:6~3:11세용: 전체 IQ 보충소검사/작업기억지표 핵심소검사/비언어지표 핵심소검사
• 4:0~7:7세용: 전체 IQ 보충소검사/작업기억지표 핵심소검사/비언어지표 보충소검사/인지효율성지표 핵심소검사

(3) 설명
아동에게 울타리 안에 놓인 동물그림 카드를 보여 주고 난 후에 검사자가 카드를 회수한다. 그리고 아동은 카드가 놓여 있던 곳을 기억해서 검사자에게 전달받은 카드를 배치한다.

(4) 준비 도구

- 울타리 판, 동물카드, 초시계, 실시지침서, 기록지

[그림 3-12] 위치찾기 예시

(5) 시행규칙

1. 동물카드는 소검사 시행규칙에 따라 4개의 묶음으로 나뉘어 있다. 첫 번째 묶음은 연습문항 S와 문항 1~6, 두 번째 묶음은 문항 7~10, 세 번째 묶음은 문항 11~15, 네 번째 묶음은 문항 16~20으로 구성되어 있다.

2. 각 동물카드의 뒤에는 '문항번호를 나타내는 숫자' '제시순서를 나타내는 알파벳' '울타리 판에서의 위치를 나타내는 숫자'가 순서대로 쓰여 있다.

3. 아동의 앞에 울타리 판을 놓아 둔다.

4. 지시사항을 읽어 준다.

5. 검사자는 동물카드를 울타리의 정해진 위치에 놓고 일정 시간이 지난 후에 동물카드들을 집어서 아동에게 주고, 아동은 울타리에 재배치해야 한다.

6. 연습문항 S, 문항 1~6에서는 아동에게 3초 동안 동물카드의 위치를 보여 주고, 문항 7~20에서는 아동에게 5초 동안 동물카드의 위치를 보여 준다.

7. 연습문항 S, 문항 1, 문항 2는 필요하다면 2번 시행할 수 있다(한 번이라도 성공하면 1점을 준다).

8. 연습문항 S, 문항 1~4에서는 울타리에 동물카드를 올려놓은 것을 보여 준 후에, 카드를 집어서 아동에게 동물이 위로 올라오게 건네주고, 그 동물이 어디에 사는지 카드를 놓아 보라고 지시한다.

9. 문항 5~20에서는 울타리에 동물카드들을 올려놓은 것을 보여 준 후에, 카드들을 집어서 서로 섞은 채로 아동에게 동물이 위로 올라오게 건네주고, 그 동물들이 어디에 사는지 카드를 놓아 보라고 지시한다.

10. 아동이 연습문항 S의 시행 1에서 정확하게 수행하였다면, 적절한 시작점으로 이동한다. 만약 그렇지 않다면 시행 2를 실시한 다음에 적절한 시작점으로 이동한다.

11. 문항 1~2, 5~8은 설명문항으로 아동이 성공하지 못하면 정답을 알려 주며 도움을 준다.

12. 아동이 동물카드의 뒷면을 본다면 자연스럽게 카드를 뒤집어 준다.

13. 아동이 울타리 안쪽에 동물카드를 위치시키지 않는다면, "동물들은 초록색 울타리 안에만 살아요."라고 알려 준다.

14. 아동이 하나의 울타리에 여러 개의 동물카드를 놓으려 한다면, "각 울타리 안에는 한 마리의 동물만 살아요."라고 알려 준다.

15. 아동이 자신의 반응을 스스로 수정할 경우 이를 허용한다. 만약에 아동의 최종 반응인지 명확하지 않을 경우에는 아동에게 끝났는지를 물어본다.

시작규칙	역순규칙	중지규칙
• 2:6~5:11: 연습문항 S, 문항 1 • 6:0~7:7: 연습문항 S, 문항 7	• 아동이 시작문항에서 만점이 아니라면, 또는 시작문항은 만점이지만 다음 문항에서 만점이 아니라면 역순으로 진행 • 2개의 문항에서 연속적으로 만점을 받을 때까지 역순으로 진행	연속 2문항 0점

10) 모양맞추기(Object Assembly: OA) ⏰

(1) 실시연령
- 2:6~7:7세

(2) 해당 지표
- 2:6~3:11세용: 전체 IQ 핵심소검사/시공간지표 핵심소검사/비언어지표 핵심소검사/일반능력지표 핵심소검사
- 4:0~7:7세용: 전체 IQ 보충소검사/시공간지표 핵심소검사/비언어지표 보충소검사/일반능력지표 보충소검사

(3) 설명
90초 내에 분리된 조각을 맞추어 사물의 표상을 만든다.

(4) 준비 도구
- 모양맞추기 퍼즐 13개, 초시계, 실시지침서, 기록지

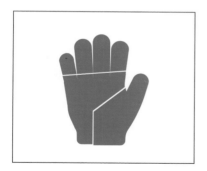 

[그림 3-13] 모양맞추기 예시

(5) 시행규칙

1. 각 문항을 시행하기 전에, 모양맞추기 퍼즐 조각은 뒤집어진 채로 순서에 따라(퍼즐 조각 뒷면의 숫자의 순서) 정렬해 둔다.
2. 모양맞추기 퍼즐 조각은 책상에 정확하게 놓아 준다.
    a. 검사자의 관점에 따라 퍼즐 조각은 왼쪽에서 오른쪽으로, 숫자가 있는 면을 보고 숫자 순서대로 배치한다.
    b. 숫자 밑의 밑줄이 하나인 조각은 아동 쪽에 가깝게 두고, 숫자 밑에 밑 줄이 두 개인 조각은 검사자 쪽에 가깝게 둔다.
    c. 아동이 편하게 조각을 잡을 수 있도록 아동 가까이에 조각들을 평행으 로 놓는다.
    d. 숫자 아래의 밑줄이 일직선상에 놓이게 배치한다.
    e. 조각들을 배열하고, 각 조각을 뒤집어서, 문항 1을 시작한다.
    f. 조각들을 뒤집을 때는 위에서 아래로 뒤집어야 하며, 왼쪽에서 오른쪽 으로 뒤집어서는 안 된다.
3. 지시사항을 읽어 주고 초시계로 시간을 잰다.
    a. 지시사항을 읽어 주자마자 바로 시간을 잰다.
    b. 각 문항의 제한시간은 90초이다.
    c. 아동이 문항을 완료하였거나 제한시간이 되었을 때나 또는 아동이 그 문항을 완료했다는 제스처를 보였을 때 시간측정을 멈추어야 한다.
    d. 아동이 완료했는지 명확하지 않을 때는 "다 했으면 다 했다고 말해 주 세요."라고 한다.
    e. 아동이 제한시간이 되었을 때 수행을 거의 완료해 가면 추가적인 몇 초 의 시간을 더 줄 수 있다. 하지만 제한시간 이후에 모형을 완성하였더 라도 점수를 주지는 않는다.
4. 아동이 주저하거나 조각을 가지고 놀려고 한다면, "가능한 빨리 해 보세 요."라고 한다.
5. 문항 1의 시행 1에서 검사자가 조각을 천천히 맞추고 아동에게 완성된 퍼

즐을 3초 동안 보여 준 후에, 퍼즐 조각을 해체하고 아동이 시행하게 한다.

6. 문항 2~13은 실시지침서에 나온 것처럼 "이 조각으로 (**)을 만들어 보세요. 가능한 빨리 하고, 다 했으면 다 했다고 말해 주세요. 이제 시작하세요."라고 한다.

7. 문항 12~13에는 제한시간 내에 바르게 연결된 것에 대해 0.5점씩 채점하며, 소수점 이하 점수는 반올림한다.

시작규칙	역순규칙	중지규칙
• 2:6~3:11: 문항 1 • 4:0~5:11: 문항 3 • 6:0~7:7: 문항 7	• 아동이 시작문항에서 만점이 아니라면, 또는 시작문항은 만점이지만 다음 문항에서 만점이 아니라면 역순으로 진행 • 2개의 문항에서 연속적으로 만점을 받을 때까지 역순으로 진행	연속 2문항 0점

11) 어휘(Vocabulary: VC)

(1) 실시연령
• 4:0~7:7세

(2) 해당 지표
• 4:0~7:7세용: 전체 IQ 보충소검사/일반능력지표 보충소검사

(3) 설명
그림문항(1~3번)의 경우 검사책자의 그림을 보고 이름을 말하고, 언어문항(4~23번, 예: "나무는 무엇인가요?")의 경우 검사자가 읽어 준 단어의 정의를 말한다.

(4) 준비 도구

- 검사책자 3, 실시지침서, 기록지

(5) 시행규칙

1. 검사책자를 펼쳤을 때 아동에게 잘 보이게 하기 위해 검사책자 3의 그림 부분이 아동을 향하게(검사자에게는 거꾸로 보임) 둔다.
2. 문항 1~3에서 지엽적인 반응, 일반화된 반응, 기능 설명, 손짓을 할 경우에는 질문을 해야 한다. 또한 실시지침서에 "(Q)"라고 된 반응에 대해서 추가질문을 해야 한다. 명백하게 맞는 반응이나 명백하게 틀린 반응에 대해서는 질문하지 않는다.
3. 언어문항을 시작하기 전에 검사책자는 아동의 시야에서 치운다.
4. 문항 4~23(언어문항)에서는 아동에게 각 문항을 읽어 주어야 한다. 각 단어를 명확하고 정확하게 발음해야 한다. 각 단어를 사투리나 아동에게 친숙한 발음으로 표현할 수 있다.
5. 문항 1, 4, 5에서 아동이 정답을 말하지 못할 경우에 정답을 알려 준다.
6. 필요하다면 각 문항을 반복할 수 있지만, 언어적 표현을 바꿀 수는 없다. 아동이 단어를 오해하고 있다면, 그 단어를 강조해서 질문을 반복한다.
7. 문항 4~23에서 아동 반응이 너무 모호해서 즉시 채점이 어려운 경우나 "(Q)"에 해당하는 반응의 경우에는 "무슨 뜻이지요?" 또는 "좀더 자세히 말해 주세요."라고 말한다.

시작규칙	역순규칙	중지규칙
• 4:0~5:11: 문항 1 • 6:0~7:7: 문항 4	• 아동이 시작문항에서 만점이 아니라면, 또는 시작문항은 만점이지만 다음 문항에서 만점이 아니라면 역순으로 진행 • 2개의 문항에서 연속적으로 만점을 받을 때까지 역순으로 진행	연속 3문항 0점

12) 동물짝짓기(Animal Coding: AC) ⏰

(1) 실시연령

- 4:0~7:7세

(2) 해당 지표

- 4:0~7:7세용: 전체 IQ 보충소검사/비언어지표 보충소검사/인지효율성지표 보충소검사

(3) 설명

동물과 모양을 짝지어 놓은 것을 보고, 120초 동안 동물에 해당하는 모양을 찾는다.

(4) 준비 도구

- 반응지 3(동물짝짓기), 도장, 초시계, 실시지침서, 기록지, 동물짝짓기 채점판

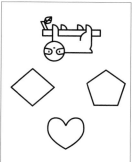

[그림 3-14] 동물짝짓기 예시

(5) 시행규칙

1. 반응지 3의 3페이지를 아동 앞에 펼쳐서 시범문항과 연습문항을 보여 준다.

2. 실시지침서의 시범문항 방법을 참고하여 안내한다.

3. 아동에게 도장을 주고 연습문항을 실시해 보게 한다. 연습문항의 지시사항은 실시지침서를 참고한다.

4. 아동이 과제를 이해할 때만 소검사를 실시하며, 과제를 이해하지 못하면 소검사를 중단한다.

5. 설명이 필요하지 않더라도 "시작하세요."라는 말을 포함한 지시사항을 명확하게 읽어 준다.

6. "시작하세요."라고 말하고 시간을 재기 시작한다.

7. 120초 후에 "그만하세요."라고 말하고 소검사를 중지한다.

8. 촉구가 필요하다면 실시지침서를 참고하여 촉구한다.

9. 이 소검사에서는 그만하라고 할 때까지 계속하라고 알려 주는 것 외에는 아동에게 어떤 도움도 제공하지 않는다.

10. 촉구를 주는 데 걸린 시간도 120초 제한시간에 포함된다.

시작규칙	역순규칙	중지규칙

시범문항, 연습문항, 검사문항의 순서로 진행한다.	없음	1. 다음 중 하나의 경우에 중지한다.
		  a. 아동이 추가적인 설명을 제공하고 지시사항을 알려 줘도 과제를 이해하지 못하는 경우
		  b. 제한시간인 120초가 된 경우
		  c. 제한시간보다 빨리 과제를 완료한 경우
		2. 제한시간인 120초가 되기 전에 과제를 완료한 경우에는 시간측정을 중단하고 완성시간을 기록한다.
		3. 검사자가 "그만하세요."라고 한 이후에 아동이 계속해서 진행한다면, 제한시간까지 진행한 문항에 표시해 두고 그 문항까지만 채점한다.

13) 이해(Comprehension: CO)

(1) 실시연령
- 4:0~7:7세

(2) 해당 지표
- 4:0~7:7세용: 전체 IQ 보충소검사/일반능력지표 보충소검사

(3) 설명
그림문항에서는 일반적 원칙이나 사회적 상황을 가장 잘 나타내는 보기를 선택한다. 언어문항(예: "길을 건널 때 왜 신호등을 보고 건너야 하나요?")에서는 일반적 원칙이나 사회적 규칙에 가장 맞는 답을 한다.

(4) 준비 도구
- 검사책자 3, 실시지침서, 기록지

(5) 시행규칙
1. 검사책자를 펼쳤을 때 아동에게 잘 보이게 하기 위해 검사책자 3의 그림 부분이 아동을 향하게(검사자에게는 거꾸로 보임) 둔다.
2. 필요할 때마다 문항은 반복해서 읽어주고 검사기록지에 "(R)"이라고 기록한다.
3. 문항 1~4(그림문항)에서는 실시지침서를 참고하여 안내한다.
   a. 아동이 손으로 가리켜서 자신의 답을 표현하거나 선택한 반응의 번호를 말하지 않고 다른 유형의 반응을 할 경우에는 "가리켜 보세요."라고 한다.
   b. 아동이 의도한 반응에만 채점을 한다. 의도한 반응이 하나가 아니라면 "어떤 것이지요?" 또는 "네가 선택한 것을 가리켜 보세요"라고 한다.

4. 언어문항을 시작하기 전에 검사책자를 아동의 시야에서 치운다.

5. 모호하고 불명확한 응답과 추가질문(Q)이 필요한 예시반응에 대해서는 물어보아야 한다(예: "그게 무슨 뜻이지요?" "자세히 설명해 주세요." "무슨 뜻인지 설명해 주세요." 등). 추가질문이 필요한 여러 반응의 예시가 실시지침서에 제시되어 있다.

6. 문항 1, 2, 5, 6은 설명문항이다. 아동이 정답을 맞히지 못하면 정답을 알려 준다.

7. 다른 문항에 대해서는 추가적인 도움을 제공해서는 안 된다(아동이 문항 7~22에서 1점 또는 2점을 받지 못했다면, 아동에게 1점 또는 2점의 답을 알려 주어서는 안 된다).

시작규칙	역순규칙	중지규칙
• 4:0~5:11: 문항 1 • 6:0~7:7: 문항 5	• 아동이 시작문항에서 만점이 아니라면, 또는 시작문항은 만점이지만 다음 문항에서 만점이 아니라면 역순으로 진행 • 2개의 문항에서 연속적으로 만점을 받을 때까지 역순으로 진행	연속 3문항 0점

14) 수용어휘(Receptive Vocabulary: RV)

(1) 실시연령
• 2:6~7:7세

(2) 해당 지표
• 2:6~3:11세용: 전체 IQ 핵심소검사/언어이해지표 핵심소검사/어휘습득

지표 핵심소검사/일반능력지표 핵심소검사
- 4:0~7:7세용: 어휘습득지표 핵심소검사

(3) 설명
검사자가 말하는 단어를 그림에서 찾는다.

(4) 준비 도구
- 검사책자 1, 실시지침서, 기록지

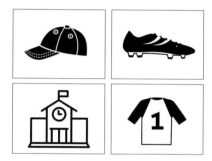

[그림 3-15] 수용어휘 예시 문항("모자를 가리켜 보세요.")

(5) 시행규칙
1. 검사책자를 펼쳤을 때 아동에게 잘 보이게 하기 위해 검사책자 1의 그림 부분이 아동을 향하게(검사자에게는 거꾸로 보임) 둔다.
2. 검사책자 1의 문항 1을 펼치고 한 번에 한 페이지씩 넘기면서 연속해서 그림을 보여 준다.
3. 필요하다면 각 문항을 반복할 수 있지만, 언어적 표현을 바꿀 수는 없다.
4. 아동이 손으로 가리켜서 자신의 답을 표현하거나 선택한 반응의 번호를 말하지 않고 다른 유형의 반응을 할 경우에는 "가리켜 보세요."라고 한다.
5. 문항 1에서 아동이 정답을 맞히지 못했다면 정답을 알려 준다.

6. 문항 2~31에서 아동이 정답을 맞히지 못해도 정답을 알려 줘서는 안
된다.

시작규칙	역순규칙	중지규칙
• 2:6~3:11: 문항 1 • 4:0~5:11: 문항 7 • 6:0~7:7: 문항 10	• 아동이 시작문항에서 만점이 아니라면, 또는 시작문항은 만점이지만 다음 문항에서 만점이 아니라면 역순으로 진행 • 2개의 문항에서 연속적으로 만점을 받을 때까지 역순으로 진행	연속 3문항 0점

15) 그림명명(Picture Naming: PN)

(1) 실시연령
• 2:6~7:7세

(2) 해당 지표
• 2:6~3:11세용: 전체 IQ 보충소검사/어휘습득지표 핵심소검사/일반능력
지표 보충소검사
• 4:0~7:7세용: 어휘습득지표 핵심소검사

(3) 설명
그림으로 제시된 사물의 이름을 말한다.

(4) 준비 도구
• 검사책자 1, 실시지침서, 기록지

[그림 3-16] 그림명명 예시("이것은 무엇인가요?")

(5) 시행규칙

1. 검사책자를 펼쳤을 때 아동에게 잘 보이게 하기 위해 검사책자 1의 그림 부분이 아동을 향하게(검사자에게는 거꾸로 보임) 둔다.
2. 검사책자 1의 문항 1을 펼치고 한 번에 한 페이지씩 넘기면서 연속해서 그림을 보여 준다.
3. 검사자는 각 문항의 그림을 가리키며 "이것이 무엇인가요?"라고 말한다.
4. 문항 1에서 아동이 정답을 맞히지 못했다면 정답을 알려 준다(실시지침서 참고).
5. 문항 2~24에서는 아동에게 정답을 제공하지 않는다.
6. 적절하게 질문하기
   a. 지엽적인 반응, 일반화된 반응, 기능 설명, 손짓을 할 경우에는 질문을 해야 한다(실시지침서 참고).
   b. 모호하고 불명확한 응답과 추가질문(Q)이 필요한 예시반응에 대해서는 반드시 물어보아야 한다(예: "그래요. 그런데 이것을 무엇이라고 부르지요?" 등). 추가질문이 필요한 여러 반응의 예시에 대해서는 지침서를 참고한다.

시작규칙	역순규칙	중지규칙
• 2:6~3:11: 문항 1 • 4:0~5:11: 문항 7 • 6:0~7:7: 문항 11	• 아동이 시작문항에서 만점이 아니라면, 또는 시작문항은 만점이지만 다음 문항에서 만점이 아니라면 역순으로 진행 • 2개의 문항에서 연속적으로 만점을 받을 때까지 역순으로 진행	연속 3문항 0점

3 소검사의 한계검증

표준화된 절차에 따라 소검사 시행을 완료한 후에 필요한 경우에는 한계검증을 시행할 수 있다. 한계검증이란 아동이 소검사 수행에 실패(성공)한 이유를 자세히 파악하여 아동의 인지능력을 보다 깊이 있게 분석하기 위해 시행하는 과정이다. 반드시 아동이 해당 소검사 수행을 완료한 후 시행해야 하며, 모든 소검사에서 한계검증을 할 필요는 없다. 한계검증에서 아동의 수행 성공 여부에 따라 소검사의 원점수 채점 결과가 달라지지 않는다.

1) 언어이해지표

단어 인출 문제가 의심되면, 객관식 선택을 한계검증 절차에 사용한다. 전체 검사를 마친 후에 틀린 문항으로 되돌아가서 아동에게 세 개의 선택지를 제시한다. "말의 다리는 몇 개일까? 2개, 3개, 4개?"(상식), "라디오와 TV는 어떤 점이 비슷한가요? 읽을 수 있다, 만화를 볼 수 있다, 뉴스를 들을 수 있다."(공통성), "다음 중에서 의자의 뜻이 무엇일까? 앉을 수 있는 것, 먹는 것, 글씨를 쓰는 것?"(어휘), "왜 병원에 갈까요? 사탕을 받기 위해서, 아픈 곳을 고치기 위해서, 벌을 받기 위해서?"(이해)라고 물을 수 있다. 객관식 선택 질문에 아동이 맞게 대답하면, 과제 실패의 원인은 지식이 부족해서가 아니라 정확한 단어를 찾아내어 말하지 못하는 단어 인출 어려움 때문일 수 있다.

2) 시공간지표

(1) 토막짜기

아동이 실패한 문항 하나를 선택하여 토막을 틀리게 배열해 놓고, 이것이 완성 그림 모형이나 검사책자의 그림과 같은지 묻는다. 배열된 토막들과 모양이 다른 것을 알아내고 특정한 오류를 묘사할 수 있으면, 아동이 실패한 이유는 시지각 문제라기보다는 시각 운동 실행 문제 때문일 수 있다. 잘못 배열된 토막들을 놓고 "맞게 고쳐 보자."라고 아동에게 기회를 주었을 때 제대로 수정한다면, 아동이 단지 자신의 작업을 적절히 확인하지 못해서 실패한 것일 수도 있다.

(2) 모양맞추기

한 부분씩 맞춰서 보여 주는 방식으로 점차적인 단서를 제시한다. 전체 형태를 완성하는 데 필요한 단서의 개수를 기록한다. 단지 몇 개의 단서만으로 완성한 아동은 더 많은 단서가 필요한 아동보다 지각적 조직화 능력이 더 나은 수준일 것으로 추정되나, 이러한 차이는 표준 시행만으로는 알 수 없다. 검사자가 사물의 명칭을 말해 주었을 때 아동이 그 모양을 머릿속으로 떠올렸는지 아동에게 물어본다. 혹은 "호랑이가 어떻게 생겼는지 생각해 보자."라고 지시하고 나서 호랑이 퍼즐을 시행하고 아동이 퍼즐을 완성하는지 알아본다. 아동에게 완성된 사물 그림을 보여 주고 퍼즐을 시행했을 때 성공하는지 알아본다.

3) 유동추론지표

(1) 행렬추리

전체 검사를 마치고 난 후에, 정답을 맞춘 (혹은 틀린) 문제를 다시 보여 주고 아동이 답을 선택한 이유를 물어본다. 이러한 질문을 통해 아동이 답을 선택할 때 논리적인 추론을 했는지 아니면 추측해서 대답했는지, 혹은 아동만의 특정한 이유가 있는지 알아볼 수 있다. 또한 아동의 문제해결 전략에 대한 통찰을 얻을 수도 있다.

(2) 공통그림찾기

검사책자의 그림을 보여 주고 아동이 선택한 그림을 가리키면서 "너는 이것과 이것이 비슷하다고 했는데, 왜 이 그림들을 골랐는지 말해 줄래?"라고 아동에게 반응을 선택한 이유를 묻는다. 이를 통해 아동이 공통점을 추론한 근거와 개념화 방식을 알아볼 수 있다.

4) 작업기억지표

(1) 그림기억

모든 검사를 마친 후에 아동이 문제를 풀기 위해 사용한 전략에 대해 물어볼 수 있다. 가령, 아동이 답을 추측했는지 아니면 그림의 명칭을 기억했는지 물어본다. 아동이 명칭을 아는 그림을 더 잘 기억하는지 알아보기 위해, 아동에게 그림의 이름을 말해 보라고 한다.

(2) 위치찾기

아동에게 동물카드의 위치를 추측했는지 아니면 기억했는지 물어본다. 동물카드를 보여 주는 시간을 3초 대신 6초, 5초 대신 10초로 늘렸을 때 위치를 더 잘 기억하는지 알아본다. 이러한 방법은 아동의 작업기억 능력에 대한 정보를 줄 수 있다.

5) 처리속도지표

(1) 동형찾기
전체 검사를 마친 후에 틀린 문항을 다시 보며 질문한다. 틀린 문항들을 가리키며 "답이 무엇일까?" 혹은 "네가 왜 여기에 표시했는지 말해 줘."라고 묻는다. 매우 산만한 아동을 위한 다른 한계검증 절차는 한 줄만 보이도록 다른 모든 줄을 종이로 가리면서 수행했을 때 결과가 향상되는지 보는 것이다.

(2) 선택하기
아동이 오류를 보인 부분을 다시 살펴본다. 목표그림이 아닌데 도장을 찍은 그림을 가리키면서 아동에게 "여기에는 도장을 왜 찍었어?"라고 묻는다. 심하게 산만한 아동의 경우, 정렬 문항에서 한 줄씩만 보여 주면서(종이로 한 줄만 남기고 다른 줄을 모두 가린다) 제한시간 동안 수행하도록 했을 때 수행이 향상되는지 본다.

(3) 동물짝짓기
아동에게 동물-형태 짝을 얼마나 기억하는지 묻는다. 아동이 과제에서 사용한 전략(대응표 암기 여부)을 알 수 있다. 잘못 표시한 문항을 보여 주면서 아동이 오류를 아는지 물어본다.

4　채점

검사 채점에 대한 표준적 지침은 K-WPPSI-IV 실시지침서(박혜원, 이경옥, 안동현, 2016)에 상세히 기술되어 있으며, 본 장에서는 채점 시 유의해야 할 부분에 대해 안내하고자 한다.

- 언어이해지표 소검사 채점: 상식, 공통성, 어휘, 이해와 같은 언어 관련 소검사를 채점할 때 주의를 기울여야 하며, 이해 소검사에서는 특별히 유의해야 한다. 일반적 채점 원칙과 예시 반응에 포함되지 않는 반응에 대한 채점을 해야 할 때 검사자는 채점 원칙을 고려하여 신중히 판단을 내려야 할 필요가 있다.
- 다양한 반응에 대한 채점: 아동의 다양한 반응 중에서 가장 좋은 답변을 점수화해야 한다. 단, 훼손 반응이 없는 경우에 가장 좋은 답변을 채점화한다.
- 추가질문에 대한 채점: 실시지침서에 (Q)라고 되어 있는 경우 또는 검사자가 추가질문이 필요하다고 판단한 경우에는 추가질문을 해야 한다. 추가질문 후에 점수가 개선되지 않으면 동일 점수로 기록한다. 추가질문 후에 동일한 점수의 반응을 하였지만, 점수의 조합으로 더 높은 점수가 채점될 때 높은 점수를 준다.
- 훼손 반응에 대한 채점: 아동이 자신의 초기 반응에 대해 추가적으로 설명을 하다가 근본적으로 잘못 이해했다는 것이 드러났을 때를 말한다. 이 경우에는 아동의 반응에 0점 처리를 해야 한다. 하지만 아동의 추가적인 반응이 훼손 반응이 아니라 낮은 점수의 반응일 수 있는데, 이 경우에는 0점 처리를 하지 않고, 가장 좋은 답변을 점수화해야 한다. 초심자의 경우, 낮은 점수의 반응과 훼손 반응을 잘 구별하여 채점해야 한다.

〈표 3-3〉 K-WPPSI-IV 소검사의 문항 수, 문항당 만점, 소검사 최고점

소검사	문항 수	만점(perfect score)	최고점
토막짜기(Block Design: BD)	17문항	모든 문항 2점	34점
상식(Information: IN)	29문항	모든 문항 1점	29점
행렬추리(Matrix Reasoning: MR)	26문항	모든 문항 1점	26점
동형찾기(Bug Search: BS)	66문항	모든 문항 1점	66점

그림기억(Picture Memory: PM)	35문항	모든 문항 1점	35점
공통성(Similarities: SI)	23문항	문항 1~6: 1점 문항 7~23: 2점	40점
공통그림찾기(Picture Concept: PC)	27문항	모든 문항 1점	27점
선택하기(Cancellation: CA)	비정렬: 48문항 정렬: 48문항	각 48점	96점
위치찾기(Zoo Location: ZL)	20문항	모든 문항 1점	20점
모양맞추기(Object Assembly: OA)	13문항	문항 1~3: 1점 문항 5, 9: 2점 문항 4, 7, 10, 11: 3점 문항 6: 4점 문항 8, 12, 13: 5점	38점
어휘(Vocabulary: VC)	23문항	문항 1~3: 1점 문항 4~23: 2점	43점
동물짝짓기(Animal Coding: AC)	72문항	모든 문항 1점	72점
이해(Comprehension: CO)	22문항	문항 1~4: 1점 문항 5~22: 2점	40점
수용어휘(Receptive Vocabulary: RV)	31문항	모든 문항 1점	31점
그림명명(Picture Naming: PN)	24문항	모든 문항 1점	24점

5 원점수 산출 및 채점프로그램 이용

아동의 검사시행이 완료된 후, 검사자는 소검사별로 채점하여 총점을 산출
해야 한다. 소검사 채점 시 시작점이 문항 1이 아닌 경우에 채점에 유의해야
하며, 역순규칙에 해당하지 않는 경우에는 시작점 이전의 미실시 문항을 모두
만점처리해서 총점을 산출해야 한다. 각 소검사의 원점수를 기록지 마지막 페
이지에 있는 원점수–환산점수 표의 원점수란에 수기로 기록한다.

학지사 인싸이트 홈페이지(https://inpsyt.co.kr)에 들어가서 로그인 후, MY페
이지의 심리검사 실시에서 K-WPPSI-IV 한국 웩슬러 유아지능검사 4판 기록
지 2~3세용/온라인코드 또는 K-WPPSI-IV 한국 웩슬러 유아지능검사 4판
기록지 4~7세용/반응지1, 2, 3/온라인코드 중에 아동 연령에 맞게 선택하여
들어가 답안 입력을 실시한다.

① 기본 인적 사항과 추가 인적 사항 작성

기본 인적 사항			
검사자		검사일★	2021-07-25
검사기관			
피검사자★		생년월일★	(0세 0개월)
성별★	○남 ○여	거주 지역★	선택해주세요. ▼

추가 인적 사항	
검사소요시간(분)	
우세손	□오른손 □왼손 □양손
어머니 교육수준	□고졸 □전문대졸 □대졸 □대학원이상
아버지 교육수준	□고졸 □전문대졸 □대졸 □대학원이상
어머니 직업	
아버지 직업	
형제관계(00남00녀00번째)	

② 입력 유형

소검사 총점 입력형을 선택한다.

입력 유형	
◉ 소검사 총점 입력형 (소검사별 총점 입력방식)	○ 문항점수 입력형 (문항별 반응점수 입력하는 방식)

③ 추가지표

추가지표(어휘습득지표, 비언어지표, 일반능력지표, 인지효율성지표)의 결과를

얻기 위해서는 '실시'를 선택한다.

④ 비교 기준

임계치 유의수준은 일반적으로 .05로 한다.

*기저율 준거집단
- 전체 표본: 전체 표준화 표본에 따른 지표 간 차이의 누적비율
- 능력 수준: 검사 아동의 전체 IQ(FSIQ) 수준에 따른 지표 간의 차이의 누적
  비율

비교기준	
임계치 유의수준	○ .01 ● .05 ○ .10 ○ .15
기저율 준거집단	○ 전체표본 ● 능력수준

⑤ 대체검사 선택

검사자의 선호가 아니라 임상적 판단에 따라 소검사를 대체할 수 있으며, 소
검사 대체 시 지표점수 별로 하나의 소검사만 대체 가능하다. 단, 동일한 지표
의 소검사 간에서만 대체가 가능하다. 전체 IQ를 산출할 때와 추가지표 산출할
때 각 추가지표당 하나만 대체가 가능하며, 같은 인지영역 내의 소검사 간 대
체만 가능하다. 2:6~3:11세용과 4:0~7:7세용의 대체검사 선택은 다음과 같다.

- 전체 IQ(FSIQ) 산출 시: 보충소검사 중 하나만 대체가 가능하며, 같은 인지
  영역 내의 소검사 간 대체만 가능하다.
- 추가지표 산출 시: 각 추가지표당 하나만 대체가 가능하며, 같은 인지영역
  내의 소검사 간 대체만 가능하다.

┃ 대체검사 선택 재입력

▶ FSIQ 산출시

지표	핵심소검사	대체검사
언어이해	수용어휘	☐ 그림명명
작업기억	그림기억	☐ 위치찾기

▶ 추가지표 산출시

추가지표	핵심소검사	대체검사
일반능력	수용어휘	☐ 그림명명

┃ 대체검사 선택 재입력

▶ FSIQ 산출시

지표	핵심소검사	대체검사
언어이해	○상식 ○공통성	☐ 선택하세요. ▽
시공간	토막짜기	☐ 모양맞추기
유동적추론	행렬추리	☐ 공통그림찾기
작업기억	그림기억	☐ 위치찾기
처리속도	동형찾기	☐ 선택하세요. ▽

▶ 추가지표 산출시

추가지표	핵심소검사	대체검사
비언어	토막짜기	☐ 모양맞추기
	그림기억	☐ 위치찾기
	동형찾기	☐ 선택하세요. ▽
일반능력	○상식 ○공통성	☐ 선택하세요. ▽
	토막짜기	☐ 모양맞추기
	행렬추리	☐ 공통그림찾기
인지효율성	○동형찾기 ○선택하기	☐ 동물짝짓기

⑥ 소검사 원점수 총점 입력

각 하위 소검사의 원점수 총점을 각 셀에 작성하면 환산점수가 제공된다. 모든 점수를 확인한 후에 제출 버튼을 누르면 결과지가 제공된다.

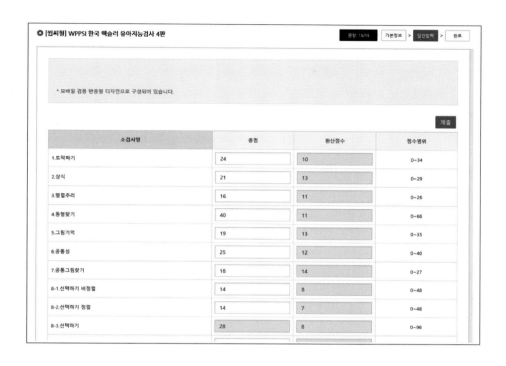

제**4**장

K-WPPSI-IV의 해석

제**4**장   K-WPPSI-IV의 해석

이 장에서는 K-WPPSI-IV의 해석에 대해 설명하고자 한다. 해석의 절차와 범위는 의뢰사유나 아동의 인지적 특성 그리고 강조하는 이론적 배경 등에 따라 달라질 수 있다. 저자들은 인싸이트의 온라인 자동채점 프로그램에서 제공하는 K-WPPSI-IV의 온라인 채점결과를 중심으로 『K-WPPSI-IV 기술지침서』(박혜원, 이경옥, 안동현, 2020)와 새틀러 등(2016)의 프로파일 분석절차, 레이포드와 콜슨(Railford & Coalson, 2014)을 참고하여 다음과 같은 해석 절차를 제안하고자 한다. 지금까지 웩슬러 지능검사의 해석에서는 한 개인의 지능검사 결과를 개인 내의 여러 점수들끼리 비교하는 개인 내적 측면과 규준집단 내의 다른 개인들과 비교하는 개인 간적인 측면으로 접근하는 프로파일 분석이 널리 받아들여졌다. 이 같은 프로파일 분석은 개인이 보유한 인지적 능력의 강점과 약점을 파악할 수 있게 해 주고 치료적 개입을 위한 지점을 확인하는 데 유용한 것으로 확인되었다. 이에 저자들 역시 개인 내 비교와 개인 간 비교를 모두 고려하여 다음과 같은 K-WPPSI-IV의 분석절차를 제안하고자 한다. 분석절차를 도식화하면 [그림 4-1]과 같다.

구체적인 해석 절차에 대한 설명에 앞서 다음의 사항을 고려한다. 이 책에서는 인싸이트의 자동채점프로그램을 통해서 산출되는 K-WPPSI-IV의 결과만을 해석에 포함하였다. 하지만 아동의 주호소 문제나 혹은 평가 상황에 따라 결과지에서 제공되지 않는 소검사 간의 비교가 필요한 경우도 있을 수 있다. 이런 경우 검사자의 전문적 지식과 경험, 그리고 관련 연구들을 참고하여 적절한 해석적 의미를 추가하거나 정교화하는 작업이 필요하다. 따라서 결과에 대한 해석은 본 책에 제시된 절차를 기계적으로 적용하기보다 검사자의 판단에 따라 유연하게 이루어져야 한다.

1단계	전체 IQ(FSIQ)의 해석

2단계	기본지표척도의 해석

1) 기본지표의 해석

2) 기본지표에서의 강점과 약점

3) 기본지표 간 차이 비교

3단계	기본지표척도 소검사의 해석

1) 기본지표 소검사의 해석

2) 기본지표 소검사에서의 강점과 약점

3) 기본지표 소검사 간 차이비교

4단계	추가지표척도의 해석

5단계	추가지표척도 소검사의 해석

6단계	질적 분석

[그림 4-1] K-WPPSI-IV의 해석 단계

저자들이 제시하는 해석절차는 절대적이고 엄격하게 지켜야만 하는 유일한 절차가 아니다. K-WPPSI-IV의 검사결과를 좀 더 체계적으로 해석하는 데 필요한 가이드라인으로 간주하여 검사자가 융통성 있게 적용할 수 있다.

　검사결과를 해석하고 기술할 때는 모든 아동에게 동일한 해석을 하지 말고, 아동의 인지적 특성과 의뢰사유 등을 중심으로 하여 아동 개개인의 인지적 특성이 잘 드러날 수 있도록 해야 한다. 즉 책에서 설명하는 해석 내용을 기계적으로 그대로 적용하거나 보고서상에 기술하지 않도록 해야 한다. 동일한 점수일지라도 아동에 따라 그 의미는 여러 가지일 수 있다. 따라서 검사자는 지능검사 결과를 단독으로 해석하기보다 다른 검사결과, 행동관찰, 면담 등을 통한 발달사적 정보 등 여러 정보들을 함께 통합하여 해석해야 한다. 어린 아동의 경우 언어발달 및 운동발달 수준, 교육 경험 유무, 심리적 상태와 같은 여러 요인에 의해 수행의 영향을 받을 수 있는 만큼, 검사 결과의 해석에서는 검사결과 이외에 다양한 요인이 전체적으로 고려되어야 한다. 또한 지능검사 결과는 아동의 실제적이고 일상적인 기능과 적응의 측면에서 해석되어야 교육적, 치료적 개입을 위한 유용한 정보가 될 수 있다.

　마지막으로, 검사자는 지능검사 결과를 적절히 해석하기 위해 필요한 임상적, 이론적 지식과 경험을 적절히 갖추어야 한다.

 # 1　1단계: 전체 IQ(FSIQ)의 해석

> 결과지 [기본분석 II 지표점수 분석] 부분을 확인하라.

　이 단계에서는 전체 IQ를 확인하고 해석한다. 전체 IQ (FSIQ)는 K-WPPSI-IV 결과지의 기본분석 II 지표점수 분석 부분에서 확인할 수 있다.

　두 연령군에서 전체 IQ 산출에 포함되는 소검사는 〈표 4-1〉, 〈표 4-2〉와 같다. 2:6~3:11세용에서 전체 IQ는 수용어휘, 상식, 토막짜기, 모양맞추기, 그림기억의 5개 소검사를 통해 산출된다. 4:0~7:7세용에서 전체 IQ는 상식, 공통성, 토막짜기, 행렬추론, 그림기억, 동형찾기의 6개 소검사를 통해 산출된다.

〈표 4-1〉 K-WPPSI-IV의 2:6~3:11세용에서의 전체 IQ 구성

전체 IQ		
언어이해	시공간	작업기억
수용어휘 상식	토막짜기 모양맞추기	그림기억

〈표 4-2〉 K-WPPSI-IV의 4:0~7:7세용에서의 전체 IQ 구성

전체 IQ				
언어이해	시공간	유동추론	작업기억	처리속도
상식 공통성	토막짜기	행렬추리	그림기억	동형찾기

전체 IQ는 아동의 전반적인 지적 능력에 대한 대표적이고 신뢰할 만한 측정치이다[1](Railford & Coalson, 2014). 따라서 아동의 K-WPPSI-IV 결과에서 가장

---

1 전체 IQ의 단일성과 관련한 오래된 논쟁은 현재까지 진행 중이다. 무엇보다 전체 IQ를 구성하고 있는 지표점수들 간에 유의미한 차이가 존재할 경우 전체 IQ의 타당성과 유용성에 관한 논쟁이 있었다. 그러나 최신의 연구들에 따르면, 발달 과정 중에 있는 어린 아동들에게 인지 영역 간 불균형은 일반적으로 나타나는 현상이며, 지표점수 간의 유의미한 차이가 있다고 하더라도 전체 IQ의 타당성과 유의성을 의심할 만한 증거는 없다는 의견이 제시되었다(Kaufman, Raiford, & Coalson, 2016). 물론, WPPSI-IV를 사용한 직접 연구결과가 아니기 때문에 좀 더 어린 연령의 아동들에게도 이러한 결과를 적용할 수 있는지에 관해서는 추가적인 연구가 이루어져야겠지만, 지표점수 간 큰 차이가 전체 IQ에 대한 해석적 가치를 위협하는 다른 중요한 이유가 없는 한, 지표점수 간의 큰 차이가 있더라도 전체 IQ는 해석 가능하다고 간주하는 것이 더 적절할 것이다. 단, 지표점수 간의

먼저 확인하며, 백분위와 신뢰구간을 함께 확인한다(백분위, 신뢰구간 참고).

[작성예시]
[그림 4-3]의 예시에서 전체 IQ를 기술할 경우, "해당 아동의 전체 IQ 115는 '평균상' 수준으로 백분위 85로 동일 연령집단에서 상위 15%tile에 위치하며, 95% 신뢰구간에서 107~133 사이에 위치한다."

　전체 IQ 점수에 대한 질적 분류와 백분위 등에 관한 정보를 통해 아동의 인지능력을 동일 연령대의 다른 아동과 비교할 수 있다. 이렇게 해당 아동의 수행을 동일 연령집단(규준집단) 내의 다른 아동들의 수행 수준과 비교하는 것을 개인 간 비교라고 한다(개인 간 비교 참고).

　Wechsler(2012)의 분류 기준에 의하면, 전체 IQ와 지표점수는 130 이상일 경우 [매우 우수(Very Superior)], 120~129는 [우수(Superior)], 110~119는 [평균상(High Average)], 90~109는 [평균(Average)], 80~89는 [평균하(Low Average)], 70~79는 [경계선(Borderline)], 69 이하는 [매우 낮음(Extremly Low)]으로 나뉜다. 〈표 4-3〉과 [그림 4-2]는 K-WPPSI-IV의 결과지에 제시된 지표점수의 질적 분류와 정규분포이다. K-WPPSI-IV 기술지침서에 실린 소검사 환산점수 및 지표점수에 해당하는 표준편차와 백분위는 〈표 4-4〉에 제시하였다.

차이가 매우 클 경우에는 그러한 차이가 전체 IQ에 미치는 영향에 대한 고려와 더불어 지표점수 간 차이가 발생한 이유와 의미에 좀 더 중점을 두어 해석하는 것이 중요할 것이다.

〈표 4-3〉 지표점수의 질적 분류[2]

점수 범위	질적 분류
130 이상	매우 우수
120~129	우수
110~119	평균상
90~109	평균
80~89	평균하
70~79	경계선
69 이하	매우 낮음

〈표 4-4〉 소검사 환산점수 및 지표점수에 해당하는 표준편차와 백분위

환산점수	평균에 대한 표준편차(SD)차이	백분위[a]	지표점수
19	$+3$	99.9	145
18	$+2_{2/3}$	99.6	140
17	$+2_{1/3}$	99	135
16	$+2$	98	130
15	$+1_{2/3}$	95	125
14	$+1_{1/3}$	91	120
13	$+1$	84	115
12	$+_{2/3}$	75	110
11	$+_{1/3}$	63	105
10	0(평균)	50	100
9	$-_{1/3}$	37	95
8	$-_{2/3}$	25	90

2 학지사 인싸이트 홈페이지에서 제공되는 결과지상에서는 '평균 이상'과 '평균 이하'로 표현되고 있는데, 이는 임상 장면에서 흔히 사용하는 '평균상', '평균하'와 동의어이다.

7	-1	16	85
6	$-1_{1/3}$	9	80
5	$-1_{2/3}$	5	75
4	-2	2	70
3	$-2_{1/3}$	1	65
2	$-2_{2/3}$	0.4	60
1	-3	0.1	55

[a] 백분위는 정규분포 내에서의 이론적 값이다.

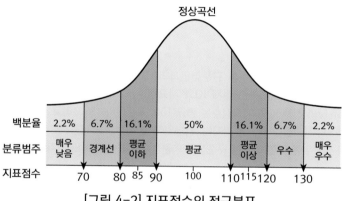

[그림 4-2] 지표점수의 정규분포

[추가설명]

백분위

해당 점수 미만에 있는 사례 수를 전체 사례에 대한 백분율로 나타낸 것으로, 아동이 속한 동일 연령집단에서 아동의 점수가 어느 위치에 놓이는지를 알려 준다.

예를 들어, 아동의 전체 IQ가 120이고 백분위가 92일 경우, 동일 연령집단의 92%가 전체 IQ 120 아래에 있고, 백분위 92인 아동은 전체 100명 중에서 상위 8등에 해당하는 점수를 받았다는 의미이다.

신뢰구간

진점수가 위치할 범위를 확률적으로 보여 주는 것으로 지능검사를 통해 산출된 점수에는 아동의 실제 지적 능력뿐만 아니라 측정오차가 함께 반영되어 있기 때문에 범위로 제시하는 것이 좀 더 정확하다. 예를 들어, 아동의 전체 IQ가 120이고 95% 신뢰구간이 107~133이라면, 같은 검사를 100번 실시했을 때 95번은 107~133 사이의 점수를 받는다는 것을 의미한다.

개인 간 비교

개인 간 비교란, 아동의 점수를 규준집단과의 비교를 통해 상대적으로 평가하는 것이다. 개인 간 비교는 지표수준(전체 IQ와 지표점수)과 소검사수준에서 모두 가능하다. K-WPPSI-IV의 전체 IQ와 지표점수는 평균 100, 표준편차 15, 그리고 소검사는 평균 10, 표준편차 3의 표준점수 체계를 가지며, 백분위에 관한 정보도 제공하므로, 해당 아동의 환산점수와 백분위를 알면 아동이 규준집단의 원점수 분포에서 어느 위치에 있는지를 알 수 있다.

만약 아동의 언어이해지표점수가 115라면, 이는 평균으로부터 1표준편차 위에 해당하고 (100(평균)+15(1표준편차)=115), 아동의 언어이해지표점수가 85라면 이는 평균으로부터 1표준편차 아래에 해당함을(100(평균)-15(1표준편차)=85) 의미한다. 따라서 언어이해지표 115를 받은 아동은 규준집단보다 언어이해능력에서 상대적으로 더 양호한 수행 혹은 능력을 보유하고 있음을 알 수 있고, 이는 개인 간 비교에서 인지적 강점에 해당하는 것으로 해석할 수 있다. 반면, 85를 받은 아동은 규준집단보다 언어이해능력에서 상대적으로 부진한 수행 혹은 능력을 보유하고 있고, 이는 개인 간 비교에서 인지적 약점에 해당하는 것으로 해석할 수 있겠다.

② 2단계: 기본지표척도의 해석

이 단계에서는 기본지표척도를 중심으로 기본지표척도 내에서의 강점과 약점, 그리고 기본지표점수 간의 차이에 대해 확인한다. 〈표 4-5〉, 〈표 4-6〉과 같이, 2:6~3:11세용은 언어이해지표, 시공간지표, 작업기억지표의 3개 지표점수가 산출되며, 4:0~7:7세용에서는 앞의 3개의 지표와 더불어 유동추론지표와 처리속도지표가 추가되어 5개의 지표점수가 산출된다. 각 지표들은 2개의 소검사들로 구성된다.

〈표 4-5〉 K-WPPSI-IV 2:6~3:11세용의 기본지표척도 구성

언어이해	시공간	작업기억
수용어휘 상식	토막짜기 모양맞추기	그림기억 위치찾기

〈표 4-6〉 K-WPPSI-IV 4:0~7:7세용의 기본지표척도 구성

언어이해	시공간	유동추론	작업기억	처리속도
상식 공통성	토막짜기 모양맞추기	행렬추리 공통그림찾기	그림기억 위치찾기	동형찾기 선택하기

1) 기본지표의 해석

> 결과지 [기본분석 II의 지표점수 분석] 부분을 확인하라.

전체 IQ에 대한 해석과 같은 방식으로 기본지표점수에 대해서도 역시 동일하게 질적 분류, 백분위, 신뢰구간에 대해 확인하고 해석한다. 2:6~3:11세용에서는 언이이해지표, 시공간지표, 작업기억지표에 대해 각각 확인하고 기술한다. 4:0~7:7세용에서는 언어이해지표, 시공간지표, 유동추론지표, 작업기억지

표, 처리속도지표에 대해 각각 확인하고 기술한다.

〈표 4-7〉 예시 결과표(기본지표점수)

지표점수 분석

척도		환산점수 합	지표점수	백분위	신뢰구간[1] 90%(95%)	분류범주	SEM
언어이해	VCI	30	130	98.2	122-138 (120-140)	매우 우수	5.15
시공간	VSI	20	99	47.0	88-110 (86-112)	평균	6.54
유동추론	FRI	25	116	85.0	109-123 (108-124)	평균 이상	3.91
작업기억	WMI	27	123	94.0	115-131 (113-133)	우수	4.81
처리속도	PSI	21	103	55.0	93-113 (91-115)	평균	6.54
전체 IQ	FSIQ	73	115	85.0	104-126 (102-128)	평균 이상	6.35

[1]신뢰구간은 추정값의 표준오차를 사용하여 산출하였다.

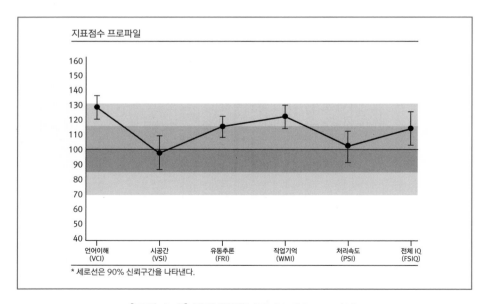

[그림 4-3] 예시 결과(기본지표점수 프로파일)

<표 4-7>, [그림 4-3]의 예시의 경우, 해당 아동의 언어이해지표는 130으로 [매우 우수] 수준에 해당한다(백분위＝98, 95% 신뢰구간 120∼140). 시공간지표는 99로 [평균] 수준에 해당한다(백분위＝47, 95% 신뢰구간 86∼112). 유동추론지표는 116로 [평균상] 수준에 해당한다(백분위＝85, 95% 신뢰구간 108∼124). 작업기억지표는 123으로 [우수] 수준에 해당한다(백분위＝94, 95% 신뢰구간 113∼133). 처리속도지표는 103으로 [평균] 수준에 해당한다(백분위＝55, 95% 신뢰구간 91∼115).

　각 기본지표척도에 대한 해석은 〈표 4-8〉에 제시된 바와 같이 한다. 각 척도들이 기본적으로 측정하는 인지능력과 그러한 인지능력의 발달에 영향을 미치는 요인들을 함께 고려하여 해석한다.

　각 기본지표척도에 대한 해석을 통해 전체 IQ의 의미를 구체화하거나 아동의 인지적 특성에 관한 추가적인 정보를 얻을 수 있다. 예를 들어, 동일하게 전체 IQ 100을 받은 2명의 아동이 있을 때, 한 아동은 언어이해지표에서 100, 시공간지표에서 100을 받았고, 또 다른 아동은 언어이해지표에서 130, 시공간지표에서 90을 받았을 경우를 비교해 보자. 두 아동의 전체 IQ 100은 해당 아동의 인지적 특성에 관해 다른 의미를 가질 것이다. 기본지표점수들 간에 큰 차이가 있는 경우라면(기본지표점수들 간의 차이 분석에 관한 2-3단계를 함께 고려할 것) 검사자는 그러한 차이를 고려하여 전체 IQ의 의미에 대한 해석을 해야 하고, 이러한 차이가 의미하는 바를 확인하기 위하여 다른 검사점수나 질적 분석, 한계검증, 그리고 아동의 발달력 및 교육력 등 다양한 정보를 고려하여야 한다.

〈표 4-8〉 기본지표척도에 대한 해석

과제에서 측정하는 인지능력	배경 요인	높은(낮은) 점수 해석
언어이해		
• 결정화된 지식 • 일반적 언어 정보 • 언어발달 • 단어 지식 • 귀납 • 언어이해 • 새로운 문제해결에 언어 기술과 정보를 적용 • 장기기억에서 인출 • 주의력	• 초기 환경의 풍부함 • 조기 교육과 일반 교육의 질 • 문화적 기회 • 흥미와 독서 패턴	• 우수한(저조한) 언어이해력 • 우수한(저조한) 언어발달 • 우수한(저조한) 학구적 태도 • 좋은(빈곤한) 문화적 환경 • 우수한(저조한) 개념형성 • 학교 교육 숙달을 위한 우수한(저조한) 준비 상태
시공간		
• 유동추론 능력 • 시각 처리 • 완결속도 • 빠른 회전 • 시각화 • 시지각적 변별 • 시지각적 추론과 조직화 • 시각적 이미지로 사고하고, 이를 유창하고 빠르게 조작하는 능력 • 시각적으로 지각된 자료를 빠르게 해석하거나 조직화하는 능력 • 비언어적 추론 • 주의력 • 집중력	• 동기와 인내력 • 시행착오 사용 능력 • 기민성 • 문화적 기회 • 퍼즐, 블록, 구성 놀이 경험 • 흥미 • 시각적 예민성	• 우수한(저조한) 지각적 추론 • 시각적 이미지로 사고하고 이를 유창하게 조작하는 능력이 우수(저조) • 우수한(저조한) 인지적 융통성(정신적 활동을 전환시키는 능력 포함) • 우수한(저조한) 인지적 속도 • 제한시간 내에 시각적으로 지각된 자료를 해석하고 조직화하는 능력이 우수(저조) • 우수한(저조한) 주의력과 집중력 • 우수한(저조한) 비언어적 추론 • 우수한(저조한) 자기점검 능력

과제에서 측정하는 인지능력	배경 요인	높은(낮은) 점수 해석
유동추론		
• 유동추론 능력 • 귀납 • 일반적 순차추론 • 양적추론 • 시각적 처리 • 시각화 • 시지각적 변별 • 시지각적 추론 • 시지각적 조직화 • 시각적 이미지로 사고하고, 이를 유창하고 빠르게 조작하는 능력 • 비언어적 추론 • 주의력 • 집중력	• 문화적 기회 • 흥미와 독서 패턴 • 지적 호기심 • 조기 교육과 일반 교육의 질 • 퍼즐, 블록, 구성 놀이 경험 • 동기와 인내력 • 목표를 향해 작업하는 능력 • 시행착오 사용 능력 • 시각적 예민성	• 우수한(저조한) 유동추론 • 우수한(저조한) 지각적 추론 • 시각적 이미지로 사고하고, 이를 유창하게 조작하는 능력이 우수(저조) • 우수한(저조한) 인지적 융통성(정신적 활동을 전환시키는 능력 포함) • 우수한(저조한) 비언어적 능력 • 단어 사용 없이 추상적 개념과 관계를 형성하는 능력이 우수(저조) • 우수한(저조한) 자기점검 능력 • 우수한(저조한) 주의력과 집중력
작업기억		
• 단기기억 • 기억폭 • 작업기억 • 시각적 처리 • 시각화 • 시각적 기억 • 단순 암기력 • 즉각적 시각기억 • 수 능력 • 주의력 • 집중력	• 자극을 수용하는 능력 • 자기점검 능력 • 시각적 예민성과 변별 • 부호화 전략을 사용하는 능력 • 시연 전략을 사용하는 능력	• 우수한(저조한) 시각적 단기기억 • 우수한(저조한) 작업기억 • 우수한(저조한) 단순 암기력 • 우수한(저조한) 주의 유지와 집중 능력 • 우수한(저조한) 부호화 능력 • 우수한(저조한) 시연 전략 • 우수한(저조한) 자기점검 능력

과제에서 측정하는 인지능력	배경 요인	높은(낮은) 점수 해석
처리속도		
• 처리속도 • 지각적 속도 • 시각 운동 협응과 민첩성 • 정신적 활동속도 • 주사 능력 • 정신운동속도 • 시각적 단기기억 • 시지각적 변별 • 주의력 • 집중력	• 운동활동속도 • 동기와 인내력 • 시각적 예민성 • 시간 압력하에서 작업하는 능력	• 우수한(저조한) 처리속도 • 우수한(저조한) 시지각적 속도와 변별 능력 • 우수한(저조한) 주의력과 집중력 • 우수한(저조한) 시각적 단기기억 • 우수한(저조한) 주사 능력 • 우수한(저조한) 시각적 처리 • 높은(낮은) 동기와 우수한 (저조한) 인내력 • 시간 압력하에서 작업하는 능력이 우수(저조)

 [고려사항]

기본지표척도의 단일성

• 기본지표척도의 점수는 해당 기본지표척도를 이루는 2개 소검사의 환산점수의 합에 의해 산출된다. 따라서 기본지표척도를 구성하고 있는 2개 소검사의 환산점수의 차이가 크지 않다면, 기본지표척도가 측정하는 인지적 능력에 대해 좀 더 직접적으로 해석 가능하다. 그러나 2개 소검사의 환산점수 차이가 지나치게 크다면, 산출된 지표점수가 단일한 인지적 능력을 반영하고 있다고 보기 어렵다. 이 경우, 각 기본지표점수에 대한 해석과 다음 단계(2~3단계)에서 이루어지는 기본지표점수 간의 차이에 관한 해석에서도 해석에 주의가 필요하다.

• 다음과 같은 경우를 생각해 보자. 한 아동이 작업기억지표에서 100을 받았는데, 그림기억과 위치찾기 소검사가 각각 10이었다. 또 다른 아동 역시 작업기억지표에서 100을 받았는데, 그림기억 13, 위치찾기 7을 받았다. 첫 번째 아동의 경우엔 작업기억지표 100에 대해 작업기억능력이 [평균] 수준이라고 해석하는 것이 적절할 수 있겠지만, 두 번째 아동의 경우에는 작업기억 능력이 [평균] 수준이라고 해석하는 것은 적절하지 않다. 두 번째 아동에서와 같이 각 기본지표척도

를 구성하고 있는 두 소검사 간에 큰 편차가 있다면, 기본지표점수의 의미에 대한 해석 시 소검사 간 점수 차이를 고려해야 하고, 지표수준에서의 해석보다 소검사수준에서의 해석이 더 적절하다. 또한 검사자는 이러한 차이가 의미하는 바가 무엇인지에 대한 가설 설정을 통해 가능한 이유를 찾아야 할 것이다.

2) 기본지표에서의 강점과 약점

> 결과지 [기본분석 III 지표수준 강점/약점] 부분을 확인하라.

기본지표척도 각각에 대해 검토한 다음, 이 단계에서는 각 기본지표점수를 전체 IQ 혹은 기본지표점수평균(Mean Primary Index Score: MIS)과 비교함으로써 지표수준에서 아동의 인지적 강점과 약점에 관한 정보를 얻을 수 있다(비교점수의 선택 참고).

〈표 4-9〉 예시 결과표(기본지표수준 강점/약점)

척도		지표점수	비교점수[1]	점수차	임계값[2]	강점(S)/약점(W)	기저율[3]
언어이해	VCI	130	114.2	15.8	12.04	S	5-10%
시공간	VSI	99	114.2	-15.2	14.47	W	5-10%
유동추론	FRI	116	114.2	1.8	10.02	-	>25%
작업기억	WMI	123	114.2	8.8	11.46	-	10-25%
처리속도	PSI	103	114.2	-11.2	14.47	-	10-25%

[1] 비교점수는 기본지표점수의 평균(MIS)을 사용하여 산출하였다.
[2] 임계값의 유의수준은 .05이다.
[3] 기저율의 준거집단은 능력수준이다.

각 기본지표점수에서 비교점수(전체 IQ 혹은 기본지표점수평균)를 뺀 차이값의 절댓값이 임계값보다 크거나 같을 때 유의미한 차이가 있다고 해석한다. 각 기본지표점수에서 비교점수를 뺀 값이 유의미하게 크다면(즉, 차이값이 양수일 때) 이는 인지적 강점에 해당하며, 반대로 각 기본지표점수에서 비교점수를 뺀 값이 유의미하게 작다면(즉, 차이값이 음수일 때) 이는 인지적 약점에 해당한다.

지표점수에서 강점과 약점을 보이는 것은 일반적인 현상으로, 흔히 발달 과정 중에 있는 아동은 여러 인지기능 혹은 인지영역에서 강점과 약점을 보일 수 있다.

지표수준에서의 인지적 강점과 약점에 대한 기술 시 아동의 수행수준에 대한 개인 내 비교와 개인 간 비교를 세심하게 기술할 필요가 있다. 〈표 4-8〉 예시에서 아동의 언어이해지표점수가 130인데, 앞에서 다른 기본지표들과의 비교 시 아동의 인지적 강점으로 해석하였다. 이것은 아동의 언어이해 능력이 다른 인지적 능력과 비교해서 상대적으로 잘 발달되었음을 의미한다. 이러한 해석은 아동의 여러 인지적 능력 간의 상대적인 비교를 통해 강점과 약점을 기술하는 개인 내적 측면에 대한 설명이다. 한편, 아동의 언어이해지표점수 130은 질적 분류 시 [매우 우수] 수준에 해당한다(〈표 4-3〉 지표점수의 질적 분류 참고). 이는 아동과 동일한 연령대의 규준집단의 평균으로부터 2표준편차 위에 위치함을 의미한다. 따라서 아동은 동일 연령대의 다른 아동들과 비교했을 때 언어이해 능력이 매우 우수함을 의미하고, 이러한 해석은 개인 간적 측면에 대한 설명이 된다.

또한 시공간지표 99는 다른 기본지표들과의 비교 시 아동의 인지적 약점으로 해석하였다. 즉, 아동의 시공간 능력은 아동의 다른 인지적 능력에 비해 상대적인 약점에 해당한다. 하지만 99는 질적 분류 시 '평균' 수준으로, 아동과 동일한 연령대의 규준집단 내에는 약점에 해당하지 않는다. 따라서 아동의 언어이해 능력은 개인 내적인 측면과 개인 간적인 측면 모두에서 인지적 강점에 해당될 정도로 매우 잘 발달되어 있다고 해석하고, 시공간 능력은 동일 연령대의 다른 아동들과 유사한 수준으로 발달되어 있지만(개인 간적 측면) 아동 개인의 다른 인지적 능력들에 비해서는 상대적인 약점에 해당한다(개인 내적 측면)고 해석한다.

또 다른 예로 전체 IQ가 61인 아동이 작업기억지표 58, 처리속도지표 75인 경우를 생각해 보자. 이 아동의 작업기억지표와 처리속도지표 간의 점수 차이가 유의미하다. 이때 처리속도 능력은 개인 내적인 측면에서 상대적인 강점이라고 할 수 있지만, 규준집단 내에서는 [경계선] 수준이고 이는 또래보다 발달이 지연된 상태임을 나타낸다. 따라서 이 아동의 경우에는 개인 내적인 측면에서 처리속도지표점수가 작업기억지표점수보다 상대적으로 높지만, 개인 간적인 측면에서 처리속도 능력과 작업기억 능력 모두 발달에서의 지연이 나타나고 있는 것으로 해석해야 한다.

[작성예시]

<표 4-9>의 예시의 경우, 언어이해지표가 아동의 인지적 강점(S)에 해당한다. 언어이해지표점수 130과 비교점수 114.2와의 점수 차이의 절댓값인 15.8이 임계값 12.04보다 크고 점수 차이값이 양수이기 때문이다. 또한 아동은 시공간지표가 인지적 약점(W)에 해당한다. 시공간지표점수 99와 비교점수 114.2와의 점수 차이의 절댓값인 15.2가 임계값 14.47보다 크고 점수 차이값이 음수이기 때문이다.

[추가설명]

비교점수의 선택

지표수준에서의 강약점에 대한 평가 시 선택할 수 있는 기준은 전체 IQ 혹은 기본지표점수평균(MIS)이다. 전체 IQ는 2:6~3:11세용의 경우 수용어휘, 상식, 토막짜기, 모양맞추기, 그림기억의 5개 소검사를 통해 산출된다. 4:0~7:7세용의 경우 상식, 공통성, 토막짜기, 행렬추리, 그림기억, 동형찾기의 6개 소검사를 통해 산출된다. 지표점수평균은 기본지표점수의 합을 지표의 개수로 나눈 값으로, 2:6~3:11세용의 경우에는 언어이해, 시공간, 작업기억 지표점수의 합을 3으로 나누고, 4:0~7:7세용의 경우에는 언어이해, 시공간, 유동추론, 작업기억, 처리속도지표점수의 합을 5로 나눈 값이다. 따라서 기본지표점수평균은 전체 IQ 산출에 포함되는 소검사의 수보다 더 많은 소검사가 포함되므로(2:6~3:11세용은 6개, 4:0~7:7세용은 10개) 아동의 인지능력을 좀 더 포괄적으로 반영하고 있는 값으로 볼 수 있다. 이 때문에 비교점수 선택 시 전체 IQ보다 지표점수평균의 사용이 좀 더 권장된다. 비교점수의 선택은 온라인 채점프로그램에서 전체 IQ 혹은 지표점수평균 가운데 한 가지를 선택할 수 있다.

임계값(critical value)

두 점수 간에 차이가 있을 때, 이러한 차이가 우연히 발생한 것이 아닌 실제 존재하는 차이인지를 판단하기 위한 하나의 방법은 통계적 유의성을 확인하는 것이다. 이때 두 점수 간의 차이가 우연 수준에서 발생할 것으로 기대되는 정도보다 크다고 볼 수 있는 최소 차이 값을 임계값이라고 한다. 임계값은 유의수준(.01, .05, .10, .15)에 따라 달라지며, 유의미성을 얼마나 엄격하게 평가하고자 하는지에 따라 유의수준을 선택한다. 유의수준의 값이 클수록 덜 엄격하고, 유의수준의 값이 작을수록 더 엄격한 기준에 해당한다. 평가하는 대상의 특성이나 의뢰사유 등에 따라 어느 정도의 유의수준을 선택할 것인지가 달라진다. 평균적인 지적 기능을 보이는 아동의 인지적 강점과 약점을 평가하는 경우라면 좀 덜 엄격한 기준을 적용하는 것도 가능하겠지만, 학습장애 여부를 판단해야 하는 경우라면 좀 더 엄격한 기준을 적용하는 것이 적절할 것이다. 새틀러 등(2016)에서는 일반적으로 .05(혹은 .01)의 유의수준을 권장하고 있다.

K-WPPSI-IV에서는 지표수준 강점/약점, 지표수준 차이비교, 소검사수준 강점/약점, 소검사수준 차이비교에서 임계값을 사용하여 통계적 유의성을 판단한다.

기저율(base rates)

두 점수 간의 차이에 관한 해석 시 임계값을 사용한 통계적 유의미성에 대한 판단과 더불어 추가로 고려하는 것이 기저율 혹은 누적비율이라고 부르는 값이다. 두 점수 간 차이의 기저율이란 점수차이가 해당 규준집단에서 실제 나타난 빈도를 의미한다. 흔히, 두 점수 간 차이 값이 통계적으로 유의미한 경우라도 실제 규준집단 내에서는 그러한 차이가 발생하는 경우가 드물지 않을 수 있다. 그렇다면 얼마나 낮은 비율로 그러한 차이가 발생할 때 드문 것으로 볼 수 있는지에 대한 기준이 필요한데, 새틀러 등(2016)에서는 15% 이하를 제안하고 있다. 한편, 기저율의 준거집단으로 전체 표본과 능력수준의 두 가지 중 선택할 수 있다. 전체 표본은 전체 표준화 표본집단을 기준으로 하는 것이고, 능력수준은 유사한 수준의 인지능력을 가진, 즉 전체 IQ 수준이 유사한 집단을 기준으로 하는 것이다. 해당 아동의 전체 IQ가 평균 수준이라면 누적비율에 대한 비교 기준으로 전체 표본을 선택하건 능력수준을 선택하건 누적비율 간에 큰 차이가 없지만, 평균 수준보다 매우 높거나 낮은 아동의 경우에는 어떤 기준을 선택하느냐에 따라 누적비율이 달라질 수 있기 때문에 전체 표본보다는 능력수준을 선택하는 것이 권장된다.

3) 기본지표 간 차이비교

> 결과지 [기본분석 III 지표수준 차이비교]를 확인하라.

이 단계에서는 기본지표점수들 간의 차이를 서로 비교하여 분석하게 된다. 2:6~3:11세용에서는 언어이해지표, 시공간지표, 작업기억지표의 3개 지표가 있으므로, 3개 중 2개씩 비교할 경우 총 3개의 쌍비교가 가능하다. 4:0~7:7세용에서는 언어이해지표, 시공간지표, 유동추론지표, 작업기억지표, 처리속도지표의 5개 지표가 있으므로, 5개 중 2개씩 비교할 경우 총 10개의 쌍비교가 가능하다. 두 지표점수 간의 쌍 비교를 통해 서로 다른 지적 기능에서의 차이가 유의미한지를 평가하게 된다. 기본지표점수의 강점과 약점 분석에서와 마찬가지로, 두 지표 간 차이의 절댓값과 임계값을 비교하여 통계적 유의미성과 기저율을 함께 고려하여 해석한다.

기본지표 간 차이 분석 시 다음 사항에 유의한다. 지표점수 간 차이비교에 관한 해석에서 기본지표척도를 구성하는 소검사 간의 점수 차이가 크다면, 앞의 기본지표에서의 해석에서 언급했던 것과 마찬가지로 해당 지표의 단일성에 관한 이슈가 발생할 수 있다. 즉, 한 기본지표척도 내의 두 개 소검사 간의 점수 차이가 크다면, 해당 기본지표점수는 단일한 인지능력과 특성을 나타내는 것이 아닐 수 있고, 따라서 두 지표점수 간의 차이를 해석할 때에도 이러한 점을 고려해야 할 필요가 있다. 이런 경우라면 지표점수 간의 차이를 강조하기보다 차이가 발생한 가능한 원인에 대한 해석을 하는 것이 좀 더 적절하다.

한편, 4:0~7:7세용의 경우, 총 10개의 쌍 비교가 가능하다. 하지만 모든 쌍을 비교하는 것은 불필요하고 부적절하다. 비교 수가 증가할수록 진정한 차이보다는 우연에 의한 유의한 차이가 나타날 가능성이 높아진다(Grégorie et al., 2011). 따라서 쌍비교에 대한 해석은 이론적 근거를 토대로 해야 하며, 중요한 의사결정을 위한 판단에서는 유의수준을 좀 더 엄격하게 하는 것이 요구된다.

기본지표척도들 간에 유의미한 차이가 나타나는 가능한 이유로 새틀러 등

(2016)은 다음 사항을 고려할 것을 제안하였다. 아울러 검사자는 점수 차이가 큰 것에 대한 적절한 해석을 위해 아동에 관한 면담 및 발달력, 다른 검사자료 등을 함께 고려해야 한다.

- 흥미 패턴
- 인지양식
- 정보처리에서의 결함 혹은 강점
- 표현방식에서의 결함 혹은 강점
- 시간 압력하에서 수행하는 능력에서의 결함 혹은 강점
- 신체적 제한, 장애, 의학적 문제
- 뇌손상
- 정서행동 문제(낮은 동기, 반항, 불안 등)
- 검사 언어와 자극이 더 넓은 문화에서 일반적으로 사용되는 것과 다른 가정, 직장, 이웃, 학교 환경을 가지고 있을 때
- 일시적인 인지적 비효율성

〈표 4-10〉 예시 결과표(기본지표수준 차이비교)

점수 1		점수 2		점수차	임계값[1]	유의성 Y/N	기저율[2]
언어이해 VCI	130	시공간 VCI	99	31	16.32	Y	4.3
언어이해 VCI	130	유동추론 FRI	116	14	12.67	Y	21.1
언어이해 VCI	130	작업기억 WMI	123	7	13.81	N	39.1
언어이해 VCI	130	처리속도 PSI	103	27	16.32	Y	8.9
시공간 VSI	99	유동추론 FRI	116	-17	14.93	Y	14.1
시공간 VSI	99	작업기억 WMI	123	-24	15.91	Y	7.5
시공간 VSI	99	처리속도 PSI	103	-4	18.13	N	41.8
유동추론 FRI	116	작업기억 WMI	123	-7	12.15	N	31.5
유동추론 FRI	116	처리속도 PSI	103	13	14.93	N	25.8
작업기억 WMI	123	처리속도 PSI	103	20	15.91	Y	10.8

[1]임계값의 유의수준은 .05이다.
[2]기저율의 준거집단은 능력수준이다.

〈표 4-10〉의 예시를 보면, 지표점수 간 차이가 유의한 경우는 Y로, 지표점수 간 차이가 유의하지 않은 경우는 N으로 표시되어 있다.

　기본지표점수 간 차이비교에 관한 구체적 해석은 〈표 4-11〉을 참고하되, 이러한 해석을 모든 경우에 동일하게 기계적으로 적용하지 않도록 주의한다. 두 지표 간 유의미한 점수 차이에 대한 해석 시 모든 차이에 대해서 다 기술하기보다는 주호소문제, 아동의 발달 정보, 인지적 특성, 이론적 근거 등을 가지고 아동이 실제 생활에서 보이는 모습이나 행동과 관련지어 설명하는 것이 좋다.

[작성예시]

[언어이해-시공간], [언어이해-유동추론], [언어이해-처리속도], [시공간-유동추론], [시공간-작업기억], [작업기억-처리속도]에서 통계적으로 유의미한 차이가 나타났다. 이 가운데 [언어이해-시공간], [언어이해-처리속도], [시공간-작업기억], [시공간-유동추론], [작업기억-처리속도]의 경우, 기저율이 15% 미만으로 두 지표점수 간의 차이가 드물게 나타나는 것으로 볼 수 있다.

〈표 4-11〉 기본지표점수 차이에 관한 해석

기본지표 점수의 차이	가능한 해석
언어이해 vs 시공간	• 언어이해지표점수가 시공간지표점수보다 유의하게 클 경우(반대의 경우에는 반대 방향으로 해석하라)의 가능한 해석 - 언어이해 능력이 시공간 능력보다 더 잘 발달되어 있다. - 청각-음성 정보의 처리가 시각 변별 처리보다 더 잘 발달되어 있다. - 경험을 통해 학습, 누적된 지식이 비언어적인 문제해결을 통해 학습된 지식보다 잘 발달되어 있다. - 장기기억으로부터 정보를 인출해 내는 능력이 비언어적 문제해결 능력보다 잘 발달되어 있다. - 결정화된(crystallized) 지식이 시공간 추론 능력보다 더 잘 발달되어 있다.

기본지표 점수의 차이	가능한 해석

언어이해 vs
유동추론
	• 언어이해지표점수가 유동추론지표점수보다 유의하게 클 경우(반대의 경우에는 반대 방향으로 해석하라)
	  – 언어이해 능력이 유동추론 능력보다 더 잘 발달되어 있다.
	  – 청각–음성 정보의 처리가 유동추론 기술보다 더 잘 발달되어 있다.
	  – 장기기억으로부터 정보를 인출해 내는 능력이 비언어적 문제해결 능력보다 잘 발달되어 있다.
	  – 결정화된 지식이 유동추론 능력보다 잘 발달되어 있다.

언어이해 vs
작업기억
	• 언어이해지표점수가 작업기억 점수보다 유의하게 클 경우(반대의 경우에는 반대 방향으로 해석하라)
	  – 언어이해 능력이 작업기억 능력보다 잘 발달되어 있다.
	  – 언어적 정보처리가 시각적 단기기억력보다 잘 발달되어 있다.
	  – 청각–음성 정보처리가 부호화 전략의 사용보다 더 잘 발달되어 있다.
	  – 장기기억으로부터 정보를 인출해 내는 능력이 단기기억 내의 시각적 정보를 인출해 내는 능력보다 더 잘 발달되어 있다.
	  – 결정화된 지식이 시각적 단기기억력보다 더 잘 발달되어 있다.

언어이해 vs
처리속도
	• 언어이해지표점수가 처리속도 점수보다 유의하게 클 경우(반대의 경우에는 반대 방향으로 해석하라)
	  – 언어이해 능력이 처리속도 능력보다 더 잘 발달되어 있다.
	  – 언어적 정보처리가 정신적 조작속도보다 더 잘 발달되어 있다.
	  – 청각–음성 정보처리가 시각 운동 협응 능력보다 더 잘 발달되어 있다.
	  – 언어적 정보처리 능력이 비언어적 자극의 정보처리 능력보다 더 잘 발달되어 있다.
	  – 언어적 장기기억이 시각적 단기기억력보다 더 잘 발달되어 있다.
	  – 결정화된 지식이 처리속도보다 더 잘 발달되어 있다.

시공간 vs
유동추론
	• 시공간지표점수가 유동추론지표점수보다 유의하게 클 경우(반대의 경우에는 반대 방향으로 해석하라)
	  – 시공간 능력이 유동추론 능력보다 더 잘 발달되어 있다.
	  – 시공간 처리 능력이 비언어적 문제해결력보다 더 잘 발달되어 있다.
	  – 시공간 처리 능력이 시지각 추론 및 조직화 능력보다 더 잘 발달되어 있다.

시공간 vs
작업기억
	• 시공간지표점수가 작업기억지표점수보다 유의하게 클 경우(반대의 경우에는 반대 방향으로 해석하라)
	  – 시공간적 기술이 작업기억보다 더 잘 발달되어 있다.
	  – 시공간 추론 능력이 시각적 단기기억력보다 더 잘 발달되어 있다.
	  – 시각적으로 제시되는 자극에 대한 해석 혹은 조직화 능력이 시각적 단기기억력보다 더 잘 발달되어 있다.

기본지표 점수의 차이	가능한 해석
시공간 vs 처리속도	• 시공간지표점수가 처리속도지표점수보다 유의하게 클 경우(반대의 경우에는 반대 방향으로 해석하라) – 시공간 추론능력이 처리속도보다 더 잘 발달되어 있다. – 시공간 추론 능력이 정신적 조작속도보다 더 잘 발달되어 있다. – 즉각적인 문제해결 능력이 시각 운동 협응 능력보다 더 잘 발달되어 있다. – 시각적으로 제시되는 자극에 대한 해석 혹은 조직화 능력이 비언어적 자극에 대한 처리속도보다 더 잘 발달되어 있다.
유동추론 vs 작업기억	• 유동추론지표점수가 작업기억지표점수보다 유의하게 클 경우(반대의 경우에는 반대 방향으로 해석하라) – 유동추론 능력이 작업기억보다 더 잘 발달되어 있다. – 시각적 자극에 대한 추론이 시각적 작업기억보다 더 잘 발달했거나 비언어적 추론이 시각적 단기기억력보다 더 잘 발달되어 있다. – 즉각적인 문제해결 능력이 부호화 전략의 사용보다 더 잘 발달되어 있다.
유동추론 vs 처리속도	• 유동추론지표점수가 처리속도지표점수보다 유의하게 클 경우(반대의 경우에는 반대 방향으로 해석하라) – 유동추론 능력이 처리속도보다 더 잘 발달되어 있다. – 지각적 추론이 처리속도보다 더 발달되어 있다. – 지각추론이 정신적 조작속도보다 더 잘 발달했거나 비언어적 추론 능력이 시각 운동 협응 능력보다 더 잘 발달되어 있다. – 비언어적 추론 능력이 처리속도보다 더 잘 발달되어 있다.
작업기억 vs 처리속도	• 작업기억지표점수가 처리속도지표점수보다 유의하게 클 경우(반대의 경우에는 반대 방향으로 해석하라) – 작업기억이 처리속도보다 더 잘 발달되어 있다. – 단기기억이 정신적 조작속도보다 더 잘 발달되어 있다. – 시연 전략을 사용하는 능력이 시각 운동 협응 능력보다 더 잘 발달되어 있다. – 시각적 단기기억력이 정신운동속도보다 더 잘 발달되어 있다.

③ 3단계: 기본지표척도 소검사의 해석

이 단계에서는 기본지표척도를 이루는 소검사에 대해서 해석하는 단계이다. 소검사에 대한 해석은 지표점수의 의미를 보다 명확하게 이해하는 데 중요하다. 하지만 K-WPPSI-IV의 해석 시 지표수준의 해석이 소검사수준의 해석보다 아동의 인지적 특성 및 강점/약점에 관한 유용한 정보를 좀 더 많이 제공해 줄 수 있다. 소검사수준에서 이루어지는 해석은 지표수준의 해석을 통해 세워진 가설을 좀 더 보완하기 위한 방식으로 이루어져야 하며, 하나의 소검사의 수행 결과만으로 아동의 인지적 능력이나 특징에 대한 단정이나 결정적 증거로 간주하지 않도록 주의해야 한다. 특히, K-WPPSI-IV에 포함되어 있는 개별 소검사의 수행은 단일한 인지적 능력만을 반영하는 것이 아님을 기억해야 한다. 개별 소검사의 수행에는 다양한 인지적 능력들이 함께 작용한다. 따라서 개별 소검사의 수행 결과에 대한 해석 시 좀 더 다양한 인지적 능력들이 어떻게 상호작용하여 최종적으로 그러한 결과가 산출되었는지에 대한 전체적 고려가 중요하다. 또한 소검사수준에서의 유의미한 차이는 아동의 전체 맥락 내에서 가능한 가설로 간주되어야 하며, 차이에 관한 해석은 명확한 이론적, 실제적 근거에 뒷받침한 것이어야 한다.

1) 기본지표 소검사의 해석

> 결과지 [기본분석 ㅣ 소검사점수 분석]을 확인하라.

K-WPPSI-IV 소검사는 평균 10, 표준편차 3의 표준점수로 제시되며, 백분위와 추정연령, 측정의 표준오차를 제공한다(〈표 4-12〉 참고).

〈표 4-12〉 예시 결과표(기본지표 소검사 점수 분석)

소검사		원점수	환산점수	백분위	추정연령	SEM
토막짜기	BD	18	7	16.0	4:1	1.3
상식	IN	24	16	98.0	7:5	1.33
행렬추리	MR	16	12	75.0	6:2	0.93
동형찾기	BS	35	11	63.0	5:6	1.85
그림기억	PM	18	13	84.0	6:6	1.02
공통성	SI	27	14	91.0	7:2	1.17
공통그림찾기	PC	15	13	84.0	6:5	0.91
선택하기	CA	32	10	50.0	5:2	1.04
위치찾기	ZL	13	14	91.0	7:1	1.44
모양맞추기	OA	32	13	84.0	7:2	1.54
어휘	VC	24	15	95.0	6:11	1.25
동물짝짓기	AC	32	12	75.0	5:11	1.82
이해	CO	22	13	84.0	6:5	1.3
수용어휘	RV	26	15	95.0	7:3	1.17
그림명명	PN	19	13	84.0	7:1	1.48
선택하기(비정렬)	CAR	16	10	50.0	5:4	1.53
선택하기(정렬)	CAS	16	9	37.0	4:11	1.37

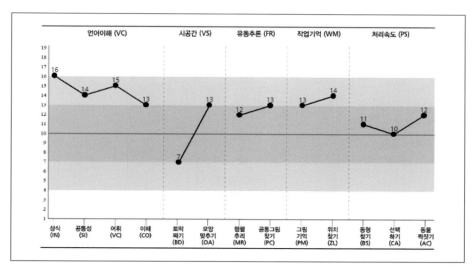

[그림 4-4] 예시 결과(기본지표 소검사 환산점수 프로파일)

지표점수와 마찬가지로 소검사도 환산점수에 따라 분류하는데, 새틀러 등
(2016)은 3범주 또는 5범주 분류를 제시하고 있다(〈표 4-13〉 참조). 보통 평가

서상에서 소검사 수행수준을 기술하는 경우 다음 분류 기준을 사용하여 구분하되, 구체적 수준에 대한 표현은 질적인 수행이나 다른 소검사들과의 상대적 비교 등을 고려하여 임상가에 따라 다양한 방식으로 표현된다.

〈표 4-13〉 소검사 환산점수의 분류

소검사 환산점수	3범주	5범주	소검사 환산점수
13~19	강점/평균상	매우 우수/매우 잘 발달	16~19
8~12	평균	평균상/잘 발달/강점	13~15
		평균	8~12
1~7	약점/평균하	평균하/빈약하게 발달/약점	5~7
		매우 낮음/매우 빈약하게 발달	1~4

각 소검사에서의 높은 점수와 낮은 점수에 대한 해석은 〈표 4-14〉에 제시된 바와 같이 하되, 각 소검사들이 기본적으로 측정하는 인지능력과 그러한 인지능력의 발달에 영향을 미치는 요인들을 함께 고려하여 해석한다.

〈표 4-14〉 기본지표 소검사에 대한 해석

과제에서 측정하는 인지능력	배경 요인	높은(낮은) 점수 해석
토막짜기		
• 시각적 처리 • 빠른 회전 • 시각화 • 시지각적 추론 • 시지각적 변별 • 시지각적 조직화 • 시각 운동 협응 • 공간 지각 • 추상적 개념화 능력	• 시간 압력하에서 작업하는 능력 • 시각적 예민성 • 유연성 및 시행착오를 통한 학습 능력 • 동기 및 끈기 • 퍼즐과 조립장난감의 사용 경험	• 우수한(저조한) 시지각적 추론 • 우수한(저조한) 시지각적 조직화 • 우수한(저조한) 시공간적 구성 능력 • 우수한(저조한) 개념화, 분석과 통합 능력 • 우수한(저조한) 속도와 정확성 • 우수한(저조한) 비언어적 추론 • 우수한(저조한) 시행착오 • 우수한(저조한) 시각적 정확성

과제에서 측정하는 인지능력	배경 요인	높은(낮은) 점수 해석
토막짜기		
• 분석 및 통합 • 정신적 처리와 시각운동 처리속도 • 비언어적 추론 • 계획 능력 • 주의력 • 집중력		• 우수한(저조한) 눈과 손의 협응 • 높은(낮은) 동기와 우수한(저조한) 인내력 • 우수한(저조한) 주의력과 집중력
상식		
• 결정화된 지식 • 일반적 언어 상식 • 사실적 지식의 범위 • 장기기억 • 수용 및 표현 언어 • 주의력	• 초기 환경의 풍부함 • 초기 교육과 일반 교육의 질 • 문화적 기회 • 흥미와 독서 패턴 • 환경에 대한 기민함 • 지적 호기심과 동기 • 청각적 예민성	• 우수한(저조한) 사실적 지식 범위 • 우수한(저조한) 문화적 지식 • 우수한(저조한) 장기기억 • 풍부한(빈약한) 환경 자극 • 환경에 대한 우수한(저조한) 기민성과 흥미 • (저조한)지적 야망 • (저조한)지적 호기심 • (저조한)지식 습득에 대한 욕구
행렬추리		
• 유동적 추론 능력 • 귀납 논리 • 시각적 처리 • 시각화 • 시지각적 유추추론 • 시지각적 변별 • 시지각적 조직화 • 공간 능력 • 주의력 • 집중력	• 시각적 예민성 • 목표지향적 활동 능력 • 시행착오 활용 능력 • 동기와 끈기 • 퍼즐과 구성놀이 경험	• 우수한(저조한) 시지각적 추론 • 우수한(저조한) 시지각적 조직화 • 우수한(저조한) 추론 능력 • 우수한(저조한) 시각적 예민성 • 높은(낮은) 동기와 우수한(저조한)인내력 • 우수한(저조한) 주의력과 집중력

과제에서 측정하는 인지능력	배경 요인	높은(낮은) 점수 해석
동형찾기		
• 처리속도 • 지각속도 • 과제수행속도 • 시지각적 변별 • 주사 능력 • 심리운동속도 • 대근육 협응 • 주의력 • 집중력	• 운동활동속도 • 동기와 인내력 • 시각적 예민성 • 시간 압력하에서 작업하는 능력	• 우수한(저조한) 처리속도 • 우수한(저조한) 시지각적 변별 능력 • 우수한(저조한) 시각적 단기기억 • 우수한(저조한) 시각적 예민성 • 높은(낮은) 동기와 우수한 인내력 • 시간 압력하에서 작업하는 능력이 우수(저조) • 우수한(저조한) 주의력과 집중력
그림기억		
• 단기기억 • 기억폭 • 작업기억 • 시각처리 • 시각화 • 시각기억 • 주의력 • 집중력	• 시각적 예민성 • 자기점검 능력 • 부호화 전략 사용 능력 • 시연 전략 사용 능력	• 우수한(저조한) 시각적 단기기억 • 그림에 대한 우수한(저조한) 재인기억 • 우수한(저조한) 세부적 기억 • 우수한(저조한) 부호화 능력 • 언어적 매개 전략의 우수한(저조한) 사용 • 우수한(저조한) 주의력과 집중력
공통성		
• 결정화된 지식 • 언어발달 • 단어지식 • 유동추론 능력 • 귀납 논리 • 언어적 개념형성 • 언어이해 • 추상적 사고 능력 • 연상적 사고 능력 • 본질적/비본질적 세부사항 변별 능력 • 장기기억 • 수용 및 표현 언어	• 조기 교육과 일반 교육의 질 • 문화적 기회 • 초기 환경의 풍부함 • 흥미와 독서 패턴 • 청각적 예민성	• 우수한(저조한) 개념적 사고 • 우수한(저조한) 언어이해 • 관계성을 알아내는 우수한(저조한) 능력 • 논리적, 추상적 사고를 사용하는 우수한(저조한) 능력 • 피상적인 관계와 근본적인 관계를 구별하는 우수한(저조한) 능력 • 사고 과정의 융통성(경직성)

과제에서 측정하는 인지능력	배경 요인	높은(낮은) 점수 해석
공통그림찾기		
• 유동적 추론 능력 • 귀납 • 결정화된 지식 • 일반적 언어지식 • 단어 지식 • 시지각적 변별 • 시지각적 추론 • 개념적 사고 • 본질적/비본질적 세부사항 변별 능력 • 비언어적 추론	• 문화적 기회 • 흥미와 독서 패턴 • 지적 호기심 • 조기 교육과 일반 교육의 질 • 시각적 예민성	• 우수한(저조한) 시지각적 추론 • 우수한(저조한) 개념적 사고 • 논리적이고 추상적인 사고를 사용하는 능력이 우수(저조) • 두 물체나 개념 간의 적절한 관계를 선택하는 능력이 우수(저조) • 우수한(저조한) 시각적 예민성
선택하기		
• 처리속도 • 지각속도 • 과제수행속도 • 시각 운동 협응과 민첩성 • 시각적 처리 • 시지각적 변별 • 정신적 활동 속도 • 주사 능력 • 검사상황인식을 유지하는 능력 • 주의력 • 집중력	• 운동활동속도 • 동기와 인내력 • 시각적 예민성 • 시간 압력하에서 작업하는 능력	• 우수한(저조한) 처리속도 • 우수한(저조한) 지각적 주사 능력 • 우수한(저조한) 지각적 재인 능력 • 우수한(저조한) 시각적 예민성 • 시간 압력하에서 작업하는 능력이 우수(저조) • 높은 동기와 우수한(저조한) 인내력 • 우수한(저조한) 검사상황인식을 유지하는 능력 • 우수한(저조한) 주의력과 집중력
위치찾기		
• 단기기억 • 작업기억 • 시각적 처리 • 시각기억 • 시공간 능력 • 위치기억	• 시각적 예민성 • 자기점검 능력 • 부호화 전략 능력 • 시연 전략 능력 • 동기와 인내	• 우수한(저조한) 단기기억 • 우수한(저조한) 작업기억 • 우수한(저조한) 시각기억 • 우수한(저조한) 시각적 예민성 • 우수한(저조한) 시공간 능력 • 우수한(저조한) 그림 재인 능력

과제에서 측정하는 인지능력	배경 요인	높은(낮은) 점수 해석
위치찾기		
• 시지각적 변별 • 주사 능력 • 주의력 • 집중력		• 우수한(저조한) 위치 기억 • 우수한(저조한) 주의력과 집중력
모양맞추기		
• 시각처리 • 폐쇄속도(closure speed) • 빠른 회전 • 시각화 • 시지각적 조직화 • 시지각적 변별 • 시각 운동 협응 • 구체적인 부분을 의미 있는 전체로 통합하는 능력 • 소근육 협응 • 비언어적 추론	• 운동활동속도 • 형태와 퍼즐에 대한 익숙함 • 동기와 인내력 • 부분–전체 관계의 경험 • 불확실한 목표를 가지고 작업하는 능력 • 시간 압력하에서 작업하는 능력 • 시행착오 학습 • 시각적 예민성	• 우수한(저조한) 시지각 조직화 • 우수한(저조한) 시각 운동 협응 • 부분을 통해 전체를 시각화하는 능력이 우수(저조) • 우수한(저조한) 시행착오 방법 • 풍부한(제한된) 퍼즐 맞추기 경험 • 높은(낮은) 동기와 우수한(저조한) 인내력 • 시간 압력하에서 작업하는 능력이 우수(저조) • 우수한(저조한) 시각적 예민성

만약 보충소검사를 추가로 실시한 경우, 보충소검사의 결과를 함께 고려하여 해석한다.

〈표 4-15〉 보충소검사에 대한 해석

과제에서 측정하는 인지능력	배경 요인	높은(낮은) 점수 해석
어휘		
• 결정화된 지식 • 언어발달 • 단어 지식 • 언어이해 • 상식의 양 • 풍부한 아이디어 • 장기기억 • 언어적 유창성 • 수용 및 표현 언어 • 개념적 사고	• 문화적 기회 • 흥미와 독서 패턴 • 초기 환경의 풍부함 • 조기 교육과 일반 교육의 질 • 지적 호기심 • 청각적 예민성	• 우수한(저조한) 언어이해력 • 우수한(저조한) 언어 기술 • 우수한(저조한) 언어발달 • 우수한(저조한) 개념화 능력 • 높은(저조한) 수준의 지적 노력 • 풍부한(제한된) 환경 자극 • 풍부한(제한된) 조기 교육과 일반 교육
이해		
• 결정화된 지식 • 일반적 언어지식 • 언어발달 • 수용 및 표현 언어 • 언어이해 • 사회적 판단력 • 상식 • 논리적 추론 • 실제적 추론과 판단을 사회적 상황에 적용하기 • 행동의 관습적인 기준에 대한 지식 • 과거 경험을 평가하는 능력 • 도덕적, 윤리적 판단력	• 문화적 기회 • 초기 교육과 정규교육의 질 • 양심이나 도덕성의 발달 • 환경에 대한 인식 • 청각적 예민성	• 우수한(저조한) 언어이해 • 우수한(저조한) 사회적 판단력 • 풍부한(저조한) 상식 • 관습적 행동의 규칙에 대한 풍부한(제한된) 지식 • 지식을 조직화하는 능력이 우수(저조) • 우수한(저조한) 언어화 능력 • 우수한(저조한) 사회적 성숙 • 넓은(제한된) 범위의 경험
동물짝짓기		
• 처리속도 • 과제수행속도 • 시각 운동 협응 • 주사 능력 • 시각적 단기기억	• 문화적 기회 • 운동활동속도 • 동기와 인내력 • 시각적 예민성 • 시간 압력하에서 작업하는 능력	• 우수한(저조한) 처리속도 • 우수한(저조한) 시각적 순차처리 능력 • 우수한(저조한) 시각적 정확성

과제에서 측정하는 인지능력	배경 요인	높은(낮은) 점수 해석
동물짝짓기		
• 시지각적 상징 연합 기술 • 시각처리 • 시지각적 변별 • 검사상황인식을 유지하는 능력 • 주의력 • 집중력		• 새로운 자료를 연합하는 것을 배우고, 빠르고 정확하게 이를 재생산하는 능력이 우수(저조) • 우수한(저조한) 주사 능력 • 높은(낮은) 동기와 우수한 인내력 • 시간 압력하에서 작업하는 능력이 우수(저조) • 우수한(저조한) 주의력과 집중력

[추가설명] 추정연령

해당 소검사의 수행에 대한 아동의 대략적 발달수준을 나타내는 것으로, 해당 소검사의 원점수가 전형적으로 나타나는 평균연령을 의미한다. 그러나 추정연령은 동일 연령대의 다른 아동들과의 상대적 비교에 관한 정보를 제공해 주지 않기 때문에 사용이 권장되거나 흔히 사용되지 않는다.

2) 기본지표 소검사에서의 강점과 약점

결과지 [기본분석 III 소검사수준 강점/약점] 부분을 확인하라.

이 단계에서는 소검사수준에서 강점과 약점을 분석하게 된다. 지표수준 강점/약점 분석에서와 마찬가지로, 소검사 비교를 위한 기준을 선택해야 한다. 비교 기준은 기본지표척도를 산출하는 데 포함되는 소검사들(2:6∼3:11세용의 경우 6개 소검사, 4:0∼7:7세용의 경우 10개 소검사)의 환산점수 평균을 사용하는 경우(Mean Scaled Score for the primary Index subtests: MSS-I), 전체 IQ를 산출하는 데 포함되는 소검사들(2:6~3:11세용의 경우 5개 소검사, 4:0~7:7세용의 경우 6개 소검사) 환산점수 평균을 사용하는 경우(Mean Scaled Score of the FSIQ subtests: MSS-F)의 2개 기준이 선택 가능하다. 지표수준 강점/약점 분석에서 설명했던 것과 같은 이유로 좀 더 많은 수의 소검사가 포함되는 MSS-I의 사용이 일반적으로 추천된다.

지표수준 강점/약점 분석에서와 마찬가지로, 각 소검사 환산점수에서 비교점수(MSS-I 혹은 MSS-F)를 뺀 차이 값의 절댓값이 임계값보다 크거나 같을 경우 통계적으로 유의미한 차이가 있는 것으로 본다. 차이값이 양수이면 강점(결과지 상에 S로 표시), 음수이면 약점(결과지 상에 W로 표시)으로 판단한다. 기저율을 함께 고려하여 점수 차이가 해당 규준집단에서 얼마나 드물게 발생하는지를 함께 해석한다.

지표점수 간 차이비교에서와 마찬가지로, 소검사수준에서의 강점과 약점에 대한 기술에서도 개인 간 측면과 개인 내 측면이 모두 고려되어야 한다.

〈표 4-16〉 예시 결과(기본지표 소검사수준 강점/약점)

소검사		환산점수	비교점수[1]	점수차	임계값[2]	강점(S)/약점(W)	기저율[3]
상식	IN	16	12.3	3.7	3.52	S	5-10%
공통성	SI	14	12.3	1.7	3.14	-	10-25%
토막짜기	BD	7	12.3	-5.3	3.45	W	2%
모양맞추기	OA	13	12.3	0.7	4.02	-	>25%
행렬추리	MR	12	12.3	-0.3	2.59	-	>25%
공통그림찾기	PC	13	12.3	0.7	2.55	-	>25%
그림기억	PM	13	12.3	0.7	2.8	-	>25%
위치찾기	ZL	14	12.3	1.7	3.78	-	>25%
동형찾기	BS	11	12.3	-1.3	4.77	-	>25%
선택하기	CA	10	12.3	-2.3	2.84	-	10-25%

[1] 비교점수는 기본지표 소검사의 평균(MSS-I)을 사용하여 산출하였다.
[2] 임계값의 유의수준은 .05이다.
[3] 기저율의 준거집단은 능력수준이다.

[작성예시]

<표 4-16>의 예시를 보면, 상식 소검사가 강점(S)에 해당하고, 토막짜기 소검사가 약점 (W)에 해당한다.

상식 소검사의 환산점수 16과 비교점수 12.3과의 점수 차이의 절댓값인 3.7이 임계값 3.52보다 크고, 점수의 차이값이 양수이기 때문에 소검사수준에서 개인 내 강점에 해당한 다. 또한 기저율이 5~10%로 이러한 점수 차이는 드문 경우라고 볼 수 있다.

토막짜기 소검사의 환산점수 7과 비교점수 12.3과의 점수 차이의 절댓값인 5.3이 임계값 3.45보다 크고, 점수의 차이값이 음수이기 때문에 소검사수준에서 개인 내 약점에 해당한 다. 또한 기저율이 2%로 이러한 점수 차이는 매우 드문 경우라고 볼 수 있다.

3) 기본지표 소검사 간 차이비교

결과지 [기본분석 III 소검사수준 차이비교] 부분을 확인하라.

K-WPPSI-IV의 결과지에서는 소검사 차이비교에 관한 정보가 제공된다. 2:6~3:11세용의 경우, [수용어휘-상식], [토막짜기-모양맞추기], [그림기억- 위치찾기]의 3개 쌍과 4:0~7:7세용의 경우, [상식-공통성], [토막짜기-모양맞 추기]. [행렬추리-공통그림찾기], [그림기억-위치찾기], [동형찾기-선택하기] 의 5개 쌍의 차이비교가 가능하다.

〈표 4-17〉 예시 결과(기본지표 소검사수준 차이 비교)

점수1			점수2			점수차	임계값[1]	유의성 Y/N	기저율[2]
상식	IN	16	공통성	SI	14	2	3.27	N	36.0
토막짜기	BD	7	모양맞추기	OA	13	-6	4.36	Y	5.4
행렬추리	MR	12	공통그림찾기	PC	13	-1	2.83	N	42.3
그림기억	PM	13	위치찾기	ZL	14	-1	3.43	N	49.4
동형찾기	BS	11	선택하기	CA	10	1	3.99	N	42.9

1) 임계값의 유의수준은 .05이다.
2) 기저율의 준거집단은 능력수준이다.

[작성예시]

<표 4-17>의 예시를 보면, [토막짜기-모양맞추기] 소검사 간에 유의미한 차이(Y로 표시)가 있는 것으로 나타났다. 토막짜기 소검사의 환산점수 7과 모양맞추기 소검사의 환산점수 13 간의 점수 차이의 절댓값이 6이고 임계값 4.36보다 크므로 두 소검사 간의 점수 차이는 통계적으로 유의미하다. 또한 기저율은 5.4%이므로 두 소검사 점수 간의 차이는 드물게 나타나는 것이라고 볼 수 있다.

    간혹 결과지에서 제공되지 않는 두 소검사 간에 비교가 필요한 경우가 있을 수 있다. 이 경우 두 소검사 간의 점수 차이에 관한 통계적 유의성에 관한 해석은 가능하지 않다. 검사자의 전문적 경험과 다른 관련 연구자료들을 통해 그러한 차이가 해당 아동의 인지적 특성에 관해 유의미한 정보인가를 종합적으로 판단해야 한다.

    다음은 새틀러 등(2016)에서 두 소검사 간 유의미한 차이가 있을 때 가능한 해석으로 제안한 내용이다. 두 소검사 간의 차이에 관한 해석은 양방향으로 가능하다.

〈표 4-18〉 두 소검사 간 유의미한 차이에 대한 해석

수용어휘-상식

아동의 수용 언어 능력과 보유하고 있는 상식의 양을 비교한다.
수용어휘 소검사의 환산점수가 상식 소검사의 환산점수보다 유의미하게 높다면, 아동은 습득된 단어 지식 수준, 언어적 이해력, 언어를 구사하는 능력이 학습을 통해 습득된 지식보다 더 잘 발달되어 있는 것으로 해석할 수 있다.

상식-공통성

아동이 보유하고 있는 상식의 양과 개념적 사고 능력을 비교한다.
상식 소검사의 환산점수가 공통성 소검사의 환산점수보다 유의미하게 높다면, 아동이 학습한 상식의 양과 그러한 상식을 장기기억에서 인출해 내는 능력이 추상적인 추론을 통해 두 단어 간의 유사성을 개념적으로 범주화하는 능력보다 잘 발달되어 있는 것으로 해석할 수 있다.

토막짜기-모양맞추기

두 소검사 모두 시각적 정보처리 능력을 요구하는 소검사로, 공간 자극에 대한 시각화 능력과 시각적 조직화 능력을 각각 측정한다.

토막짜기 소검사의 환산점수가 모양맞추기 소검사의 환산점수보다 유의미하게 높다면, 아동은 비언어적인 시각적 자극에 대한 정보처리와 개념형성 능력, 시각적 자극에서 전경과 배경을 구분하는 능력, 시각 운동 협응 능력이 시각적 자극의 부분과 전체의 관계를 파악하고 조직화하며 시행착오를 통해 학습하는 능력보다 더 잘 발달되어 있는 것으로 해석할 수 있다.

행렬추리-공통그림찾기

두 소검사 모두 시각적 추론 능력을 요구하는 소검사로, 아동의 시지각 추론 능력과 시지각 재인 과정을 통한 범주적 추론 능력을 각각 측정한다.

행렬추리 소검사의 환산점수가 공통그림찾기 소검사의 환산점수보다 유의미하게 높다면, 아동은 시지각적 자극에 대한 추론 능력이 시지각 재인 및 범주화 능력보다 더 잘 발달되어 있는 것으로 해석할 수 있다.

그림기억-위치찾기

아동의 시각적 작업기억과 시공간적 작업기억을 비교한다.

그림기억 소검사의 환산점수가 위치찾기 소검사의 환산점수보다 유의미하게 높다면, 아동은 시각적 작업기억이 시공간적 작업기억보다 더 잘 발달되어 있는 것으로 해석할 수 있다. 위치찾기 소검사의 환산점수가 그림기억 소검사의 환산점수보다 유의미하게 높다면, 아동은 공간적 단서가 추가될 때 좀 더 쉽게 정보에 주의를 기울일 수 있음을 나타낸다.

동형찾기-선택하기

두 소검사 모두 시각적 자극을 빠르게 훑어볼 수 있는 주사 능력과 시각적 정보를 빨리 처리하는 능력을 요구하는 소검사로, 친숙한 벌레 그림이 사용된 시각적 자극에 대한 재인 능력과 특정 범주 내의 구체적인 사물을 확인하고 변별하는 능력을 각각 측정한다.

동형찾기 소검사의 환산점수가 선택하기 소검사의 환산점수보다 유의미하게 높다면, 친숙한 벌레 그림이 포함된 시각적 자극에 대한 재인능력이 익숙한 사물에 대한 시각적 변별 능력보다 더 잘 발달되어 있는 것으로 해석할 수 있다.

4 4단계: 추가지표척도의 해석

많은 경우, 기본지표척도에 대한 해석으로 아동의 인지적 특성에 대한 파악과 의뢰사유에 대한 적절한 답을 찾을 수 있다. 따라서 모든 사례에서 추가지표척도에 대한 분석을 반드시 해야 하는 것은 아니다. 추가지표의 점수 산출과 해석은 아동의 인지적 능력에 대해 추가적인 정보를 얻고자 할 때 이루어진다. 추가지표점수의 산출을 위해서는 필요한 소검사들이 모두 시행되어야만 가능하다. 따라서 모든 아동에게 추가지표점수를 산출하기 위한 소검사 전체를 시행하기보다는 주호소문제와 의뢰사유 등을 참고하여 필요한 경우 소검사를 시행하고, 추가지표척도에 대한 해석을 진행하면 된다.

수용어휘와 그림명명 소검사의 합산 환산점수를 통해 산출되는 어휘습득지표의 점수는 언어발달에 문제가 있는 아동에 대한 추가적인 정보를 제공해 줄 수 있다. 만약 어휘습득지표의 점수가 낮다면, 빈약한 어휘발달의 문제가 읽기 문제 같은 추가적인 어려움을 초래할 수 있으므로 이를 확인하기 위한 추가적 평가가 필요할 수도 있다.

비언어지표는 2:6~3:11세용의 경우, 토막짜기, 모양맞추기, 그림기억, 위치찾기의 4개 소검사의 환산점수의 합산을 통해 산출된다. 4:0~7:7세용의 경우에는 토막짜기, 행렬추리, 공통그림찾기, 그림기억, 동형찾기의 5개 소검사의 환산점수의 합산을 통해 산출된다. 비언어지표 산출에 사용되는 소검사들은 공통적으로 언어적 표현을 요구하지 않기 때문에 언어 문제가 있는 아동의 전반적인 인지적 능력에 대한 추정치로 사용된다.

일반능력지표는 2:6~3:11세용의 경우, 수용어휘, 상식, 토막짜기, 모양맞추기의 4개 소검사의 환산점수의 합에 의해 산출된다. 4:0~7:7세용의 경우, 상식, 공통성, 토막짜기, 행렬추리의 4개 소검사의 환산점수의 합에 의해 산출된다. 일반능력지표는 작업기억과 처리속도의 영향을 상대적으로 덜 받는 인지적 능력에 대한 전반적 추정치를 제공한다.

인지효율성지표는 4:0~7:7세용의 경우에만 산출된다. 그림기억, 위치찾기,

동형찾기, 선택하기 4개 소검사의 환산점수의 합에 의해 산출되며, 정보처리의 효율성에 관한 정보를 제공한다.

1) 두 연령군에서의 추가지표척도 구성

두 연령군에서 산출되는 추가지표척도는 〈표 4-19〉, 〈표 4-20〉과 같다. 2:6~3:11세용에서는 어휘습득, 비언어, 일반능력의 추가지표점수가 산출된다. 4:0~7:7세용에서는 어휘습득, 비언어, 일반능력에 더하여 인지효율성 추가지표점수가 산출된다.

〈표 4-19〉 K-WPPSI-IV의 2:6~3:11세용에서의 추가지표척도 구성

어휘습득	비언어	일반능력
수용어휘 그림명명	토막짜기 모양맞추기 그림기억 위치찾기	수용어휘 (그림명명) 상식 토막짜기 모양맞추기

〈표 4-20〉 K-WPPSI-IV의 4:0~7:7세용에서의 추가지표척도 구성

어휘습득	비언어	일반능력	인지효율성
수용어휘 그림명명	토막짜기 (모양맞추기) 행렬추리 공통그림찾기 그림기억 (위치찾기) 동형찾기 (선택하기) (동물짝짓기)	상식 공통성 (어휘) (이해) 토막짜기 (모양맞추기) 행렬추리 (공통그림찾기)	그림기억 위치찾기 동형찾기 선택하기 (동물짝짓기)

2) 추가지표척도의 해석

> 결과지 [추가분석 | 추가지표점수 분석] 부분을 확인하라.

이 단계에서는 추가지표점수를 확인하고, 앞서 전체 IQ와 기본지표점수를
해석했던 방식과 동일하게 백분위, 신뢰구간, 진단분류를 기술하고 해석한다.

〈표 4-21〉 예시 결과(추가지표점수 분석)

척도		환산점수 합	지표점수	백분위	신뢰구간[1] 90%(95%)	분류범주	SEM
어휘습득	VAI	28	125	95.0	118 - 132 (116 -134)	우수	5.3
비언어	NVI	56	108	70.0	100 - 116 (99 - 117)	평균	3.76
일반능력	GAI	49	115	84.0	108 - 122 (106 -124)	평균 이상	4.22
인지효율성	CPI	48	114	82.0	100 - 128 (98 - 130)	평균 이상	8.11

[1] 신뢰구간은 추정값의 표준오차를 사용하여 산출하였다.

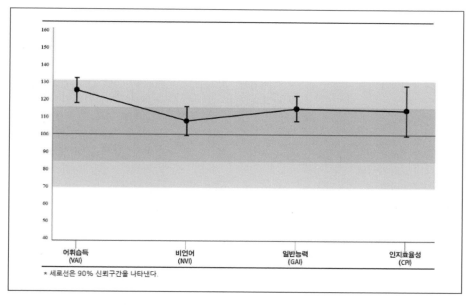

[그림 4-5] 예시 결과(추가지표점수 프로파일)

[작성예시]

<표 4-21>, [그림 4-5]의 예시의 경우, 해당 아동의 어휘습득지표는 125로 [우수] 수준
에 해당한다(백분위=95, 95% 신뢰구간 116~134). 비언어지표는 108로 [평균] 수준에
해당한다(백분위=70, 95% 신뢰구간 99~117). 일반능력지표는 115로 [평균상] 수준에
해당한다(백분위=84, 95% 신뢰구간 106~124). 인지효율성지표는 114로 [평균상] 수
준에 해당한다(백분위=82, 95% 신뢰구간 98~130).

각 추가지표척도에 대한 해석은 <표 4-22>에 제시된 바와 같이 하되, 각 척
도들이 기본적으로 측정하는 인지능력과 그러한 인지능력의 발달에 영향을 미
치는 요인들을 함께 고려하여 해석한다.

〈표 4-22〉 추가지표척도의 해석

과제에서 측정하는 인지능력	배경 요인	높은(낮은) 점수 해석
어휘습득		
• 결정화된 지식 • 일반적 언어 정보 • 언어발달 • 단어지식 • 장기 저장과 인출 • 단어지식 • 언어이해 • 정보의 양 • 장기기억 • 의미 있는 자극의 지각 • 시각적 기억 • 수용 및 표현 언어	• 문화적 기회 • 흥미와 독서 패턴 • 초기 환경의 풍부함 • 초기 교육과 일반 교육의 질 • 지적 호기심 • 시각적 예민성	• 우수한(저조한) 단어지식 • 우수한(저조한) 언어이해 • 우수한(저조한) 언어 기술과 언어발달 • 풍부한(제한된) 환경 자극 • 풍부한(제한된) 초기 교육과 일반 교육 • 우수한(저조한) 개념화 능력 • 우수한(저조한) 지적 노력
비언어		
• 유동추론 능력 • 귀납 • 일반적 순차추론 • 양적추론	• 시각적 예민성 • 자기점검 능력 • 부호화 전략 사용 능력 • 시연 전략 사용 능력	• 우수한(저조한) 비언어적 추론 능력 • 우수한(저조한) 시공간적 추론

과제에서 측정하는 인지능력	배경 요인	높은(낮은) 점수 해석
비언어		
• 처리속도 • 과제수행속도 • 단기기억 • 기억폭 • 작업기억 • 시각적 처리 • 폐쇄속도 • 신속한 회전 • 주사능력 • 주의력 • 집중력	• 목표를 향해 작업하는 능력 • 시행착오 사용 능력 • 시간 압력하에서 작업하는 능력	• 우수한(저조한) 개념화, 분석과 통합 능력 • 우수한(저조한) 시공간적 구성 능력 • 우수한(저조한) 귀납 논리 • 우수한(저조한) 연역 논리 • 우수한(저조한) 자기점검 능력 • 시간 압력하에서 작업하는 능력이 우수(저조) • 우수한(저조한) 주의력과 주의력
일반능력		
• 결정화된 지식 • 언어발달 • 단어지식 • 유동추론 능력 • 일반적 순차추론 • 양적추론 • 시각적 처리 • 빠른 회전 • 시각화 • 시각적 개념형성 • 비언어적 추론 • 주의력 • 집중력	• 조기 교육과 일반 교육의 질 • 문화적 기회 • 흥미와 독서 패턴 • 목표를 향해 작업하는 능력 • 시간 압력하에서 작업하는 능력 • 시각적 예민성 • 시행착오 학습 • 동기와 인내력	• 우수한(저조한) 단어지식 • 우수한(저조한) 언어이해 • 우수한(저조한) 개념적 사고 • 우수한(저조한) 시각적 예민성 • 우수한(저조한) 시지각적 추론 • 우수한(저조한) 개념화, 분석과 통합 능력 • 우수한(저조한) 속도와 정확성 • 우수한(저조한) 비언어적 추론 • 높은(낮은) 동기와 우수한 인내력 • 우수한(저조한) 주의력과 집중력

과제에서 측정하는 인지능력	배경 요인	높은(낮은) 점수 해석
인지효율성		
• 단기기억 • 기억폭 • 작업기억 • 처리속도 • 지각적 속도 • 과제수행속도 • 시각적 처리 • 시각화 • 시각적 기억 • 시지각적 변별 • 정신적 처리속도 • 주사 능력 • 주의력 • 집중력	• 청각적 예민성 • 시각적 예민성 • 자기점검 능력 • 부호화 전략 사용 능력 • 시연 전략 사용 능력 • 동기와 인내력 • 시간 압력하에서 작업하는 능력 • 운동활동속도	• 우수한(저조한) 청각적 순차 처리 • 우수한(저조한) 청각적 단기기억 • 우수한(저조한) 시각적 단기기억 • 우수한(저조한) 시각적 예민성 • 우수한(저조한) 처리속도 • 우수한(저조한) 시지각적 변별 • 우수한(저조한) 자기점검 능력 • 시간 압력하에서 작업하는 능력이 우수(저조) • 우수한(저조한) 주의력과 집중력

3) 추가지표 간 차이비교

> 결과지 [추가분석 II 지표수준 차이비교] 부분을 확인하라.

2:6~3:11세용에서는 [일반능력지표-전체 IQ] 간의 차이 비교가 제공된다. 4:0~7:7세용에서는 [일반능력지표-전체 IQ] 간의 차이비교 그리고 [일반능력지표-인지효율성지표] 간의 차이비교가 제공된다.

〈표 4-23〉 예시 결과(추가지표수준 차이비교)

점수1		점수2		점수차	임계값[1]	유의성 Y/N	기저율[2]
일반능력 GAI	115	─ 전체IQ FSIQ	115	= 0	8.32	N	-
일반능력 GAI	115	─ 인지효율성 CPI	114	= 1	17.92	N	71.0

[1] 임계값의 유의수준은 .05이다.
[2] 기저율의 준거집단은 능력수준이다.

[작성예시]

<표 4-23>의 예시를 보면, [일반능력지표-전체 IQ], [일반능력지표-인지효율성지표] 간에 유의한 차이가 없는 것으로 나타났다.

〈표 4-24〉 추가지표 간 차이비교에 대한 해석

추가지표 차이	가능한 해석
일반능력 VS 전체 IQ	• 일반능력지표가 전체 IQ보다 유의하게 높을 경우(반대의 경우에는 반대 방향으로 해석하라)의 가능한 해석 - 아동의 작업기억과 처리속도의 영향이 전체 수행에 큰 영향을 미친 것일 수 있다. - 단순히 아동의 작업기억과 처리속도가 상대적 약점일 수 있다. 하지만 이러한 차이가 아동의 학습장애, 주의력결핍과잉행동장애, 자폐스펙트럼장애와 같은 신경발달장애로 인한 것인지에 관한 추가적 확인이 필요하다.
일반능력 VS 인지효율성	• 일반능력지표가 인지효율성지표보다 유의하게 높을 경우(반대의 경우에는 반대 방향으로 해석하라)의 가능한 해석 - 습득된 지식과 문제해결 기술이 지속적인 주의와 정신운동속도보다 더 잘 발달되어 있다. - 언어적 이해력과 지각적 추론 기술이 작업기억과 처리속도 기술보다 더 잘 발달되어 있다. - 장기 언어 기억과 시공간처리가 단기 시공간 기억과 시각 운동 협응보다 더 잘 발달되어 있다.

5 5단계: 추가지표척도 소검사의 해석

1) 추가지표척도 소검사의 해석

> 결과지 [추가분석 | 소검사점수 분석] 부분을 확인하라.

　　앞서 설명했던 기본지표 소검사 점수의 해석과 동일한 방식으로 해석하고, 각 소검사가 측정하는 인지적 능력 및 해석은 〈표 4-26〉을 참고한다.

〈표 4-25〉 예시 결과표(추가지표 소검사 점수 분석)

소검사		원점수	환산점수	백분위	추정연령	SEM
수용어휘	RV	26	15	95.0	7:3	1.17
그림명명	PN	19	13	84.0	7:1	1.48
선택하기 비정렬	CAR	16	10	50.0	5:4	1.53
선택하기 정렬	CAS	16	9	37.0	4:11	1.37

〈표 4-26〉 추가지표 소검사에 대한 해석

과제에서 측정하는 인지능력	배경 요인	높은(낮은) 점수 해석
수용어휘		
• 결정화된 지식 • 언어발달 • 단어지식 • 장기 저장과 인출 • 언어이해 • 상식의 양 • 의미 있는 시각적 자극의 지각 • 시각기억 • 시각처리 • 수용 및 표현 언어	• 문화적 기회 • 흥미와 독서 패턴 • 초기 환경의 풍부함 • 초기 교육과 일반 교육의 질 • 지적 호기심 • 시각적 예민성	• 우수한(저조한) 단어지식 • 우수한(저조한) 언어이해 • 우수한(저조한) 언어 기술과 언어발달 • 풍부한(제한된) 환경 자극 • 우수한(제한된) 초기 교육과 일반 교육 • 우수한(저조한) 시각적 기억력

과제에서 측정하는 인지능력	배경 요인	높은(낮은) 점수 해석
	그림명명	
• 결정화된 지식 • 일반적 언어 상식 • 언어발달 • 단어지식 • 장기 저장과 인출 • 언어이해 • 장기기억 • 시각기억 • 시각처리	• 문화적 기회 • 흥미와 독서 패턴 • 지적 호기심 • 초기 환경의 풍부함 • 초기 교육과 일반 교육의 질 • 시각적 예민성	• 우수한(저조한) 단어지식 • 우수한(저조한) 언어이해 • 우수한(저조한) 언어 기술과 언어발달 • 풍부한(제한된) 환경 자극 • 풍부한(제한된) 초기 교육과 일반 교육 • 우수한(저조한) 좋은 개념화 능력 • 우수한(저조한) 장기기억

2) 소검사/처리점수 수준 차이비교

결과지 [추가분석 II 소검사/처리점수 수준 차이비교] 부분을 확인하라.

〈표 4-27〉예시 결과(소검사/처리점수 수준 차이비교)

점수1			점수2			점수차	임계값[1]	유의성 Y/N	기저율[2]
수용어휘	RV	15	— 그림명명	PN	13	= 2	3.34	N	31.2
선택하기(비정렬)	CAR	10	— 선택하기(정렬)	CAS	9	= 1	4.14	N	40.6

[1] 임계값의 유의수준은 .05이다.
[2] 기저율의 준거집단은 능력수준이다.

[작성예시]

<표 4-27>의 예시를 보면, [수용어휘-그림명명], [선택하기(비정렬)]-선택하기(정렬)] 소검사 간의 점수 차이가 유의하지 않은 것으로 나타났다.

소검사/처리점수에서의 차이비교에서 유의미한 차이가 있을 경우, 다음 내용을 참고하여 해석한다.

〈표 4-28〉 소검사/처리점수 차이 해석

수용어휘-그림명명

수용어휘와 그림명명 소검사는 어휘습득 추가지표에 포함되는 소검사들로, 두 소검사 모두 아동의 언어발달을 측정한다. 수용어휘는 단순한 수용언어 능력을 측정하고, 그림명명 소검사는 한 단어 수준의 표현언어 능력을 측정한다.

수용어휘 소검사의 환산점수가 그림명명 소검사의 환산점수보다 유의미하게 높다면, 아동은 좀 더 단순한 수용언어 능력이 한 단어 수준의 표현언어 능력보다 좀 더 잘 발달되어 있는 것으로 해석할 수 있다. 혹은 아동이 단어 인출에서 어려움이 있을 가능성을 확인해 본다.

그림명명 소검사의 환산점수가 수용어휘 소검사의 환산점수보다 유의미하게 높은 경우에는 위에서 제시한 해석의 반대 방향으로 해석 가능하다. 단, 수용어휘 소검사에 포함된 일부 자극은 그림명명 소검사에 사용된 자극보다 시각적으로 좀 더 복잡한 경우가 많기 때문에 시각적 정확성이나 주의력에 문제가 없는지를 먼저 확인할 필요가 있다. 또한 수용어휘 소검사는 선다형의 응답방식 때문에 충동적인 아동의 수행에 부정적 영향을 미칠 수 있으므로, 아동의 수검 행동을 고려할 필요가 있다.

선택하기 정렬-비정렬 간 차이비교

선택하기 정렬 조건과 비정렬 조건은 좀 더 구조화된 과제(정렬 조건)와 덜 구조화된 과제(비정렬) 간의 아동의 수행을 비교할 수 있게 해 주고 연습효과나 피로효과의 영향을 확인할 수 있다.

선택하기 정렬 조건은 선택하기 비정렬 조건 다음에 시행되므로, 선택하기 정렬 조건의 환산점수가 비정렬 조건의 환산점수에 비해 유의미하게 낮다면, 아동은 연습을 통해 수행의 도움을 받지 못하거나 앞선 수행에 따른 피로의 영향을 받았을 수 있다.

6 질적 분석

아동에 대한 지능평가 과정에서 검사자는 아동의 언어적, 비언어적 행동을 계속해서 관찰하고, 추후 보고서 작성 시 참고하기 위해 적절하게 기록해 두는 것이 꼭 필요하다. K-WPPSI-IV는 아동의 인지적 특성을 평가하기 위한 도구인 동시에 평가 상황과 평가 도구는 아동에게 표준화된 자극이 된다. 따라서 아동이 검사를 수행하는 동안 보이는 반응은 아동의 심리적 특성을 이해할 수 있는 의미 있는 자료가 되고, 아동의 인지적 특성에 관한 추가적인 정보를 제공해 주거나 지능검사의 양적 결과에 대한 해석을 보완해 주거나 구체화해 줄수 있다. 평가 상황에서 아동이 나타낼 수 있는 언어적, 비언어적 반응은 매우 다양하므로 모든 행동에 대한 예시와 해석을 여기서 제시하는 것은 불가능하다. 다음은 평가 상황에서 자주 나타나는 행동과 그에 대한 가능한 해석을 제시하였다.

1) 무반응

아동에게 수행에 대한 지시를 하거나 질문을 했을 때, 아무런 반응을 보이지 않는 경우가 있을 수 있다. 이런 경우 청각 및 언어와 관련된 문제가 있는지를 확인해 봐야 한다. 특히 나이가 어린 아동의 경우, 언어적 지시를 정확하게 이해하지 못해 적절하게 대답하지 못하거나 지시와 관련 없는 답을 하는 경우가 빈번하다. 따라서 지침서의 시행규칙을 크게 벗어나지 않는 선에서 설명을 반복하거나 좀 더 쉽게 설명을 하는 등 유연하게 대처할 필요가 있다. 만약 평가 상황과 낯선 검사자에 대한 심한 불안이 있거나 혹은 적절한 라포가 형성되지 않아 거부적인 경우라면, 평가를 계속 진행하기보다는 아동의 불안을 감소시키거나 적절한 설명 등을 통해 아동의 협조를 이끌어 내야 한다. 지능검사는 최대수행 검사이다. 아동이 자신의 지적 능력을 최대한 발휘할 수 있는 환경에서 검사를 수행해야 아동의 지적 능력에 대한 타당한 결과를 얻을 수 있다. 무반응이나 "모르겠다."와 같은 반응이 지나치게 많으면 아동의 평가 결과를 타당하게 해석하기 어려우므로, 아동의 무반응에 대한 의미를 파악한 후 적절한 방식으로 해결하는 것이 필요하다. 만약 아동의 무반응이 검사 전반에서 나타나는 행동이 아니라 특정 문제나 과제 양식에 따라 다르게 나타나는 경우라면,

이는 해당 영역에서의 문제와 관련이 있을 수 있다.

2) "모르겠어요." 반응

아동의 "모르겠어요."라는 반응은 아동이 정말로 정답을 모르거나 자신이 해결할 수 없음을 알고 자신의 의사를 표현하는 경우와 정답에 대한 확신이 없거나 틀릴까 봐 걱정해서 주저하는 경우를 구분하는 것이 중요하다. 후자의 경우에 아동의 "모르겠어요." 반응을 무응답으로 간주해서 넘어가게 되면, 아동의 실제 지적 능력을 과소평가하게 될 위험이 있다. 만약 아동이 자신이 없어서 모르겠다고 하는 경우라고 판단된다면 충분한 격려를 통해 표현할 수 있도록 해야 하고, 자신없는 태도가 평가결과에 영향을 미치는지도 고려해야 한다. 그이외에도 "모르겠어요."라는 반응은 낮은 동기, 낮은 좌절 인내력, 인출과 관련된 어려움 등과도 관련이 있을 수 있다.

3) 자발적 자기교정

아동이 정답을 말해 놓고 혹은 수행을 마친 이후에 다시 자신의 반응과 수행을 교정하는 경우, 교정을 통해 수행이 향상된다면 성숙한 자기감찰 능력을 나타내는 것일 수 있다. 하지만 이러한 자기교정이 지나치게 빈번하게 일어난다면, 결과적으로 수행이 향상되었더라도 충동적인 면을 시사하는 것일 수 있다. 또한 하나의 소검사에서 다른 소검사로 넘어간 이후에 이전에 했던 소검사의 수행을 다시 하겠다고 하는 경우, 수행에 대한 불안이 있거나 과제 간 주의전환이 잘되지 않고 집착하는 문제와 관련이 있을 수 있다.

4) 문항 반복 요청

아동이 언어적 지시나 문항을 듣지 못했다고 다시 불러 달라고 요청하는 경우, 이런 행동이 빈번하게 나타나는 경우가 아니라면 일시적인 부주의의 문제이거나 열심히 참여하려는 태도일 수 있다. 하지만 이런 요청이 자주 나타나거나 혹은 지시문의 내용을 다른 말로 듣는 경우가 잦다면, 청각적 정보처리 및 주의력의 문제일 수 있다.

5) 일반적인 반응 경향에서 벗어나는 경우

지능검사는 각 소검사 내에서 쉬운 난이도의 문항부터 시작해서 점차로 어려워지는 문항으로 구성되어 있고, 이를 고려해서 소검사별로 중단점 기준이 정해져 있다. 대부분의 경우 쉬운 문항들에서 연속해서 계속 정답을 맞추다가 문항이 어려워지면 오답을 하다가 결국에는 연속 오답으로 인해 중단규칙에 도달하게 된다. 그런데 어떤 아동이 쉬운 문항에서도 오답이 잦고 그에 더해 수행속도까지 지나치게 빠르다면, 이는 부주의나 충동성을 시사하는 것일 수 있다. 또한 어린 연령의 아동의 경우 연령에서 기대되는 정도나 실제 보고된 적응 수준을 고려하더라도 초반의 쉬운 문항에서 연속으로 실패해서 중단되는 경우가 있을 수 있다. 이렇게 되면 획득한 원점수가 0점에 가까운 경우가 발생한다. 이런 경우에는 아동이 낯선 평가 환경에 적응하지 못해서 일시적으로 수행이 저하된 것인지 혹은 지시문을 적절히 이해하지 못한 것은 아닌지 면밀하게 살펴볼 필요가 있다. 그렇다고 판단된다면 해당 소검사를 검사의 뒷부분에 가서 다시 한번 더 시도해 볼 수 있으며, 재시도에서 아동이 적절하게 수행했다면 재시도에서 획득한 점수를 사용하는 것이 더 적절하다.

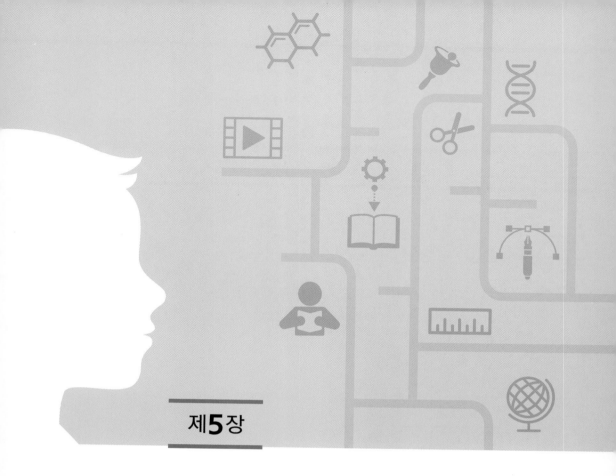

제**5**장	K-WPPSI-IV 보고서 작성

이번 장에서는 심리평가 보고서 작성의 개관을 안내하고, 다음으로 보고서의 각 영역을 설명하며, 마지막으로 보고서 작성 원칙에 대해 제안하고자 한다.

심리평가 보고서는 심리검사에서 얻은 정보를 기반으로 하여 면담 정보(아동, 보호자, 교사 등), 행동관찰 등의 정보를 종합하고 통합하여야 한다. 보고서는 배경 정보, 임상적 인상(해당되는 경우에만) 및 구체적인 치료적 제언을 명확하고 간결하게 전달해야 하며, 아동과 가족의 장래에 영향을 줄 수 있기에 표현과 내용에 섬세한 주의가 필요하다. 보고서는 과거, 현재, 미래의 요소를 가지고 있는데, 과거 요소에는 학업, 건강, 사회 및 가족력이 포함되고, 현재 요소에는 검사 결과, 행동관찰, 임상적 인상이 포함되며, 미래 요소에는 권장되는 개입과 예후가 포함된다.

좋은 보고서는 잘 조직화되고, 객관적이며, 편파적이지 않고, 수집한 모든 평가 정보를 기반으로 작성된 것이다. 또한 단순히 사실을 제시하는 것이 아니라, 학교상담사나 학교사회복지사, 교사, 부모 및 기타 전문가에게 유용할 수 있을 정도의 정보를 제공해야 한다.

〈표 5-1〉 심리평가 보고서의 목적

- 아동의 인지적 특성 또는 장단점을 정확하게 이해할 수 있다.
- 아동의 어려움에 대한 임상적 가설과 적절한 개입 및 프로그램을 제언하기 위해 사용될 수 있다.
- 시간 경과에 따른 아동의 변화 또는 개입에 따른 아동의 변화의 정보를 제공한다.
- 법적으로 아동의 지적 능력을 확인하기 위해 사용될 수 있다.
- 아동 연구를 위해 사용될 수 있다.

심리평가 보고서 작성의 개관

심리평가 보고서는 심리평가가 어떤 목적을 위해 실시되었는지, 누가 이 보고서를 볼 것인지를 고려하여 작성해야 한다. 전문가뿐만 아니라 비전문가도 보고서의 내용을 이해할 수 있도록 해야 한다. 평가 상황, 관찰 및 상호작용 시간을 고려하고, 아동의 발달력, 면담 자료, 행동관찰 등이 보고서에 포함되도록 한다. 또한 아동뿐만 아니라 가족 및 확대가족 등을 위한 제언도 작성해야 한다. 심리평가 보고서를 작성할 때는 객관성과 정확성을 위해 최선을 다해야 하지만, 보고서가 완전히 객관적일 수는 없다. 아동을 설명하는 단어, 강조한 행동, 인용하거나 인용하지 않은 발달력 등 검사자의 주관성이 포함될 수 있다. 보고서는 검사 완료 후 가능한 빨리 작성해야 하며, 심리평가가 2회기 이상 진행된 경우에는 각 시행 직후에 점수를 매기고 회기 중의 아동 행동에 대한 메모도 작성되어야 한다. 특히 일부 세팅에서는 평가의뢰 시기와 심리평가 사이에 간격이 큰 경우가 많기 때문에 추가적 지연이 초래되지 않도록 평가보고서는 검사 완료 후 2주 이내 작성되어야 한다.

1) 심리평가 보고서에 포함되어야 하는 요소

아동심리평가 보고서에는 일반적으로 다음의 정보가 포함된다.

- 배경 정보
- 주호소문제
- 발달력과 건강력
- 유치원(어린이집) 적응
- 학습 능력 및 방식
- 가족 요인
- 행동관찰

- 인지능력
- 주의력 및 기억력
- 적응 행동
- 말하기와 언어 능력
- 지각 및 운동 능력
- 정서 및 동기
- 사회적 상호작용
- 전반적 평가 결과
- 개입

〈표 5-2〉 보고서 작성 시 고려사항

1. 배경 정보	• 의뢰사유는 무엇인가? • 누가 의뢰했는가?(교사, 부모, 의사 등) • 아동의 성별, 나이는? • 아동의 외모는? • 아동은 과거에 심리학적 또는 그 외 평가를 받은 적이 있는가? 그 결과는 어떠했는가?
2. 주호소문제	• 아동의 주호소문제는 무엇인가? • 문제의 빈도, 강도, 지속시간은 어떠한가? • 문제는 언제 시작되었는가? • 문제는 어디에서 발생했는가? • 아동에게 중요한 스트레스나 사건이 있었는가? • 부모는 아동의 문제를 어떻게 표현하는가? • 부모는 아동의 문제에 영향을 미치는 요소를 무엇이라고 생각하는가? • 부모는 아동의 문제를 어떻게 다루는가? • 교사는 아동의 문제를 어떻게 표현하는가? • 교사는 아동의 문제에 영향을 미치는 요소가 무엇이라고 생각하는가? • 교사는 아동의 문제를 어떻게 다루는가? • 부모와 교사는 아동의 문제에 대해 생각이 일치하는가?

3. 발달력과 건강력	• 아동의 건강력은 어떠한가? • 아동은 최근에 의학적 평가를 받았는가? 그 결과는? • 아동이 건강상의 문제가 있다면 무엇이며, 현재 치료를 받고 있는가? • 아동은 발달 이정표에 잘 도달하고 있는가? 지연이 있는 영역이 있는가? 지연이 있다면 어느 정도 지연이 있는가? • 부모가 아동의 발달속도에 문제가 있다고 생각한다면, 언제 처음으로 문제를 의식했는가? • 어머니가 아동을 임신했을 때 건강은 어떠했는가? 임신 중에 술이나 약물에 노출되었는가? • 출생 시 어려움은 없었는가? • 유아기 기질은 어떠했는가? • 유아기 사고나 상해, 질병을 경험했는가?
4. 유치원(어린이집) 적응	• 하루에 몇 시간 동안 유치원(어린이집)에서 지내는가? • 교사와 아동의 비율은 얼마인가? • 교사와 아동의 관계는 어떠한가? • 아동은 교실 규칙을 얼마나 잘 지키는가? • 아동은 또래와 잘 어울리는가?
5. 학습 능력 및 방식	• 아동의 학습 능력은 어떠한가? • 아동은 새로운 것을 학습하는 것에 대해 어떻게 반응하는가? • 학업 수행 시 아동의 주의집중 능력은 어떠한가? • 아동은 유치원(어린이집) 외에 학원을 다니는가? 다닌다면, 아동의 반응은 어떠한가? • 아동의 학습에 도움을 주는 사람은 누구인가?
6. 가족 요인	• 아동의 가족 구성원은 누구인가? • 아동은 누구와 함께 살고 있는가? • 아동과 부모 및 형제 사이의 관계는 어떠한가? • 가족의 사회경제적 지위는 어떠한가? • 부모의 근무일정은 어떠한가? • 가족이 현재 직면한 스트레스는 무엇인가? • 가족이 경험한 과거 스트레스는 무엇인가? • 가족 중에 정신장애 및 신체장애를 가진 사람이 있는가? • 부모는 아동의 유치원(어린이집) 생활에 관심을 가지는가?

7. 행동관찰	• 아동의 외모는 어떠한가? • 평가가 시작될 때 아동의 행동은 어떠했는가? • 검사자와 상호작용할 때 아동의 사회성은 어떠했는가? 눈맞춤, 상호적 대화, 관심사, 적절한 톤, 비언어적 몸짓 등은 어떠했는가? • 아동의 조음, 표현 언어 및 수용 언어는 어떠했는가? • 아동의 검사 중에 주의집중은 어떠했는가? • 아동은 성공/실패에 어떻게 반응했는가? • 아동의 문제해결 전략은 어떠했는가? • 아동이 자신의 수행에 부정적인 영향을 미칠 만한 행동을 하였는가?
8. 인지능력	• 아동에게 지능 검사를 실시하였는가? 그렇다면 아동의 지능검사점수에 기초하여 강점과 약점 등의 인지능력을 기술해야 한다.
9. 주의력과 기억력	• 아동에게 지능검사를 실시하였는가? 그렇다면 아동의 지능검사점수에 기초하여 언어 및 비언어 자료에 대한 기억력과 단기기억 및 장기기억 능력에 대해 기술해야 한다. • 아동에게 주의력을 위한 추가검사를 실시하였는가?
10. 적응 행동	• 아동의 적응 행동은 어떠한가? • 아동에 대한 적응 행동 검사가 실시되었는가? 그렇다면 적응 행동 검사결과를 심리평가 보고서에 포함해야 한다.
11. 말하기와 언어 능력	• 아동의 말하기와 언어 능력은 어떠한가? • 아동에게 언어 검사를 실시하였는가? 그렇다면 언어 검사결과를 심리평가 보고서에 포함해야 한다.
12. 지각 및 운동 능력	• 아동의 지각 및 운동 능력은 어떠한가? • 아동에게 지각 및 운동 검사를 실시하였는가? 그렇다면 지각 및 운동 검사결과를 심리평가 보고서에 포함해야 한다.

13. 정서 및 동기	• 행동관찰, 부모 및 교사의 보고, 검사 정보를 토대로 아동의 감정에 대해 기술해야 한다. • 아동이 쉽게 화를 내는가? 아동은 화가 나면 정서조절을 할 수 있는가? • 아동은 좌절감에 대해 어떻게 반응하는가? • 아동은 상황에 부적절한 정서 표현을 보이는가? • 아동을 자극시키는 요인은 무엇인가? • 행동관찰, 부모 및 교사의 보고, 검사 정보를 토대로 아동의 동기에 대해 기술해야 한다. • 아동의 동기 수준을 높이거나 낮추는 요인은 무엇인가?
14. 사회적 상호작용	• 행동관찰, 부모 및 교사의 보고, 검사 정보를 토대로 아동의 사회적 상호작용에 대해 기술해야 한다. • 아동은 가족 구성원들과의 관계를 어떻게 인식하는가? • 아동은 다른 아동들과 어떻게 어울리는가? • 아동은 가정에서 어떤 역할을 하는가? • 아동의 일반적인 관심사와 흥미/취미는 무엇인가? • 아동은 TV나 스마트 기기를 얼마나 사용하는가? 주로 시청하거나 사용하는 프로그램은 무엇인가?
15. 전반적 평가 결과	• 아동이 과거에 심리평가를 받았다면, 현재 결과와 어떻게 다른가? • 평가 결과에서 진단이 시사되는가? 그렇다면 어떤 진단인가?
16. 개입	• 아동이 이전에 받은 개입이 있다면 무엇이고 효과는 어떠한가? • 아동이 현재 받고 있는 개입이 있다면 무엇이고 목표와 효과는 어떠한가? • 아동, 부모, 교사는 아동의 개입에 협조적인가? • 아동에게 치료적 개입이 필요한가? 그렇다면 어떤 치료적 개입이 필요한가? • 아동이 특수반 또는 특수 학교에 진학해야 하는가? • 아동을 위한 가족의 지원은 어떠한가? • 지역사회에서 받을 수 있는 지원 서비스가 있는가?

2) 심리평가 보고서 영역

심리평가 보고서는 다음의 11개 영역(보고서 제목, 개인정보, 평가 도구, 의뢰사유, 배경 정보, 평가 중 행동관찰, 평가 결과, 임상적 인상, 요약, 제언, 서명)을 포함할 수 있다. 단, 임상가의 판단과 평가 장면에 따라 각 영역을 선택하여 제시할 수 있다.

〈표 5-3〉 심리평가 보고서의 영역

• 보고서 제목	• 개인정보	• 평가 도구
• 의뢰사유	• 배경 정보	• 평가 중 행동관찰
• 평가 결과	• 임상적 인상	• 요약
• 제언	• 서명	

- 보고서 제목: '심리평가 보고서'를 일반적으로 사용하며, '지능평가 보고서' 또는 '심리교육평가 보고서'라고도 사용할 수 있다.
- 개인정보: 아동의 이름, 생년월일, 성별, 만 연령을 기입한다. 특히 아동의 만 연령을 구할 때는 주의를 기울여 계산해야 한다. 그리고 평가일, 검사자의 이름, 평가기관 이름, 평가기관 연락처 등의 정보가 포함된다.
- 평가 도구: 평가에 사용한 심리검사 도구를 기술한다. 지능검사(K-WPPSI-IV)와 그 외 검사가 추가되었다면 함께 제시한다.
- 의뢰사유: 의뢰사유, 의뢰를 처음으로 제안한 사람, 아동에 대한 구체적 질문, 의뢰를 결심하게 된 아동의 특정 행동이나 증상에 대해 제시한다.
- 배경 정보: 부모(보호자), 교사, 아동 및 기타 아동과 관련된 개인이 작성한 설문지 또는 서류(아동 교육 파일의 자료)와 면담에서 얻은 자료가 포함된다. 아동, 부모, 교사 및 기타 정보 제공자와의 면담에서 얻은 자료를 검토할 때 정확성을 고려해야 한다. 부모와 아동, 교사와 아동, 부모와 교사, 또는 두 부모의 설명 사이에 차이가 있을 수 있으며, 이러한 불일치로 인

해 우려되는 행동이 만연하지 않다고 볼 수 있다. 그리고 환경이 아동에게 상황에 따라 다른 것을 요구할 수 있기 때문에 보육기관(어린이집, 유치원)과 가정에서 다르게 행동할 수 있다.

- 평가 중 행동관찰: 평가 과정에서 아동의 행동을 관찰하여 기록하는데 이러한 행동관찰은 보고서의 객관성을 높여 준다. 주요한 특징이라고 보이는 행동을 기록하여 제시하며, 임상적 인상을 형성하는 데 중요한 역할을 하게 된다. 행동관찰 작성 시 행동의 부재보다는 보이는 행동을 제시해야 하며(예: 충동적이거나 산만하지 않다 → 수줍음이 많고 조용하다), 아동의 외모, 평가에 대한 반응, 검사자에 대한 반응, 전반적 행동, 활동수준, 언어 사용방식, 기분, 요구에 대한 반응, 격려에 대한 반응과 필요성, 자기에 대한 태도, 동기 및 노력, 비정상적인 습관 등에 대해 제시한다.
- 평가 결과: 평가 과정에서 획득한 평가 정보를 체계적으로 정리하고 제시한다. 평가 결과가 신뢰롭지 않거나 타당하지 않을 경우(예: 아동이 집중할 수 없어서)에는 그 이유를 명확하게 설명해야 한다. 단순히 검사점수만을 보고하지 말고 검사점수를 통합하고 해석해야 한다.

⟨표 5-4⟩ 평가 결과에서 다룰 중요한 주제

- 검사결과에 영향을 미쳤을 수 있는 요인들
- 표준 및 백분위 점수
- 아동의 강점과 약점
- 아동의 실제 반응
- 발달정신병리학적 징후
- 영재, 창의성, 정서적 성숙 등의 특성
- 검사결과 간의 상호 관련성
- 불일치하거나 모순된 결과

- 임상적 인상(clinical impression): 임상적 인상에서는 필요에 따라 진단적 결론을 제시한다. 임상적 인상을 제안할 때는 모순되는 결과를 간과해서

는 안 되며, 이러한 결과를 보고서에 포함시키고 가능한 의미를 기술해야
한다.
- 요약: 요약에서는 보고서에서 제시한 정보를 정리하고 통합한다. 요약에
  새로운 자료를 포함시켜서는 안 되며, 심리평가 결과를 간략하게 반복해
  야 한다.
- 제언: 필요 시에는 개입 또는 추가 평가에 대한 구체적 제언을 한다(평가
  목적이나 평가 상황에 따라 포함되지 않을 수 있다). 상담센터, 학교, 가정, 및
  지역사회의 이용 가능한 모든 자원에 대한 정보를 기초로 제언한다. 제언
  은 현실적이고, 구체적이며, 개별화된 목표와 치료 전략으로 기술해야 한
  다. 필요한 경우, 학교, 상담센터, 지역사회 복지관, 정신건강 전문의에게
  의뢰해야 하기도 한다.

〈표 5-5〉 제언 시 고려해야 할 점

- 진단을 내리기 전에 추가평가가 필요한가?
- 현재의 평가 결과는 신뢰롭고 타당한가?
- 평가 결과에 기초한 개입이 근거 기반한 개입인가?
- 개입 프로그램의 목표는 무엇이어야 하는가?
- 제언을 수행할 수 있는 기관이 있는가?

- 서명: 검사자의 이름, 자격명 및 자격번호, 학위 등을 표기하며, 훈련을 받
  는 경우에는 슈퍼바이저의 이름과 자격명 및 자격번호도 함께 표기해야
  한다.

3) 보고서 작성의 원칙

다음으로 보고서를 작성하는 데 도움이 되는 몇 가지 원칙을 제안하고자 한
다. 이 원칙들이 절대적인 것은 아니며, 검사결과를 체계화하고 통합적인 해석

을 하기 위해 고안되었기 때문에 보고서 작성 시 참고하면 도움이 된다.

원칙 1 평가 결과에서 공통된 주제를 찾고, 주요 결과를 통합하고, 절충적인 관점으로 평가 결과를 구성한다.

step 1 ┊ 공통 주제를 찾는다

첫 번째 단계에서는 평가 자료에서 나타나는 공통된 주제를 찾는 것이다. 의뢰사유, 아동 및 부모 면접, 행동관찰, 평가 결과 등의 자료에 나타나는 공통된 주제와 그 증거를 찾아야 한다.

step 2 ┊ 주요 결과를 통합한다

두 번째 단계에서는 임상적 인상 및 제언을 할 때 주요한 결과를 통합하는 것인데, 불일치하거나 모순된 자료도 모두 고려하여야 한다. 아동은 다양한 상황에서 동일한 행동을 하지 않기 때문에 다양한 행동이 나타날 때 왜 그러한 행동이 나타나는지(아동의 특성인지 또는 상황 때문인지)를 고려하여야 한다.

step 3 ┊ 절충적인 관점을 취한다

세 번째 단계에서는 절충적 관점을 취하는 것으로 다양한 이론적 관점에 기반하여 자료를 취합하고 보고서를 작성해야 한다. 다음의 상자 안에 포함된 자료를 취합할 때에는 다양한 이론적 관점(발달심리, 생물학적, 인지행동적, 가족체계적, 생태학적 체계이론 등)에 기반해야 한다.

- 아동, 부모(보호자), 교사 등으로부터 얻은 건강 및 사회력 정보
- 유전적 요인 또는 가계력
- 아동 발달에 관련된 환경과 생물학적 요인 간의 상호작용
- 문제 행동의 빈도, 강도, 지속 시간 및 상황적 맥락
- 아동, 부모(보호자), 그 외 가족들의 변화와 치료에 대한 동기

원칙 2 아동에 대한 가설을 세우고 해석을 할 때, 아동에 대한 모든 정보를 고려해야 한다.

아동에 대한 가설을 세우고 결론을 내릴 때에는 신뢰할 수 있는 충분한 자료를 고려해야 하며 성급한 일반화는 피해야 한다. 의뢰사유, 아동 및 부모(보호자) 면접, 평가 중 행동관찰, 평가 결과, 의료 기록, 검사자와 아동의 상호작용 등에 기초하고, 가능한 한 인과관계를 명확히 기술하고 일관된 평가 결과가 도출될 때만 진단적 인상을 제시하여야 한다.

원칙 3 아동의 제한된 행동을 기초로 일반화하지 않도록 신중해야 한다.

평가 과정에서 아동이 보인 행동을 기초로 해석을 할 때에는 일반화에 주의해야 하며, 지지할 만한 충분한 정보가 있는 경우에만 해석하는 것이 적절하다. 예를 들어, 아동이 반복해서 질문을 하거나 문항을 반복해 달라고 하는 행동에 대해 검사자는 아동이 질문의 의도를 명확히 하려는 시도로 판단하고 아동의 불안이 높다고 해석하는 것은 적절하지 않을 수 있다. 이러한 행동은 아동의 청각적 결손, 부주의함, 상황을 통제하려는 수단 또는 검사를 지연시키려는 의도에서도 나타날 수 있기 때문이다.

원칙 4 단순히 검사 점수만 제시하기보다 점수의 의미와 함의를 해석해야 한다.

평가 결과를 보고하는 가장 좋은 방법은 검사지향적인 진술보다 개인지향적인 진술(또는 개인중심의 진술)을 사용하는 것이다. 개인지향적 진술이란 단순히 검사 점수만을 제시하는 것이 아니라 검사 점수에 기반 한 아동의 능력, 성취, 함의에 대한 정보를 추가하여 설명하는 것이다. 의미 있는 해석을 위해서는 아동의 점수를 제시하면서, 소검사 과제에 대한 설명, 평가 중 행동관찰, 아동 및 정보제공자로부터 얻은 정보 등과 연관시키는 것이다. 이런 과정을 통해 유용한 제언을 개발할 수 있다.

원칙 5 가능한 한 모든 정보원에게 실현 가능한 제언을 제공한다.

아동뿐만 아니라 아동에게 영향을 미칠 수 있는 모든 주변 인물(부모, 형제자매, 교사, 돌보미, 공부방 교사 등)에게 적절하고 실현 가능한 하나 이상의 제언을 개발해야 한다. 제언은 직감이나 추측이 아닌 모든 관련 평가 정보를 기반으로 해야 한다.

원칙 6 각 분류 또는 진단에 대한 타당한 설명을 제공하고 모든 관련 진단 기준을 명시적으로 다룬다.

심리평가 결과에 따른 진단적 제언을 할 때 그것을 지지하는 데 필요한 모든 기준을 제시해야 한다. 예를 들어, 전체 IQ가 매우 낮다는 것만으로는 지적장애 진단을 내리는 데 충분하지 않다. 지적장애 진단 기준은 표준화된 지능검사로 확인된 지적 기능의 결함, 적응 기능의 결함, 그리고 이러한 결함이 발달 시기 동안 시작되어야 한다. 지능검사의 결과만으로는 지적장애 진단을 내리기 어려우며, 적응 행동 수준에 대해서도 함께 제시되어야 한다.

원칙 7 간결하면서도 충분한 보고서를 작성한다.

장황한 구조 및 문장, 불필요하게 추상적인 단어 및 구절을 피해야 하며, 보고서를 여러 번 검토하여 불필요한 단어나 문장은 삭제해야 한다. 문장의 길이는 가독성에 중요한 요소이기 때문에 간결하게 작성하도록 노력해야 하며, 하나의 단락은 통합된 주제와 아이디어로 구성되어야 한다.

원칙 8　적절한 시제 사용 및 오타 점검과 같은 최종 보고서 교정 전략을 개발한다.

　의뢰사유와 행동관찰은 과거 시제를 사용하고 검사결과 및 제언은 현재 시제를 사용한다. 오타나 수치 오류 등은 검사결과의 타당성에 문제를 일으키고 검사의 신뢰도를 떨어뜨리는 요인이 되며, 맞춤법 오류, 문법 오류, 생략된 문구 등도 전문성을 훼손시킬 수 있다. 따라서 최종 보고서 교정에 시간과 노력을 들여야 한다.

원칙 9　비밀 정보의 보안을 유지한다.

　내담자 파일을 개인용 컴퓨터에 저장할 때 유의해야 한다. 심리평가보고서 파일에는 강력한 비밀번호를 사용해야 한다. 비밀번호에 대한 정보 관리에 유의하고 다른 사람들과 비밀번호를 공유해서는 안 된다. 보고서 작업을 할 때 컴퓨터를 두고 자리를 떠나지 말아야 한다. 바이러스 백신 소프트웨어를 최신 상태로 유지하고 컴퓨터를 정기적으로 검사해야 한다. 개인 정보가 포함되어 있을 수 있는 출력물 용지를 재활용해서는 안 된다. 심리평가 보고서 파일을 전송할 때도 보안에 유의해야 한다.

4) 지능검사 보고서 작성 시 유의점

(1) 전체 IQ는 아동의 현재 지적 기능 수준을 가장 잘 추정한다
　전체 IQ는 아동의 현재 지적 기능 수준을 가장 잘 설명해 주는 수치로 대표성을 띠는 점수이다. 많은 전문가 및 비전문가들은 아동의 전체 IQ를 아동의 전반적 능력으로 이해하기 때문에, 전체 IQ를 산출할 때 특정 소검사에서 낮은 점수를 얻었다고 소검사를 대체해서는 안 된다. 신체장애가 있거나 과제에 전혀 집중할 수 없는 외부적 사건이 발생했거나 소검사가 갑자기 중단되는 등의 불가피한 경우에만 소검사를 대체해야 한다. 그 외에 아동이 언어적/문화적 다양성을 가지거나 특정 장애(의사소통장애, 학습장애, 자폐스펙트럼장애 등)를 가진 경우에는 전체 IQ 대신 시공간지표, 유동추론지표, 작업기억지표 등의 기본지표나 추가지표로 아동의 능력을 추정할 수 있다. 이런 경우에는 보고서에 이것을 명시한 다음에 위의 지표 중 하나 이상을 제시해야 한다.

(2) 점수, 백분위, 신뢰구간, 진단분류를 사용하여 설명한다

지능검사 결과를 제시할 때, 전체 IQ와 각 지표점수, 백분위, 신뢰구간, 진단분류를 사용하여 설명하여야 한다. 전체 IQ와 지표점수의 신뢰구간을 제시함으로써 검사 수행의 오차를 고려하여 아동의 지능을 이해해야 함을 설명하고, 진단분류([우수], [평균상], [평균] 등)에 따라 구분함으로써 동일 연령 내의 상대적 위치를 안내한다.

특히 백분위 점수는 전문가뿐만 아니라 비전문가가 평가 결과를 이해하는 데 표준점수보다 유용하다. 예를 들어, 전체 IQ 115점은 백분위 85에 해당하며, 백분위 85는 앞에서 15번째 순위에 해당하는 점수 또는 뒤에서 85번째 순위에 해당한다는 것을 의미한다. 추정 연령(age-equivalent)은 백분위 점수를 보충 설명하는 데 사용할 수 있다. 부모나 검사관련 전문가가 아닌 사람들에게 검사에 대해 설명할 때, 백분위가 무엇인지 백분위 점수를 어떻게 이해해야 하는지 자세히 설명해 주어야 한다.

(3) 지표수준에서 차이를 비교할 때 기본지표점수평균(MIS) 또는 전체 IQ 중 하나를 선택하여 비교한다

지표점수들 간의 차이를 비교하기 위해서는 기본지표점수평균(MIS) 또는 전체 IQ를 사용할 수 있다. 일반적으로 기본지표점수평균(MIS)이 전체 IQ보다 선호되는데, 기본지표점수평균(MIS)에는 전체 IQ를 산출할 때 포함되지 않는 소검사가 포함되기 때문이다. 보고서를 작성할 때, 어떤 점수를 기준으로 평가할 것인지 선택하여 밝히고 비교해야 한다.

(4) 소검사수준에서 차이를 비교할 때, 기본지표 소검사의 평균인 MSS-I 또는 전체 IQ를 산출하는 소검사의 평균인 MSS-F로 비교하며, 어떤 점수로 비교할 것인지 선택하여 비교한다

소검사 간의 차이를 비교하기 위해서는 기본지표 소검사 평균인 MSS-I 또는 전체 IQ를 산출하는 소검사 평균인 MSS-F를 비교점수로 사용할 수 있다. 일반적으로 기본지표 소검사의 평균인 MSS-I가 MSS-F보다 선호되는데, MSS-I에는 MSS-F에는 포함되지 않는 소검사가 포함되기 때문이다. 보고서를 작성할 때, 어떤 점수를 기준으로 평가할 것인지 선택하여 밝히고 비교해야 한다.

5) 보고서 작성에 대한 결론

보고서 작성의 전반적인 목표는 명확하고 정확한 언어를 사용하여 아동 및 그 문제와 관련이 있는 독자들에게 의미가 있도록 잘 통합되고 논리적인 보고서를 작성하는 것이다. 좋은 보고서는 이해하기 쉽고, 논리적인 방식으로 정보를 제시하고, 검사 결과를 정확하게 해석한다. 또한 명확하게 설명하고, 구체적인 질문에 대한 답을 제공하고, 현실적이고 실현가능한 제언을 제공하고, 유용한 요약을 제공하며 간략하다. 좋은 보고서는 아동과 가족을 위해 정확한 평가와 효과적인 치료에 기여할 것이다.

② 사례 분석

여기서는 한국판 웩슬러 유아지능검사(K-WPPSI-IV)를 시행한 후, 학지사 인싸이트 홈페이지(https://inpsyt.co.kr)에서 결과를 입력하고 결과보고서를 산출한 다음 프로파일을 분석하는 방법에 대해 사례를 들어 설명하겠다.

다음 지능검사 결과는 만 5세 1개월 된 여아의 사례이며, '1) K-WPPSI-IV 프로파일 분석'에서는 4장 K-WPPSI-IV의 해석에서 제시한 절차에 따라 검사결과의 프로파일을 분석하는 방법에 대해 안내하고, '2) 지능평가 보고서'에서는 프로파일 분석결과를 토대로 작성한 평가보고서를 제시하였다.

1) K-WPPSI-IV 프로파일 분석

1단계: 전체 IQ(FSIQ)의 해석

〈표 5-6〉을 살펴보면, 기본지표점수 분석 표 가장 아래에 전체 IQ 점수, 백분위, 신뢰구간, 질적 분류가 제시되어 있다.

아동의 전체 IQ 85는 [평균하] 수준에 해당하며, 백분위 15로 동일 연령집단에서 상위 85%에 위치하며, 95% 신뢰구간에서 72~98 사이에 위치한다.

기본지표점수 간 차이가 34점(시공간지표−언어이해지표＝111−77＝34)으로 크지만, 4장에서 설명한 바와 같이 발달 과정 중에 있는 어린 아동들에게 인지영역 간 불균형은 일반적으로 나타나는 현상이며, 지표점수 간의 유의미한 차이가 있더라도 전체 IQ의 타당성과 유의미성을 의심할 만한 증거는 없다(Kaufman, Raiford, & Coalson, 2016)는 견해에 따라 전체 IQ에 대한 해석을 실시한다.

〈표 5-6〉 기본지표점수 분석

척도		환산점수 합	지표점수	백분위	신뢰구간[1] 90%(95%)		분류범주	SEM
언어이해	VCI	12	77	6.0	69 - 85	(67 - 87)	경계선	5.15
시공간	VSI	24	111	77.0	100 - 122	(98 - 124)	평균 이상	6.54
유동추론	FRI	21	104	58.0	97 - 111	(96 - 112)	평균	3.91
작업기억	WMI	21	103	58.0	95 - 111	(93 - 113)	평균	4.81
처리속도	PSI	17	92	28.0	82 - 102	(80 - 104)	평균	6.54
전체척도	FSIQ	49	85	15.0	74 - 96	(72 - 98)	평균 이하	6.35

[1] 신뢰구간은 추정값의 표준오차를 사용하여 산출하였다.

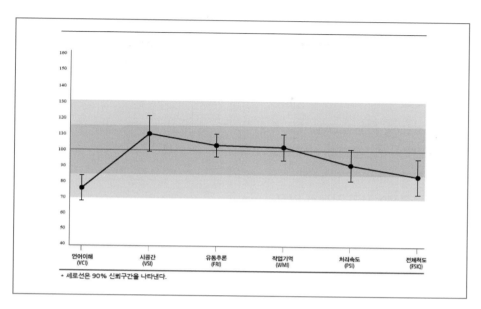

[그림 5-1] 기본지표점수 프로파일

2단계: 기본지표척도의 해석

2단계에서는 기본지표척도에 대해 해석한다. 〈표 5-6〉을 살펴보면, 기본지표점수, 백분위, 신뢰구간, 질적 분류가 제시되어 있고, 〈표 5-7〉에서 기본지표척도 내에서 강점과 약점, 〈표 5-8〉에서 기본지표점수 간의 차이에 대해 확인할 수 있다.

① 기본지표의 해석

전체 IQ에 대한 해석과 같은 방식으로 기본지표점수에 대해서도 동일하게 질적 분류, 백분위, 신뢰구간에 대해 확인하고 해석한다. 해당 아동은 만 5세 1개월의 아동으로, 4:0~7:7세용에서 언어이해지표, 시공간지표, 유동추론지표, 작업기억지표, 처리속도지표에 대해 각각 확인하고 기술한다.

해당 아동의 언어이해지표는 77로 [경계선] 수준에 해당한다(백분위=6, 95% 신뢰구간 67~87). 시공간지표는 111로 [평균상] 수준에 해당한다(백분위=77,

95% 신뢰구간 98~124). 유동추론지표는 104로 [평균] 수준에 해당한다(백분위＝ 58, 95% 신뢰구간 96~112). 작업기억지표는 103으로 [평균] 수준에 해당한다(백 분위＝58, 95% 신뢰구간 93~113). 처리속도지표는 92로 [평균] 수준에 해당한다 (백분위＝28, 95% 신뢰구간 80~104).

모든 지표에서 하위 소검사들의 환산점수 간 차이가 크지 않아 각 지표점수 가 단일한 인지적 능력을 반영하고 있다고 볼 수 있다.

② 기본지표에서의 강점과 약점
〈표 5-7〉 기본지표수준 강점/약점

척도		지표점수	비교점수[1]	점수차	임계값[2]	강점(S)/약점(W)	기저율[3]
언어이해	VCI	77	97.4	-20.4	12.04	W	2-5%
시공간	VSI	111	97.4	13.6	14.47	-	10%
유동추론	FRI	104	97.4	6.6	10.02	-	>25%
작업기억	WMI	103	97.4	5.6	11.46	-	>25%
처리속도	PSI	92	97.4	-5.4	14.47	-	>25%

[1] 비교점수는 기본지표점수의 평균(MIS)을 사용하여 산출하였다.
[2] 임계값의 유의수준은 .05이다.
[3] 기저율의 준거집단은 능력수준이다.

각 기본지표점수에서 비교점수(전체 IQ 혹은 기본지표점수평균)를 뺀 차이값의 절댓값이 임계값보다 크거나 같을 때 유의미한 차이라고 해석하는데, 본 사례 의 경우는 비교점수를 기본지표점수평균(MIS)으로 하였다.

각 기본지표점수와 비교점수(MIS)를 비교했을 때, 언어이해지표점수 77과 비교점수(MIS) 97.4와의 차이의 절댓값인 20.4는 임계값 12.04보다 크고 점수 차이값이 음수이기 때문에 언어이해지표점수가 비교점수(MIS)보다 낮은 수행 수준을 의미한다. 기저율은 2~5%로 [80≤FSIQ≤89]인 집단에서 2~5% 정도 만이 나타나는 차이로 언어이해지표가 아동의 인지적 약점에 해당한다고 볼 수 있다(개인 내 비교). 그뿐만 아니라, 언어이해지표 77은 질적 분류 시 [경계 선] 수준으로, 이는 아동과 동일연령대의 규준집단 내에서도 약점에 해당한다

(개인 간 비교).

그 외에 시공간지표, 유동추론지표, 작업기억지표, 처리속도지표와 MIS 간의 차이는 유의미하지 않다.

③ 기본지표 간 차이비교

⟨표 5-8⟩ 기본지표수준 차이비교

점수1			점수2			점수차	임계값 [1]	유의성 Y/N	기저율 [2]
언어이해 VCI	77	—	시공간 VSI	111	=	-34	16.32	Y	1.8
언어이해 VCI	77	—	유동추론 FRI	104	=	-27	12.67	Y	12.4
언어이해 VCI	77	—	작업기억 WMI	103	=	-26	13.81	Y	10.0
언어이해 VCI	77	—	처리속도 PSI	92	=	-15	16.32	N	26.3
시공간 VSI	111	—	유동추론 FRI	104	=	7	14.93	N	36.5
시공간 VSI	111	—	작업기억 WMI	103	=	8	15.91	N	33.3
시공간 VSI	111	—	처리속도 PSI	92	=	19	18.13	Y	13.9
유동추론 FRI	104	—	작업기억 WMI	103	=	1	12.15	N	43.1
유동추론 FRI	104	—	처리속도 PSI	92	=	12	14.93	N	21.9
작업기억 WMI	103	—	처리속도 PSI	92	=	11	15.91	N	28.5

[1] 임계값의 유의수준은 .05이다.
[2] 기저율의 준거집단은 능력수준이다.

4:0~7:7세용에서는 언어이해지표, 시공간지표, 유동추론지표, 작업기억지표, 처리속도지표의 5개 지표 중 2개씩 총 10개의 쌍비교가 가능하다. 두 지표 점수 간의 쌍비교를 통해 서로 다른 지적 기능에서의 차이가 유의미한지를 평가하게 된다. 기본지표점수의 강점과 약점 분석에서와 마찬가지로, 두 지표 간 차이의 절댓값과 임계값을 비교하여 통계적 유의미성과 기저율을 고려하여 해석한다.

해당 아동의 기본지표 간 차이를 살펴보면, [언어이해-시공간], [언어이해-유동추론], [언어이해-작업기억], [시공간-처리속도]가 유의하게 나타났다. 언어이해지표 77과 시공간지표 111 간 차이는 -34로 임계값 16.32보다 크고, 이 점수 차이는 [80≤FSIQ≤89]인 집단에서 1.8% 정도 나타날 정도로 매우 드물다. 언어이해지표점수 77과 유동추론지표 104 간 차이는 -27로 유의수준 0.05에서 임계값 12.67보다 크며, 이 점수 차이는 [80≤FSIQ≤89]인 집단에서 12.4% 정도 나타날 정도로 드물다. 언어이해지표 77과 작업기억지표 103간 차이는 −26으로 유의수준 0.05에서 임계값 13.81보다 크며, 이 점수 차이는 [80≤FSIQ≤89]인 집단에서 10.0% 정도 나타날 정도로 드물다. 시공간지표 111과 처리속도지표 92 간의 차이는 19로 유의수준 0.05에서 임계값 18.13보다 크며, 이 점수 차이는 [80≤FSIQ≤89]인 집단에서 13.9% 정도 나타날 정도로 드물다. 그 외 기본지표점수들 간의 차이는 유의미하지 않았다.

3단계: 기본지표척도 소검사의 해석

〈표 5-9〉를 살펴보면, 소검사의 환산점수, 백분위, 추정연령이 제시되어 있으며, 〈표 5-10〉에서 소검사 내에서 강점과 약점을, 〈표 5-11〉에서 소검사 간의 수준 차이에 대해 확인할 수 있다.

① 기본지표 소검사의 해석
〈표 5-9〉 기본지표 소검사점수

소검사점수 분석

소검사		원점수	환산점수	백분위	추정연령	SEM
토막짜기	BD	22	10	50.0	5:2	1.3
상식	IN	14	6	9.0	4:1	1.33
행렬추리	MR	12	9	37.0	4:11	0.93
동형찾기	BS	25	8	25.0	4:6	1.85
그림기억	PM	14	10	50.0	5:2	1.02
공통성	SI	11	6	9.0	⟨4:0	1.17
공통그림찾기	PC	13	12	75.0	5:11	0.91
선택하기	CA	30	9	37.0	4:11	1.04
위치찾기	ZL	11	11	63.0	5:11	1.44
모양맞추기	OA	34	14	91.0	≥7:6	1.54
어휘	VC	9	6	9.0	⟨4:0	1.25
동물짝짓기	AC	19	8	25.0	4:4	1.82
이해	CO	10	7	16.0	4:2	1.3
수용어휘	RV	26	15	95.0	7:3	1.17
그림명명	PN	13	7	16.0	4:2	1.48
선택하기(비정렬)	CAR	20	12	75.0	6:5	1.53
선택하기(정렬)	CAS	10	6	9.0	⟨4:0	1.37

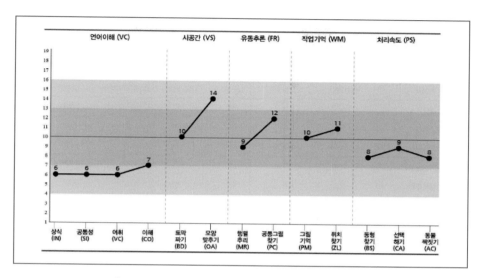

[그림 5-2] 기본지표 소검사 환산점수 프로파일

소검사 점수를 확인해 보면, 〈모양맞추기〉는 동일 연령대의 또래들과 비교해서 잘 발달되어 있는 것으로 나타났고, 〈상식〉, 〈공통성〉, 〈어휘〉는 동일 연령대의 또래들과 비교해서 빈약하게 발달되어 있는 것으로 나타났다. 그 외의 소검사에서는 아동의 연령대에 적절하게 발달되어 있는 것으로 나타났다.

② 기본지표 소검사에서의 강점과 약점

〈표 5-10〉 기본지표 소검사수준 강점/약점

소검사		환산점수	비교점수[1]	점수차	임계값[2]	강점(S)/약점(W)	기저율[3]
상식	IN	6	9.5	-3.5	3.52	-	2-5%
공통성	SI	6	9.5	-3.5	3.14	W	10%
토막짜기	BD	10	9.5	0.5	3.45	-	>25%
모양맞추기	OA	14	9.5	4.5	4.02	S	2-5%
행렬추리	MR	9	9.5	-0.5	2.59	-	>25%
공통그림찾기	PC	12	9.5	2.5	2.55	-	10-25%
그림기억	PM	10	9.5	0.5	2.8	-	>25%
위치찾기	ZL	11	9.5	1.5	3.78	-	>25%
동형찾기	BS	8	9.5	-1.5	4.77	-	>25%
선택하기	CA	9	9.5	-0.5	2.84	-	>25%

[1] 비교점수는 기본지표 소검사의 평균(MSS-I)을 사용하여 산출하였다.
[2] 임계값의 유의수준은 .05이다.
[3] 기저율의 준거집단은 능력수준이다.

소검사 비교를 위한 기준으로 기본지표척도를 산출하는 데 포함되는 소검사들의 평균을 사용하는 경우(MSS-I)와 전체 IQ를 산출하는 데 포함되는 소검사들의 평균을 사용하는 경우(MSS-F)가 있다. 본 사례에서는 MSS-I를 비교점수로 사용하여 분석하였다. 〈모양맞추기〉 소검사의 환산점수 14와 비교점수(MSS-I) 9.5와의 차이의 절댓값인 4.5가 임계값 4.02보다 크고, 점수가 양수이기 때문에 소검사수준에서 개인 내 강점에 해당한다. 또한 기저율이 2~5%로 점수 차이는 매우 드문 경우라고 볼 수 있다. 〈공통성〉 소검사의 환산점수 6과 비교점수(MSS-I) 9.5와 차이의 절댓값인 3.5가 임계값 3.14보다 크고, 점수의 차이값이 음수이기 때문에 소검사수준에서 개인 내 약점에 해당한다. 또한 기저율이 10%로 드문 경우라고 볼 수 있다.

③ 기본지표 소검사 간 차이비교

〈표 5-11〉 기본지표 소검사수준 차이비교

점수1			점수2			점수차	임계값[1]	유의성 Y/N	기저율[2]
상식	IN	6	공동성	SI	6 =	0	3.27	N	-
토막짜기	BD	10	모양맞추기	OA	14 =	-4	4.36	N	13.5
행렬추리	MR	9	공통그림찾기	PC	12 =	-3	2.83	Y	20.3
그림기억	PM	10	위치찾기	ZL	11 =	-1	3.43	N	49.4
동형찾기	BS	8	선택하기	CA	9 =	-1	3.99	N	43.7

1) 임계값의 유의수준은 .05이다.
2) 기저율의 준거집단은 능력수준이다.

아동의 소검사 간 점수 차이는 [행렬추리-공통그림찾기]에서 유의미하게 나타났다. 〈행렬추리〉 소검사의 환산점수 9와 〈공통그림찾기〉 소검사의 환산점수 12 간의 점수 차이의 절댓값이 3이고 임계값 2.83보다 크므로 두 소검사 간의 점수 차이는 통계적으로 유의미하다. 하지만 기저율은 20.3%이므로 두 소검사 점수 간의 차이는 드문 것으로 보기 어렵다(Sattler et al., 2016).

4단계: 추가지표척도의 해석

〈표 5-12〉를 살펴보면, 추가지표점수의 백분위, 신뢰구간, 질적 분류가 제시되어 있으며, 〈표 5-13〉에 추가지표의 차이비교가 제시되어 있다.

① 두 연령군에서의 추가지표척도 구성

〈표 5-12〉 추가지표점수

척도		환산점수 합	지표점수	백분위	신뢰구간[1] 90%(95%)	분류범주	SEM
어휘습득	VAI	22	107	68.0	100 - 114 (98 - 116)	평균	5.3
비언어	NVI	49	97	42.0	89 - 105 (88 - 106)	평균	3.76
일반능력	GAI	31	84	14.0	77 - 91 (75 - 93)	평균 이하	4.22
인지효율성	CPI	38	95	37.0	81 - 109 (79 - 111)	평균	8.11

1) 신뢰구간은 추정값의 표준오차를 사용하여 산출하였다.

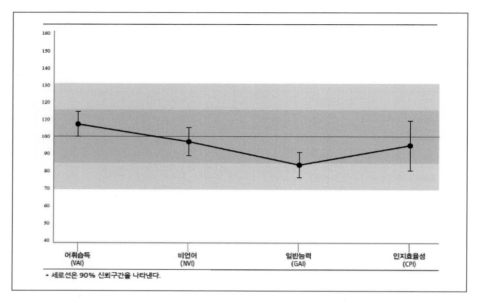

[그림 5-3] 추가지표점수 프로파일

4:0~7:7세용에서는 어휘습득, 비언어, 일반능력에 더하여 인지효율성 추가
지표점수가 산출된다.

② 추가지표의 해석

아동의 어휘습득지표는 107로 [평균] 수준에 해당한다(백분위＝68, 95% 신뢰
구간 98~116). 비언어지표는 97로 [평균] 수준에 해당한다(백분위＝42, 95% 신뢰
구간 88~106). 일반능력지표는 84로 [평균하] 수준에 해당한다(백분위＝14, 95%
신뢰구간 75~93). 인지효율성지표는 95로 [평균] 수준에 해당한다(백분위＝37,
95% 신뢰구간 79~111).

아동의 어휘습득 능력, 비언어 능력, 인지효율성 능력은 연령에 적절하게 발
달되어 있으며, 일반능력은 연령에 비해 부진한 발달을 나타냈다.

③ 추가지표 간 차이비교

〈표 5-13〉 추가지표수준 차이비교

점수1			점수2			점수차	임계값[1]	유의성 Y/N	기저율[2]
일반능력 GAI	84	—	전체IQ	FSIQ	85	=	-1	8.32	N	60.7
일반능력 GAI	84	—	인지효율성 CPI	95	=	-11	17.92	N	47.8

[1] 임계값의 유의수준은 .05이다.
[2] 기저율의 준거집단은 능력수준이다.

　해당 아동의 추가지표척도 간 차이비교를 살펴보면, [일반능력-전체 IQ], [일반능력-인지효율성] 간에 유의미한 차이가 없는 것으로 나타났다. 일반능력지표점수 84와 전체 IQ 점수 85 간의 점수 차이의 절댓값이 1점으로 임계값 8.32보다 작으므로 두 지표 간의 점수 차이는 통계적으로 유의하지 않다. 일반능력지표점수 84와 인지효율성지표점수 95 간의 점수 차이의 절댓값이 11로 임계값 17.92보다 작으므로 두 지표 간의 점수 차이는 통계적으로 유의하지 않다.

5단계: 추가지표척도 소검사의 해석

　〈표 5-14〉를 살펴보면, 추가 소검사점수 분석이 제시되어 있고, 〈표 5-15〉에는 추가 소검사/처리점수 수준의 차이비교가 제시되어 있다.

① 추가지표 소검사점수의 해석

〈표 5-14〉 추가지표 소검사점수 분석

소검사		원점수	환산점수	백분위	추정연령	SEM
수용어휘	RV	26	15	95.0	7:3	1.17
그림명명	PN	13	7	16.0	4:2	1.48
선택하기 비정렬	CAR	20	12	75.0	6:5	1.53
선택하기 정렬	CAS	10	6	9.0	<4:0	1.37

추가지표의 소검사점수 분석에서는 수용어휘, 그림명명, 선택하기 비정렬, 선택하기 정렬에 대해 해석한다. 〈수용어휘〉 소검사의 환산점수는 15, 〈그림명명〉 소검사의 환산점수는 7, 〈선택하기 비정렬〉의 환산점수는 12, 〈선택하기 정렬〉의 환산점수는 6이다. 〈수용어휘〉는 동일 연령 집단의 또래에 비해 매우 우수하게 발달되어 있고, 〈그림명명〉과 〈선택하기 정렬〉은 동일 연령 집단에 비해 부진하게 발달되어 있으며, 〈선택하기 비정렬〉은 동일 연령에 적절하게 발달되어 있다.

② 소검사/처리점수 수준 차이비교
〈표 5-15〉 추가지표 소검사/처리점수 수준 차이비교

점수1			점수2			점수차	임계값[1]	유의성 Y/N	기저율[2]
수용어휘	RV	15	— 그림명명	PN	7	= 8	3.34	Y	1.1
선택하기(비정렬)	CAR	12	— 선택하기(정렬)	CAS	6	= 6	4.14	Y	1.2

[1] 임계값의 유의수준은 .05이다.
[2] 기저율의 준거집단은 능력수준이다.

　〈수용어휘〉 소검사 환산점수 15와 〈그림명명〉 소검사 환산점수 7 간의 차이는 8로 임계값 3.34보다 크고, 이 점수 차이는 [80≤FSIQ≤89]인 집단에서 1.1% 정도 나타날 정도로 매우 드물다. 〈선택하기 비정렬〉 소검사 환산점수 12와 〈선택하기 정렬〉 소검사 환산점수 6 간의 차이는 6으로 임계값 4.14보다 크고, 이 점수 차이는 [80≤FSIQ≤89]인 집단에서 1.2% 정도 나타날 정도로 매우 드물다.

2) 지능평가 보고서 작성

　다음은 아동 사례에 대한 지능평가 보고서 예시이다. 다음 보고서 양식은 표준화된 양식이라기보다 하나의 예시이며 임상가의 판단에 따라 보고서 양식은 달라질 수 있다.

(1) 의뢰사유 및 배경 정보

다음은 5세 1개월 여아의 사례로, 상기 아동은 어린이집에서 또래관계 문제와 자신이 원하는 바를 적절히 언어로 표현하는 것이 어렵고, 사소한 일에도 짜증이나 화를 낸다는 것을 주호소문제로 어머니와 함께 내원하였다. 아동은 어린이집에서 또래와 말다툼이 잦고 사소한 일에도 시비를 걸며, 교사에게 지나치게 관심을 요구한다고 하였다. 출생 시 울음소리가 작아 잘 들리지 않았고 호흡곤란 증상이 있어 중환자실에서 하루 정도 머물렀으나 이후 큰 문제는 없었다고 하였다. 신체발달 및 운동발달은 발달이정표에 따라 정상적으로 성장하였으나, 언어발달은 늦은 편으로 18개월경에 '엄마'를 말하기 시작하였고 이어문도 36개월이 되어야 가능하였다고 보고되었다.

아동의 가족은 5명으로 부모와 한 살 많은 언니와 두 살 어린 남동생으로 구성되어 있으며, 맞벌이 부부로 부모가 퇴근할 때까지 세 명의 자녀들은 돌봄교실에서 지낸다고 하였다. 어머니는 시간적, 경제적인 여유가 없어 아동에게 충분히 관심을 기울이고 함께 시간을 보내기 어렵다고 보고하였다. 위의 상태를 토대로 전반적인 아동의 적응 상태 및 인지·정서 상태를 파악하고 치료적 개입에 도움이 되고자 심리평가가 실시되었다.

(2) 행동관찰

아동은 원피스 차림에 장난감 왕관을 쓰고 있었으며 어머니와 함께 기관에 내원하였다. 대기실에서 조용하게 앉아 있었으며 검사자가 다가가자 웃으며 인사를 하였고 함께 검사실에 입실하였다. 새로운 검사자를 만나는 상황에서도 크게 거부하는 모습은 없었으며 검사자와의 눈맞춤이 양호하였고 대체로 검사에 순응적, 협조적으로 임하는 태도를 보였다. 검사 초반에는 다소 긴장한 모습을 보였고 말이 없는 편이었는데, 발음은 다소 부정확하고 연령에 비해 아기 같은 말투를 사용하는 모습이 관찰되었다. 검사자가 질문을 하면 자신의 의사 및 생각을 표현하는 데 크게 어려움은 없었으며 검사자의 지시에 잘 대답하려고 하고 검사자의 의자까지 정리하려고 하는 등 예의바른 모습을 보였다. 지능검사에서 문제를 제대로 듣기 전에 "몰라요."라고 반응하는 등 수행에 대한 자신감이 부족한 태도를 나타냈다. 검사 후반에는 집중력이 떨어지면서 다른 곳을 응시하고 지시에 응답하지 않는 모습도 있었으나 검사자가 지시를 반복하고 촉구하는 경우 수행을 따라오는 모습을 보였다.

3) 지능평가 보고서

한국 웩슬러 유아지능검사(K-WPPSI-IV) 결과, 아동의 전체 IQ는 85로 또래 아동과 비교해 전반적 인지능력은 [평균하] 수준으로, 백분위 15에 해당한다 (95% 신뢰구간 72~98). 먼저 기본지표점수에 대한 결과를 살펴보면, 언어이해 지표는 [경계선] 수준, 시공간지표는 [평균상] 수준, 유동추론지표, 작업기억지표, 처리속도지표는 모두 [평균] 수준으로 나타났다. 추가지표점수에서는, 어휘습득지표와 비언어지표가 [평균] 수준, 일반능력지표가 [평균하] 수준, 인지효율성지표가 [평균] 수준에 해당된다.

〈표 5-16〉 기본지표점수

지표	지표점수	백분위	신뢰구간(95%)	분류범주
언어이해(VCI)	77	6.0	67~87	경계선
시공간(VSI)	111	77.0	98~124	평균상
유동추론(FRI)	104	58.0	96~112	평균
작업기억(WMI)	103	58.0	93~113	평균
처리속도(PSI)	92	28.0	80~104	평균
전체 IQ	85	15.0	72~98	평균하

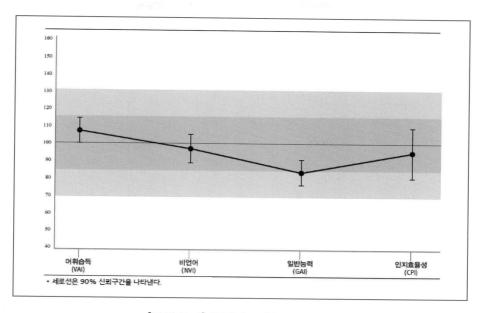

[그림 5-4] 추가지표점수 프로파일

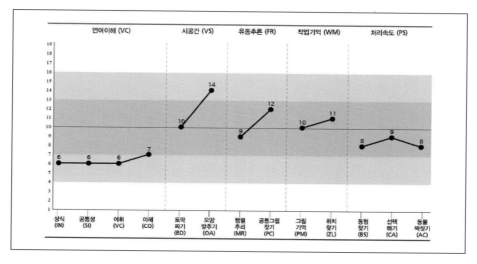

[그림 5-5] 기본지표 소검사 환산점수 프로파일

기본지표점수를 구체적으로 분석해 보면, 언어이해지표(VCI)는 77로 [경계선] 수준에 해당하며 동일 연령대에 비해 부진한 수준이다(백분위=6, 95% 신뢰구간 67~87). 전반적 지적 능력과 비교했을 때, 언어이해 능력이 아동의 인지적 약점으로 나타나고 있다(VCI < MIS, 기저율=2~5%). 또한 시공간지표(VCI < VSI, 기저율=1.8%), 유동추론지표(VCI < FRI, 기저율=12.4%), 작업기억지표(VCI < WMI, 기저율=10.0%)에 비해 언어이해지표가 유의미하게 저하된 상태로 비언어적, 시공간적 조직화 및 추론 능력의 발달에 비해 언어적 능력의 발달이 저조하다. 소검사 수행을 살펴보면, 두 개념의 공통점을 추론하는 능력이 개인 내 인지적 약점에 해당하고(공통성 < MSS-I, 기저율=10%) 경험을 통해 습득한 언어적 표현력, 어휘 지식이 빈약하게 발달되어 있다(공통성=6, 어휘=6). 또한, 일반 상식과 사회적 상황에 대한 이해 및 판단 능력의 발달도 또래 수준보다 저조하다(상식=6, 이해=7). 아동은 연령에 비교해 언어적 표현과 의사소통이 미숙하고, 학습 장면에서 언어적 자극에 대한 고차적 사고, 복잡한 개념에 대한 이해가 어려울 수 있겠다. 아동은 발달 과정에서 언어적 발달을 위한 기회나 교육의 제공이 부족했을 가능성도 고려된다. 한편, 아동의 언어이해능력을 종합적으로 평가하기 위해 추가적으로 수용어휘와 그림명명 소검사를 실시하였다. 아동은 단어에 대한 이해력의 발달이 양호하지만(수용어휘=15), 표현언어의 발달은 저조하게 나타났다(그림명명=7). 수용언어와 표현언어 발달 간 유의미한 차이가 시사되는 상태인데(수용어휘 > 그림명명, 기저율=1.1%), 대인적 상호작용에서 아동이 언어적 의사소통에 어려움을 겪는 것은 언어이해의 문제보다 언어적 표현력의 발달이 저조한 점과 관련되어 보인다. 어휘습득지표(VAI)가 [평균] 수준에 속하고 있으므로(백분위=68, 95% 신뢰구간=98~116), 아동은 어휘에 대한 지식은 또래 수준에 맞추어 잘 보유하고 있는 상태로 보인다. 아동은 간단하고 짧은 언어자극을 듣고 이해하는 데 심각한 어려움은 없으나 자신의 의사를 표현하는 능력의 발달이 저조하여 언어적 표현이 미숙하고 실제 보유한 언어적 지식을 잘 활용하지 못하고 있다. 이러한 언어적 발달의 편차로 아동은 일상생활에서 자신의 의도와 감정을 타인에게 전달하여 적절히 대처하지 못하고 답답함을 경험하면서 심리·정서적 어려움도 경험할 수 있겠다.

시공간지표(VSI)는 111로 [평균상] 수준이며 시공간 처리 능력과 시각적 분석 능력이 잘 발달된 상태로 나타났다(백분위=77, 95% 신뢰구간 98-124). 제한시간 내 시공간 자극을 조직화하는 능력이 [평균] 수준에 해당하고 불완전한 부분적 시지각 자극을 전체로 통합하는 능력은 개인 내 강점으로 나타났다(토막짜기=10, 모양맞추기=14). 아동은 시공간적 정보를 적절히 처리, 조직화하는 능력이 연령에 적절하게 발달해 있으며, 익숙하고 의미 있는 시지각을 다루는 과제에서는 부분과 전체 형태의 관계를 예측하고 통합하는 능력을 더욱 유능하게 발휘할 수 있겠다(모양맞추기 > MSS-I, 기저율=2~5%).

유동추론지표(FRI)는 104로 [평균] 수준이며 비언어적 자극에 대한 귀납 추론, 동시적 사고, 개념적 사고 능력이 연령에 적절한 발달 수준에 해당한다(백분위=58, 95% 신뢰구간 96~112). 시각적 자극들 간 규칙 및 패턴을 유추하는 능력과 비언어적 자극에 대한 개념형성 능력, 범주화 기술은 또래 수준과 비슷하게 발휘할 수 있겠다(행렬추리=9, 공통그림찾기=12). 비언어지표(NVI)가 97로 [평균] 수준에 속하는 점을 함께 고려할 때(백분위=42, 95% 신뢰구간=88~106), 아동은 비언어적 자극에 대한 전반적 사고, 추론, 처리 능력의 발달이 연령에 적절한 수준으로 언어적 요구가 적은 과제에서는 인지적 문제를 해결하고 분석, 대처하는 능력 발휘가 보다 원활한 것으로 보인다.

작업기억지표(WMI)는 103으로 [평균] 수준에 해당한다(백분위=58, 95% 신뢰구간=93~113). 시지각 자극에 대한 주의력과 집중력, 작업기억력을 통해 자극의 위치를 기억하고 회상하는 능력의 발달이 모두 연령에 적절한 상태로 시사된다(그림기억=10, 위치찾기=11). 아동은 연령 수준에 맞는 인지적 과제를 수행하기 위한 주의력, 작업기억력과 관련한 자원을 갖추고 있는 상태로 제안된다.

처리속도지표(PSI)는 92로 [평균] 수준에 해당한다(백분위=28, 95% 신뢰구간 80~104). 시각자극에 대한 신속한 처리 능력은 동연령에 비슷한 수준으로

발휘되고 있으나 시공간 능력에 비해 처리속도가 유의하게 낮은 상태로(PSI
<VSI, 기저율=13.9%), 시공간 추론 능력, 시각적 조직화 능력보다 처리속도,
정신적 조작속도, 시각 운동 협응 능력의 발달이 빈약한 상태이다. 소검사 수
행에서는 시각적 정보를 변별하는 능력과 시각 운동 협응 능력 및 연합학습능
력이 약간 부진한 상태로 나타나고 있다(동형찾기=8, 동물짝짓기=8). 제한시간
내에 목표 자극을 정확하게 찾아내는 과제에서 수행은 [평균] 수준에 해당하나
(선택하기=9), 처리점수 수준에서 차이를 비교했을 때 선택하기 비정렬에서의
수행이 선택하기 정렬보다 유의하게 높게 나타나고 있다(선택하기 비정렬=12,
선택하기 정렬=6). 아동은 비구조화된 과제에서는 시각적 주사 능력의 발휘가
양호한 상태이나 구조화된 과제에서는 빈약한 상태로 나타났다. 선택하기 정
렬이 선택하기 비정렬보다 뒤에 실시되는 점을 고려하면, 주의 지속 능력이나
주의를 효율적으로 배분하는 능력이 부족한 점이 수행의 차이와 관련될 소지
가 있다. 아동은 조건에 따라 자극에 대한 처리와 탐색 능력 발휘가 불안정할
것으로 사료된다.

　아동의 인지적 기능에 대한 부가적 정보를 확인하기 위해 추가지표를 분
석했을 때, 일반능력지표(GAI)가 84, [평균하] 수준에 속하고 인지효율성지표
(CPI)는 95, [평균] 수준에 해당하였으며 유의한 편차는 나타나지 않았다. 어휘
습득지표(VAI)는 107, 비언어지표(NVI)는 97로 모두 [평균] 수준에 해당하며 언
어이해지표(VCI)가 [경계선] 수준으로 저조하나 어휘습득지표(VAI)가 [평균] 수
준에 해당하므로 아동의 표현언어 발달에 취약성이 시사되며 언어 발달이 불
균등한 상태로 치료적 개입이 필요해 보인다.

요약

　한국판 웩슬러 유아지능검사(K-WPPSI-IV) 결과, 아동의 전반적 인지기능
은 [평균하] 수준으로 동 연령보다 다소 저조하게 발휘되고 있다(FSIQ=85). 시
공간 능력은 [평균상] 수준에 속하고(VSI=111), 유동추론능력, 작업기억력, 처
리속도는 모두 [평균] 수준에 해당하나(FRI=104, WMI=103, PSI=92), 언어이해

능력은 [경계선] 수준으로 인지 영역별 발달수준에 편차를 보인다(VCI=77). 일반적 능력은 [평균하] 수준으로(GAI=84) 나타났고, 비언어적 능력, 어휘습득능력, 인지적 효율성은 모두 [평균] 수준에 해당된다(NVI=97, VAI=107, CPI=95).

언어이해능력이 인지적 약점으로 아동은 언어적 의사소통과 언어적 추론 및 사고, 문제해결에 어려움을 나타낼 수 있겠다. 어휘습득능력의 발달은 [평균] 수준으로 어휘에 대한 습득은 연령에 적절하게 이루어지고 있으나 언어적 표현에 취약성이 큰 상태로 시사된다.

소검사수준에서 〈모양맞추기〉의 수행이 강점이며 시공간지표가 [평균상] 수준으로, 시지각 자극을 다루어 조직화하는 능력이 또래 수준과 비교해서 잘 발달된 상태로 보인다. 반면, 〈공통성〉 수행은 약점으로 나타나고 있어 언어적 발달이 원활하지 않아 언어적 자극에 대한 사고력 및 추론 능력 발달이 부진하다.

수용어휘력이 우수하게 발휘되고 있는 것과 비교해 표현어휘력은 빈약하게 나타나고 있어 어휘습득능력이 불안정하게 이루어지고 있으므로, 일상생활에 의사소통과 언어적 표현이 미숙하게 나타나겠다. 이는 언어적 능력 발달뿐만 아니라 심리·정서적 발달에 제한적 영향을 주면서 아동이 현재 일상에서 자신의 감정을 언어화하기 어려워 자주 화를 내거나 행동적으로 표출하는 문제를 나타내는 것과도 관련될 수 있겠다.

교육적 제언

아동의 언어적 의사소통 능력을 강화시키기 위해 다음과 같은 개입이 도움이 될 수 있겠다. 우선적으로 표현언어 발달을 촉진하기 위해 가정 내에서 아동의 발달수준에 적합한 간결하고 명료한 언어적 대화를 늘리고, 간접 매체, 도서 및 그림 등을 통해 아동이 설명하고 대화할 수 있는 기회를 마련하고 이야기를 꾸미거나 만드는 활동 혹은 게임을 통해 언어적 표현을 자극할 수 있는 환경을 늘려 주는 것이 도움이 되겠다. 아동의 수준을 고려한 도서나 언어적 활동을 통해 사고력을 기르고 사회적 장면에서의 대처 지식과 표현력을 키워 주기 위한 교육 등이 유용할 것으로 보인다.

　아동은 시공간 능력, 유동추론 능력, 작업기억력이 양호하게 발휘되고 있다. 처리속도는 일상적 정보를 처리하고 새로운 내용을 습득하는 데 더 적은 시간을 걸리게 하고 인지적 자원을 효율적으로 활용할 수 있게 한다. 아동의 처리속도를 좀더 강화하기 위해서 빠르게 과제를 수행하도록 하고 성공했을 때 긍정적으로 강화하여 자극을 기민하게 처리하기 위한 연습을 하도록 하고 기하학적 형태와 숫자 짝짓기, 모스 부호 배우기와 같은 시각운동 학습을 위한 연습 활동들도 도움이 될 수 있겠다. 이와 함께 구조가 있는 세팅에서 처리의 효율성이 저하되는 양상이 있어 명확히 조직화가 되어 있고 구조가 있는 과제에 익숙해질 수 있도록 경험을 제공하고 격려하는 것이 필요할 것으로 제안된다.

치료적 제언
- 아동의 표현언어 발달을 증진하게 하고 언어적 의사소통, 상황에 따른 언어적 표현 능력을 강화하기 위한 언어치료
- 표현언어 발달에 제한을 주는 신체적 요인을 점검하기 위한 의학적 평가
- 정서 처리 및 표현 능력, 사회적 대처 및 적응 능력을 향상하기 위한 놀이치료와 아동의 현재 상태를 객관적으로 이해하고 아동의 발달을 촉진할 수 있는 양육 환경을 조성하기 위한 부모교육 및 양육코칭

K-WPPSI-IV 장애별 지능평가 보고서

제6장 K-WPPSI-IV 장애별 지능평가 보고서

① 주의력결핍 과잉행동장애

(1) 의뢰사유

민재는 만 5세 5개월 남자 아동으로, 유치원 7세 반에 올라온 지 얼마 되지 않아 물건을 던져서 같은 반 친구를 다치게 하였고 친구를 사귀고 유치원 활동에 참여하는 데 어려움을 겪고 있다. 작년 6세 반에서도 민재가 활동량이 많고 과격한 행동을 보여서 교사의 주의를 자주 받기는 했지만, 운동을 잘하고 친구들을 좋아해서 남자 아이들과 활발하게 뛰어놀며 친하게 지냈다. 7세 반이 되어 유치원에서 책상에 앉아 글자와 셈하기 공부를 시작하니 하기 싫어하며 친구들을 방해해서 꾸중을 듣고 울기도 하였다. 내년에 초등학교에 입학해서 수업 시간에 문제 행동을 보일 것이 염려되고, 민재의 행동이 ADHD에서 비롯된 것인지 알아보기 위해 부모님이 심리평가를 의뢰하였다.

(2) 배경 정보

민재는 예정일에 맞춰 자연분만으로 건강하게 출생하였다. 신생아기에 민재는 잘 먹고 잠도 잘 자며 순하고 키우기 쉬운 편이었다. 고개를 돌려가며 여기저기 쳐다보고 누워서도 팔과 다리를 많이 움직였으며, 고개 가누기, 앉기, 서기 등의 운동발달이 빨랐다. 민재는 기어다니기 시작한 후부터 쉴새 없이 움직이며 집안을 돌아다녔고, 가구를 잡고 일어설 수 있게 되자 서랍과 장을 모두 열고 물건을 꺼내서 집안을 어지럽혀서 모든 가구에 안전장치를 달아야 했다. 돌이 지나자 민재는 걷지 않고 주로 뛰어다녀서 밖에 나가면 어른의 손을 잡지 않고 앞으로 뛰어가려 했고, 자동차가 지나가는 도로 쪽으로 돌진하거나 보도블럭에 걸려 넘어지기도 하여 위험한 상황도 있었다.

주양육자는 어머니로 1년간 휴직하고 아동을 돌보다 복직하였고, 아동은 돌 직 직후부터 어린이집에 다녔다. 민재는 새로운 장소에서도 낯설어하지 않고 어 린이집에서 돌아다니면서 처음부터 어머니와 분리에 어려움이 없었으며, 교사 들에게 안겨서 웃으며 낯가림도 보이지 않았다. 친구들에게 관심이 많아 아이 들에게 먼저 다가가서 얼굴이나 몸을 만졌고, 어린 아이들은 민재가 갑자기 가 까이 가면 부딪혀서 넘어지는 일이 자주 있었다. 또한 식사 시간에 가만히 앉 아서 먹지 못하고 돌아다니며 음식을 흘리거나 다른 아이들의 식판을 건드렸 고, 혼자 다른 방으로 가서 교사의 물건이나 장난감을 만지며 어지럽혔다. 교 사와 부모는 민재가 아직 어려서 단체 생활에서 규칙을 인식하지 못하고 말로 설명해 주어도 제대로 듣고 이해하지 못한다고 생각하였고, 세 돌이 되기 전까 지는 교사 한 명이 민재를 전담하며 항상 가까이에서 봐 주었다. 민재는 언어 발달이 지연되어 세 돌이 되어서야 간단한 문장을 말할 수 있었지만, 평상시에 부모님이 가정에서 하는 말을 잘 알아듣는 것처럼 보여서 언어치료는 받지 않 았다. 문장을 구사하기 시작한 후에는 부모님과 대화가 잘 되고 아동이 원하는 것을 말로 표현하였으나, 어린이집에서 또래와 놀 때 말을 하지 않고 다소 과 격하게 행동을 먼저 해 버려서 아이들을 울리는 경우가 있었다. 순서를 기다리 거나 가만히 앉아 있어야 하는 활동에서 어려움이 많아 전담 교사가 민재를 안 거나 잡고 도와주어야 했다. 특히 야외 활동에서 친구들끼리 손을 잡고 줄을 맞춰 걸어가야 하는 경우에는 민재가 처음에는 잘 하다가도 10분도 채우지 못 하고 무리에서 이탈해서 뛰어가곤 했다.

만 3세가 지난 후 기관을 옮겨서 유치원을 다니기 시작하였고, 유치원에서 같은 반 아이들이 많아지고 전담 교사가 없는 상황이 되자 민재는 문제 행동 이 많아졌다. 민재는 유치원 첫 한 달 동안 자유놀이 시간마다 자신의 교실뿐 만 아니라 다른 교실과 복도, 교무실까지 돌아다니면서 새로운 유치원의 이곳 저곳을 탐색하였다. 교사와 아이들이 함께 활동하는 시간에는 지시에 따라 활 동에 참여하였지만, 혼자 큰 소리로 대답하고 의자에 앉아서 몸을 좌우로 흔들 다가 옆으로 쓰러지거나 아이들 주변을 빙글빙글 돌기도 하였다. 교사가 교실에서의 규칙을 설명하고 아동의 행동이 다른 아이들을 방해한다고 알려 주면 민재는 잘 알아듣는 것 같지만 행동을 멈추지 못하였다. 그러나 친구들과 블록 놀이나 역할 놀이를 하는 시간에는 잘 어울려서 같이 놀았고, 놀이터에서는 아이들을 이끌고 다니면서 적극적으로 놀이를 주도하는 모습도 보였다. 다음 해에는 유치원 생활에 익숙해지면서 이전보다 규칙을 잘 지키고 교사의 지시에 따라 활동에 참여하였다. 다만, 의자에 앉아 있는 시간이 길어지면 몸을 꼼지락거리다가 결국 일어나서 교실 밖으로 나가기도 하였다. 또한 어른과 대화를 할 때 눈을 오래 맞추며 경청하기 힘들어하였고, 끝까지 듣지 않고 큰소리로 대답하였다. 아이들과 놀이할 때 전쟁 놀이라면서 장난감을 휘두르거나 세게 부딪치면서 거칠게 놀아서, 여자아이들은 민재 옆에 가지 않고 피하는 경우도 있었다. 아이들이 민재에게 물건을 던지지 말라고 이야기하면 알겠다고 수긍하면서도 갑자기 큰 소리를 지르거나 장난감을 바닥에 내팽개치며 놀라게 하여, 유치원에서 민재가 교사와 아이들의 지적을 받는 일이 많아지고 꾸중을 듣기도 하였다.

민재는 유치원 하원 후에는 집에서 할머니와 지냈는데, 할머니는 민재의 요구를 거의 다 들어주시는 편이라서 부모님이 귀가하기 전까지 주로 놀이터에서 몇 시간을 놀았다. 집에서는 산만하게 놀고 장난감을 심하게 어질러서 할머니가 놀아 주기 어려웠고, 만화를 보여 달라고 계속 졸라서 결국 TV를 많이 보게 되었다. 유치원에 다니기 시작한 만 3세경에 민재가 충동적인 행동으로 친구들을 방해하고 놀이터에서 위험한 행동도 해서 부모님이 집 근처 아동상담센터에 방문하였는데, ADHD가 의심되지만 아이가 어리니 지켜보기로 하고 양육방법에 대한 부모양육코칭을 받았다. 부모는 민재의 산만한 행동에 대해 지적과 처벌을 하지 않으려고 노력하였지만, 나이가 들어도 과잉 행동이 나아지지 않고 물건을 망가뜨리거나 잃어버리는 일이 많아 자주 주의를 주다가 결국 부모가 화를 내게 되었다. 유치원에서 7세 반이 되자 초등학교 입학을 준비하기 위해 책상에 앉아 공부하는 시간이 많아졌는데, 민재가 이를 거부하면서 교실을 이탈하고 유치원에 가기 싫다고 울기도 하였다. 억지로 유치원을 보내고 있었는데 2주 정도 지나자 민재가 한글 공부 시간에 갑자기 소리를 지르며 책과 연필을 던져 버렸고, 옆에 있던 친구가 이마에 책 모서리를 맞아 상처가 생겼다. 이 일로 유치원에서 처음으로 크게 꾸중을 듣고 나서 민재는 학습거부가 더욱 심해졌고, 같은 반 친구들 중에서는 민재가 무섭다면서 같이 놀지 않겠다는 아이들도 생겼다.

(3) 행동관찰

민재는 부모님과 함께 센터에 방문하였는데, 대기실에서 어머니에게 "공부하기 싫어. 집에 갈래."라면서 칭얼거렸다. 검사자를 보자 울먹거리는 표정으로 쳐다보았으나, 검사자가 그림을 보여 주고 블록맞추기를 할 것이라고 말하니 관심을 보이며 검사실로 같이 들어왔다. 검사실에서 의자에 앉았으나 바로 일어나서 책장의 물건을 만져 보았고, 지능검사의 소책자를 보여 주니 다시 착석하였다. 〈토막짜기〉 소검사의 블록을 보자마자 위로 쌓으면서 "잘하죠?"라고 말하였고, 검사자가 시범을 보여 줘도 주의를 기울이지 않고 블록을 가져가서 계속 위로 쌓았다. 검사자가 여러 번 지시를 반복하고 나서야 아동이 수행을 시작하였으며, 빠른 속도로 블록을 맞춘 후에 자신이 소책자의 책장을 바로 넘기려고 하였다. 〈모양맞추기〉 소검사에도 흥미를 보였는데, 성급하게 퍼즐을 놓고 "다 했어요."라고 말하고 나서 다음 퍼즐을 보려고 검사 자극이 들어 있는 상자를 만지는 경우도 있었다. 아동은 의자에 계속 앉아 있지는 않았지만, 그림을 보면서 수행하는 과제에서 책상 앞에 서서 그림에 주의를 기울이고 질문에 반응하였다. 그러나 검사자의 질문을 듣고 대답하는 과제를 수행하는 동안에는 검사실 안에서 뛰어서 왔다 갔다 하거나, 책상 위에 기어 올라오고 방바닥에 누워서 대답하는 등 매우 산만하였다. 〈어휘〉 소검사에서는 문제를 듣자마자 곧장 "몰라요."라고 하거나 엉뚱한 대답을 하기도 했고, 〈이해〉 소검사에서는 질문을 끝까지 듣지 않고 불쑥 생각난 내용을 말하기도 하였다. 〈그림기억〉 소검사에서는 자극페이지 그림을 주시하지 못하고 눈동자를 계속 움직이며 집중하지 못하다가, 반응페이지를 보여 주면 생각나지 않는다며 앞장을 다시 넘겨서 보려고 하였다. 도장을 찍어 표시하는 〈동형찾기〉, 〈동물짝짓기〉 소검사에서 처음에는 그림에 도장을 찍다가 나중에는 팔을 휘둘러서 그림 사이 빈 공간에 잘못 찍기도 하였다. 검사자가 아동을 계속 격려하면서 관심을 주고 촉구하니 아동이 검사를 거부하지는 않았지만, 소책자를 만지면서 "이거 다 할 거예요?" "언제 끝나요?"라고 자주 물어보았다. 전반적으로 지시에 따라 과제를 수행하려는 동기는 보였지만, 행동을 억제하며 착석하고 과제에 주의를 기울이며 집중하는 데 상당한 어려움을 보였다.

(4) K-WPPSI-IV 결과 및 해석
〈표 6-1〉 기본지표점수

척도		환산점수 합	지표점수	백분위	신뢰구간[1)] 90%(95%)	분류범주	SEM
언어이해	VCI	24	113	80.0	105 - 121 (103 - 123)	평균 이상	5.15
시공간	VSI	25	114	82.0	103 - 125 (101 - 127)	평균 이상	6.54
유동추론	FRI	18	96	38.0	89 - 103 (88 - 104)	평균	3.91
작업기억	WMI	11	73	4.0	65 - 81 (63 - 83)	경계선	4.81
처리속도	PSI	21	103	55.0	93 - 113 (91 - 115)	평균	6.54
전체 IQ	FSIQ	56	94	34.0	83 - 105 (81 - 107)	평균	6.35

[1)] 신뢰구간은 추정값의 표준오차를 사용하여 산출하였다.

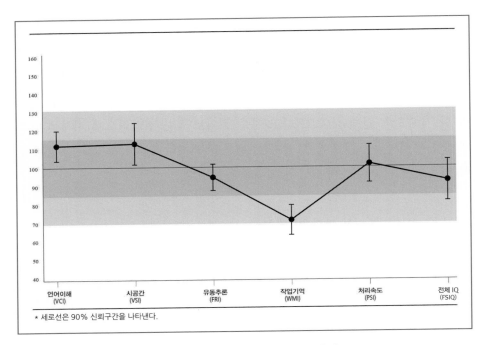

* 세로선은 90% 신뢰구간을 나타낸다.

[그림 6-1] 기본지표점수 프로파일

〈표 6-2〉 기본지표수준 강점/약점

척도		지표점수	비교점수[1]	점수차	임계값[2]	강점(S)/약점(W)	기저율[3]
언어이해	VCI	113	99.8	13.2	12.04	S	10-25%
시공간	VSI	114	99.8	14.2	14.47	-	5-10%
유동추론	FRI	96	99.8	-3.8	10.02	-	>25%
작업기억	WMI	73	99.8	-26.8	11.46	W	<1%
처리속도	PSI	103	99.8	3.2	14.47	-	>25%

[1] 비교점수는 기본지표점수의 평균(MIS)을 사용하여 산출하였다.
[2] 임계값의 유의수준은 .05이다.
[3] 기저율의 준거집단은 능력수준이다.

〈표 6-3〉기본지표수준 차이비교

점수1			점수2			점수차	임계값 [1]	유의성 Y/N	기저율 [2]
언어이해 VCI	113	—	시공간 VSI	114	=	-1	16.32	N	47.6
언어이해 VCI	113	—	유동추론 FRI	96	=	17	12.67	Y	17.6
언어이해 VCI	113	—	작업기억 WMI	73	=	40	13.81	Y	1.2
언어이해 VCI	113	—	처리속도 PSI	103	=	10	16.32	N	28.9
시공간 VSI	114	—	유동추론 FRI	96	=	18	14.93	Y	15.7
시공간 VSI	114	—	작업기억 WMI	73	=	41	15.91	Y	0.7
시공간 VSI	114	—	처리속도 PSI	103	=	11	18.13	N	26.3
유동추론 FRI	96	—	작업기억 WMI	73	=	23	12.15	Y	8.1
유동추론 FRI	96	—	처리속도 PSI	103	=	-7	14.93	N	39.8
작업기억 WMI	73	—	처리속도 PSI	103	=	-30	15.91	Y	3.1

[1] 임계값의 유의수준은 .05이다.
[2] 기저율의 준거집단은 능력수준이다.

〈표 6-4〉기본지표 소검사점수

소검사		원점수	환산점수	백분위	추정연령	SEM
토막짜기	BD	24	11	63.0	5:7	1.3
상식	IN	20	12	75.0	6:2	1.33
행렬추리	MR	8	6	9.0	<4:0	0.93
동형찾기	BS	29	9	37.0	4:10	1.85
그림기억	PM	9	6	9.0	<4:0	1.02
공통성	SI	23	12	75.0	6:5	1.17
공통그림찾기	PC	14	12	75.0	6:2	0.91
선택하기	CA	41	12	75.0	6:5	1.04
위치찾기	ZL	7	5	5.0	<4:0	1.44
모양맞추기	OA	34	14	91.0	≥7:6	1.54
어휘	VC	12	8	25.0	4:7	1.25
동물짝짓기	AC	18	7	16.0	4:3	1.82
이해	CO	14	8	25.0	4:8	1.3
수용어휘	RV	22	11	63.0	5:10	1.17
그림명명	PN	18	12	75.0	6:6	1.48
선택하기(비정렬)	CAR	24	14	91.0	≥7:6	1.53
선택하기(정렬)	CAS	17	9	37.0	5:1	1.37

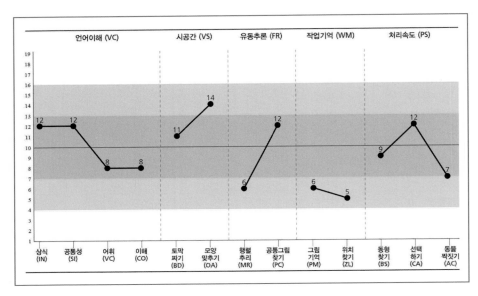

[그림 6-2] 기본지표 소검사점수 프로파일

〈표 6-5〉 기본지표 소검사점수 강점/약점

소검사		환산점수	비교점수[1]	점수차	임계값[2]	강점(S)/약점(W)	기저율[3]
상식	IN	12	9.9	2.1	3.52	-	10-25%
공통성	SI	12	9.9	2.1	3.14	-	10-25%
토막짜기	BD	11	9.9	1.1	3.45	-	>25%
모양맞추기	OA	14	9.9	4.1	4.02	S	2-5%
행렬추리	MR	6	9.9	-3.9	2.59	W	5-10%
공통그림찾기	PC	12	9.9	2.1	2.55	-	10-25%
그림기억	PM	6	9.9	-3.9	2.8	W	5-10%
위치찾기	ZL	5	9.9	-4.9	3.78	W	2-5%
동형찾기	BS	9	9.9	-0.9	4.77	-	>25%
선택하기	CA	12	9.9	2.1	2.84	-	10-25%

[1] 비교점수는 기본지표 소검사의 평균(MSS-I)을 사용하여 산출하였다.
[2] 임계값의 유의수준은 .05이다.
[3] 기저율의 준거집단은 능력수준이다.

〈표 6-6〉 기본지표 소검사수준 차이비교

	점수1		점수2			점수차	임계값[1]	유의성 Y/N	기저율[2]
상식	IN	12	공통성	SI	12 =	0	3.27	N	-
토막짜기	BD	11	모양맞추기	OA	14 =	-3	4.36	N	21.6
행렬추리	MR	6	공통그림찾기	PC	12 =	-6	2.83	Y	4.9
그림기억	PM	6	위치찾기	ZL	5 =	1	3.43	N	39.4
동형찾기	BS	9	선택하기	CA	12 =	-3	3.99	N	21.5

[1] 임계값의 유의수준은 .05이다.
[2] 기저율의 준거집단은 능력수준이다.

〈표 6-7〉 추가지표점수

척도		환산점수 합	지표점수	백분위	신뢰구간[1] 90%(95%)	분류범주	SEM
어휘습득	VAI	23	110	75.0	103 - 117 (101 -119)	평균 이상	5.3
비언어	NVI	44	90	25.0	82 - 98 (81 - 99)	평균	3.76
일반능력	GAI	41	101	53.0	94 - 108 (92 - 110)	평균	4.22
인지효율성	CPI	32	83	13.0	69 - 97 (67 - 99)	평균 이하	8.11

[1] 신뢰구간은 추정값의 표준오차를 사용하여 산출하였다.

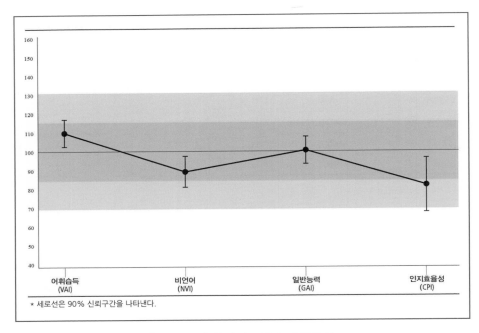

[그림 6-3] 추가지표점수 프로파일

〈표 6-8〉 추가지표수준 차이비교

점수1			점수2			점수차	임계값[1]	유의성 Y/N	기저율[2]
일반능력	GAI	101	—	전체IQ	FSIQ	94	= 7	8.32	N	10.8
일반능력	GAI	101	—	인지효율성	CPI	83	= 18	17.92	Y	6.8

[1] 임계값의 유의수준은 .05이다.
[2] 기저율의 준거집단은 능력수준이다.

〈표 6-9〉 추가지표 소검사점수

소검사		원점수	환산점수	백분위	추정연령	SEM
수용어휘	RV	22	11	63.0	5:10	1.17
그림명명	PN	18	12	75.0	6:6	1.48
선택하기 비정렬	CAR	24	14	91.0	≥7:6	1.53
선택하기 정렬	CAS	17	9	37.0	5:1	1.37

〈표 6-10〉 추가지표 소검사/처리점수 수준 차이비교

점수1			점수2			점수차	임계값[1]	유의성 Y/N	기저율[2]
수용어휘	RV	11	— 그림명명	PN	12 =	-1	3.34	N	44.5
선택하기(비정렬) CAR		14	— 선택하기(정렬) CAS		9 =	5	4.14	Y	2.0

[1] 임계값의 유의수준은 .05이다.
[2] 기저율의 준거집단은 능력수준이다.

(5) 지능평가 보고서 작성

본 장에서 소개하는 보고서는 가상의 사례를 통해 K-WPPSI-IV의 해석 절차와 자료 분석 과정을 학습하기 위해 저자가 작성한 것으로 실제 임상 현장에서 활용되는 심리평가보고서의 형식 및 내용과는 차이가 있음을 주의하기 바란다.

이름(성별):	서민재 (남)
나이:	만 5세 5개월
생년월일:	2015년 11월 3일
평가일자:	2021년 4월 13일

기본지표점수

지표	지표점수	백분위	신뢰구간(95%)	분류범주
언어이해(VCI)	113	80.0	103~123	평균상
시공간(VSI)	114	82.0	101~127	평균상
유동추론(FRI)	96	38.0	88~104	평균
작업기억(WMI)	73	4.0	63~83	경계선
처리속도(PSI)	103	55.0	91~115	평균
전체 IQ	94	34.0	81~107	평균

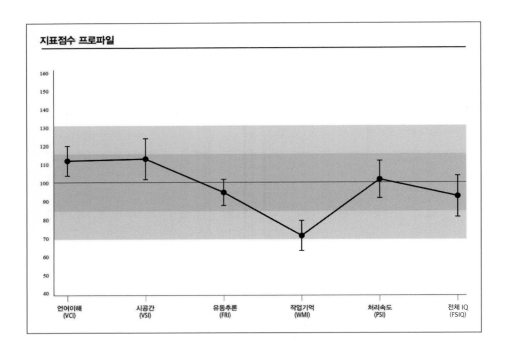

지표점수 프로파일

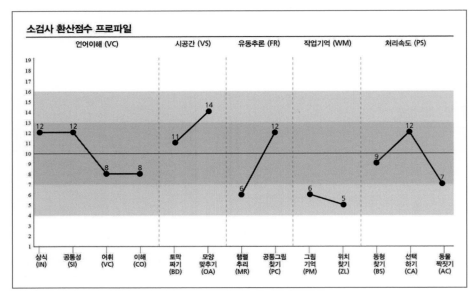

소검사 환산점수 프로파일

한국 웩슬러 유아지능검사(K-WPPSI-IV)로 측정한 결과, 전체 IQ는 94이며 또래 아동과 비교했을 때 전반적인 인지능력은 [평균] 수준으로 백분위 34에 해당한다(95% 신뢰구간 81~107). 기본지표점수 결과를 살펴보면, 언어이해지표는 113으로 [평균상] 수준, 시공간지표는 114로 [평균상] 수준, 유동추론지표는 96으로 [평균] 수준, 작업기억지표는 73으로 [경계선] 수준, 처리속도지표는 103으로 [평균] 수준에 해당한다.

　언어이해지표(VCI)는 113으로 [평균상] 수준에 해당하여, 언어적 개념형성 능력의 발달과 상식적 지식 습득 수준이 양호하다(백분위=80.0, 95% 신뢰구간 103~123). 언어이해지표(VCI)는 유동추론지표(VCI > FRI, 기저율 17.6%), 작업기억지표(VCI > WMI, 기저율 1.2%)보다 유의미하게 더 높았으므로 아동은 언어를 사용하여 추론하고 사고하는 능력이 시지각적 추론 능력 및 시각적 단기기억과 주의 유지 능력에 비해 더 잘 발달되어 있다. 아동은 환경과 경험으로부터 지식을 배워서 기억하고 인출하는 능력과 언어적 개념형성 능력의 발달 및 기본적인 단어 지식의 습득은 양호하다(상식=12, 공통성=12, 수용어휘=11, 그림명명=12). 그러나 단어의 뜻이나 사회적 상황에 대한 지식을 문장으로 설명해야 하는 과제 수행은 부진하다(어휘=8, 이해=8). 단어로 답하는 과제에서는 양호한 수행을 보였지만 다소 길고 조리 있는 언어 구사를 요하는 과제에서 상대적으로 낮은 수행을 보인 점으로 보아, 아동은 언어적 추론 능력과 상식적 지식 습득 수준에 비해 언어적 표현력과 유창성은 부진해 보인다. 즉 아동은 자신의 생각, 바람, 의도 등을 언어로 조리 있게 설명하며 전달하는 능력의 발달이 부진하여, 새롭거나 다소 복잡한 대인적 자극 혹은 사회적 상황에 대해 의사소통하는 데 어눌한 모습을 보일 수 있겠다. 또한 아동은 상식적 지식 습득이 풍부한데 비해 일상적 상황에 대한 실제적인 지식이 약간 빈약한 상태로 실제 생활이나 대인 관계에 대한 이해력과 판단력의 발달이 다소 부족해 보인다. 언어이해지표 소검사들의 결과를 고려할 때, 아동이 또래 관계에서 말보다 행동이 앞서는 대처 방식을 주로 사용하고 대인적 갈등 상황에 적절히 대응하지 못하는 어려움을 보이는 것은 충동적인 행동 문제와 더불어 언어적 표현력과 사회적 이해력의 부진이 관련되어 보인다.

시공간지표(VSI)는 114로 [평균상] 수준에 해당하여, 시각적 이미지로 사고하고 이를 손으로 조작하는 능력과 시지각적 조직화 능력이 양호한 발달을 보인다(백분위 82.0, 95% 신뢰구간 101~127). 시공간적 자극을 분석하고 통합하는 능력과 구체적인 시각 자극의 부분을 조합하여 전체 형태를 완성하는 시지각적 구성능력의 발달이 높은 수준이다(토막짜기＝11, 모양맞추기＝14). 아동이 시각 자극을 손으로 맞추는 과제에서 다른 과제에 비해 집중력을 발휘하여 문제해결 방법을 찾아내는 점을 고려하면, 시각 자극을 눈으로 보며 손으로 조작하는 활동에서 아동이 주의집중력을 보다 잘 발휘할 수 있을 것으로 보인다.

유동추론지표(FRI)는 96으로 [평균] 수준에 해당하며, 지표점수에 속하는 소검사들의 수행에 유의미한 편차가 나타났다(백분위 38.0, 95% 신뢰구간 88~104). 아동은 구체적인 사물 그림들에 대해 공통적인 속성을 찾아내는 과제 수행이 양호하지만, 그림들의 배열에서 규칙성을 유추하는 과제 수행이 저조하다(행렬추리＝6, 공통그림찾기＝12). 행렬추리 소검사 문항에 대한 반응에서 앞서 성공한 문제해결 방식을 다른 문항에 잘못 적용하여 실패하는 점을 고려하면, 아동은 시행착오를 활용하여 융통성 있게 문제해결 방법을 찾는 데 다소 어려움을 보인다.

작업기억지표(WMI)는 73으로 [경계선] 수준에 해당하여, 시각 자극에 주의를 기울여 집중하고 기억하는 능력의 발달이 저조하다(백분위 4.0, 95% 신뢰구간 63~83). 작업기억지표(WMI)는 아동의 인지적 약점(WMI < MIS, 기저율＝ < 1%)에 해당하며, 다른 모든 지표점수들에 비해 유의미하게 점수가 낮았다(WMI < VCI, 기저율＝1.2%; WMI < VSI, 기저율＝0.7%; WMI < FRI, 기저율＝8.1%; WMI < PSI, 기저율＝3.1%). 즉, 아동은 시각 자극에 즉각적으로 주의를 기울여 기억하는 주의집중과 작업기억 능력의 발달이 언어적 개념형성 능력, 지각적 조직화 능력, 시각적 추론 능력 및 신속한 처리 능력의 발달에 비해 낮은 수준이다. 소검사수준에서도 그림기억 소검사와 위치찾기 소검사는 모두 인지적 약점이다(그림기억 < MSS-I, 누적비율＝5-10%; 위치찾기 < MSS-I, 누적비율＝2-5%). 구

체적으로 살펴보면, 제시된 그림을 기억하여 재인하는 과제와 그림의 위치를 부호화하여 회상하는 과제에서 시각적 단기기억에 어려움을 보였다(그림기억 =6, 위치찾기=5). 이러한 결과를 종합하면, 아동은 주의력과 작업기억력의 발달이 저조하여 일상 생활에서 중요한 정보를 효율적으로 받아들이고 유지하여 목표지향적인 활동을 적절히 수행하기 어려울 것으로 보인다. 더불어 주의집중의 어려움으로 인해 정신적 노력을 지속적으로 기울이지 못하여, 새롭거나 다소 복잡한 지적 자극에 대한 문제해결과 학습에 자신의 지적 잠재력을 충분히 발휘하지 못할 수 있겠다.

처리속도지표(PSI)는 103으로 [평균] 수준에 해당하며, 이 지표점수에 속하는 소검사들의 수행에 유의미한 편차가 나타났다(백분위 55.0, 95% 신뢰구간 91~115). 시각적 비교 과정을 통해 시각 자극을 빠르게 변별하는 능력이 [평균] 수준이며 일상적인 사물 그림들 중에서 민첩하게 목표 자극을 찾는 시지각적 변별 능력은 양호하나(동형찾기=9, 선택하기=12), 동물과 짝지어진 도형을 신속하게 표시하는 시지각적 상징 연합 기술은 또래에 비해 저조하다(동물짝짓기 =7). 사실적인 이미지를 다루는 보다 간단한 과제에서 가장 높은 수행을 보인 점을 고려하면, 아동은 추상적인 그림에 지속적인 정신적 노력을 기울여 빠르게 처리하는 능력의 발달이 부진하다. 특히, 선택하기 소검사 중 먼저 시행된 비정렬 과제 수행이 바로 다음에 시행된 정렬 과제 수행보다 유의미하게 높은데, 이는 아동이 지적 자극에 쉽게 지루해지고 피로하여 흥미를 느낀 자극에 대해서도 급속히 주의력이 저하되는 면을 반영한다. 그러므로 아동은 지적 활동에서 긴 시간 동안 정해진 분량을 수행하는 것보다는 짧은 시간 동안 자극에 주의집중하는 연습을 하도록 지도하는 것이 효과적일 것으로 보인다.

기본지표에서 나타난 결과에 보충적인 정보를 제공하는 추가지표를 살펴보면, 일반능력지표(GAI)가 [평균] 수준인데 비해 인지효율성지표(CPI)는 [평균 하] 수준으로 유의미한 차이를 보였으므로(GAI > CPI, 기저율=6.8%), 언어적 개념형성과 시지각적 추론 능력이 주의집중과 작업기억 능력보다 더 잘 발달되어 있다.

종합적으로 언어적 및 비언어적 개념형성과 사고력, 지각적 조직화 능력 등 인지적 자원을 나타내는 지표점수들은 [평균상] 수준인데 비해 주의집중과 작업기억 능력의 발달이 [경계선] 수준으로 저조하며, 아동은 주의집중력의 발달이 저조하여 자신의 지적 잠재력을 인지적 활동이나 일상 생활에서 충분히 발휘하는 데 어려움을 겪을 것으로 보인다. 이와 더불어 유창한 언어표현 능력의 발달이 부진하여 조리 있게 자신의 생각과 감정에 대해 타인과 의사소통하기 어렵고, 중요한 사회적 단서에 주의를 기울이지 못해 사회적 상황을 적절히 파악하여 대응하지 못하여 또래관계나 단체 생활 적응에 곤란을 겪을 것으로 보인다.

요약

- 한국 웩슬러 유아지능검사(K-WPPSI-IV) 결과, 아동의 전반적인 인지 발달은 [평균] 수준에 해당한다(전체 IQ=94). 언어이해지표와 시공간지표는 [평균상] 수준, 유동추론지표와 처리속도지표는 [평균] 수준, 작업기억지표는 [경계선] 수준에 해당한다(VCI=113, VSI=114, FRI=96, PSI=103, WMI=73).
- 작업기억지표가 인지적 약점으로 시각 자극에 대한 주의집중과 작업기억 능력의 발달이 저조하다. 소검사 수행 결과도 작업기억 지표에 속하는 〈그림기억〉과 〈위치찾기〉 소검사가 인지적 약점이다. 아동은 시각 자극에 주의를 유지하여 기억하고, 중요한 정보를 효율적으로 지각하며 작업하는 능력의 발달이 저조하여 일상 생활과 지적 과제 수행에 어려움을 겪을 것으로 보인다.
- 언어이해지표가 [평균상] 수준으로 개념형성 능력의 발달은 양호하지만, 〈어휘〉와 〈이해〉 소검사 수행 양상으로 보아 아동은 조리 있고 유창한 언어표현 능력의 발달이 저조하다. 이로 인해 아동은 대인관계에서 상대방과 언어로 자신의 의도와 감정 등을 충분히 소통하면서 상호작용하기 어

려울 것으로 보인다. 아동이 행동 조절과 억제 능력의 발달이 저조한 점을 함께 고려하면, 또래관계에서 친구들과 언어로 의견을 조율하거나 자신의 생각을 전달하기 전에 충동적으로 행동하여 부정적인 피드백을 받을 수 있겠다. 또한 부정적인 감정이나 불편한 상황을 타인에게 언어로 표현하며 소통하기 어려워서 다소 과격한 행동으로 표출하는 부적절한 대처 방법을 사용하고 대인적 갈등을 겪을 가능성이 있다.

- 시공간지표가 [평균상] 수준으로 시각적 이미지로 사고하고 손으로 조작하는 능력과 지각적 조직화 능력의 발달이 양호하다. 아동은 단순하고 반복적인 시각 자극에 주의력을 기울여 기억하고 집중하는 능력이 저조한 반면, 시각 자극을 손으로 조작하면서 눈과 손의 협응을 통해 형태의 부분과 전체의 관계를 파악하여 전체 모양을 완성하는 능력의 발달은 또래에 비해 높은 수준이다. 그러므로 인지적 활동에 대한 동기를 높이고 주의집중 능력을 향상시키기 위해서는 다양한 시각적 자극을 손으로 조작하고 만지는 능동적인 활동을 활용하는 것이 도움이 되겠다.

- 아동은 내년 초등학교 입학을 앞두고 유치원에서 학교 생활 적응을 연습하는 시간에 참여가 어렵고, 책상에 앉아 글자와 숫자 배우기에 거부감을 보이고 있다. 지식 습득 능력, 언어 및 시각적 추론과 사고력의 발달이 연령대에 적합한 수준이므로 학습 거부는 저조한 인지적 능력의 문제가 아니라 행동 억제와 주의집중의 어려움에서 기인된 것으로 보인다. 더불어 유치원에서 학습 활동이 많아지면서 부정적인 감정과 충동적인 행동 표출이 심해지고 이로 인해 또래에게 부정적인 피드백을 받으며 원만한 관계 형성에 곤란을 겪고 있다. 그러므로 아동이 현재 경험하고 있는 정서, 사회성 및 대인 관계 문제에 대한 종합적인 평가를 시행하고, 이를 근거로 적절한 치료적 개입 방법을 계획하며 부모와 상담할 필요가 있다.

교육적 제언

- 아동은 행동 조절과 주의집중의 어려움으로 인해 학습에 거부감을 느끼며 동기가 저하되고, 학습과 학교 생활 적응에 자신의 지적 능력을 발휘하지 못할 가능성이 있다. 지적 활동과 학업 수행에 거부감을 줄이고 자신감을 키울 수 있도록 아동의 주의폭과 집중력을 고려하여 학습 내용과 지속 시간을 정하는 것이 필요하다. 또한 학습 장소에 지나치게 많거나 강한 자극이 제시되지 않도록 환경을 조성하고, 아동의 컨디션이나 주변 상황을 고려하여 적합한 시간과 장소를 선택한다. 어렵거나 반복적인 지적 자극보다 아동이 흥미를 느끼고 성공할 수 있는 적절한 내용과 난이도의 활동을 주로 사용한다.
- 또래 아동들의 수행 수준에 맞추기보다는 아동의 이전 수행보다 조금씩 향상되는 데 목표를 두고 학습을 진행한다. 착석하고 집중하며 수행하는 아동의 노력과 의지에 대해 부모와 교사의 인정과 칭찬이 매우 중요하다. 특히 실패와 좌절을 경험하는 상황에서 결과보다 아동의 노력과 인내력이 의미 있다는 것을 부각시키며 긍정적 보상을 제공한다.

치료적 제언

- 행동 조절과 억제 능력 향상, 부정적 감정에 대한 언어적 소통 능력 발달, 사회적 상황에 대한 판단력과 적절한 대처 방법 습득 및 사회적 기술 연습을 위한 개별 및 그룹 인지행동 놀이치료
- 언어 표현과 사회적 의사소통 능력을 향상시키기 위한 언어치료
- ADHD 증상에 대한 이해와 적절한 양육 방법 및 문제행동 수정 방법을 상담하기 위한 부모양육코칭
- 과잉행동과 충동성 및 주의력 결핍 증상에 대한 약물치료 상담을 위한 소아정신과 전문의 진료

② 자폐스펙트럼장애

(1) 의뢰사유

수오는 만 5세 9개월 남아로 올해 초부터 어린이집에 가지 않겠다고 울면서 떼를 쓰는 날이 점점 많아지고, 어린이집에서는 혼자 구석에서 노는 모습을 자주 보인다. 어린이집 친구들이 가까이 다가오면 같이 어울리지 못하고 피하며, 놀이 시간에는 주로 교사에게 가서 자신이 좋아하는 자동차에 대한 이야기를 계속 말하고 싶어 한다. 내년 초등학교 입학을 앞두고 수오가 학교 적응과 또래관계 형성에 어려움을 겪을 것이 걱정되어, 수오의 발달수준과 심리적 상태를 파악하고 사회적 적응을 돕기 위한 개입 방법을 상담하기 위해 부모님이 심리평가를 의뢰하였다.

(2) 배경 정보

수오는 자연분만으로 출생하였으며, 출생시 특이 사항은 없었다. 기질이 까다로운 편으로 쉽게 잠들지 못하여 재우기 어렵고 작은 소리에도 깨서 울었으며, 모유와 분유를 모두 잘 먹지 않고 많이 보챘다. 낯가림이 심하여 낯선 장소에 가거나 낯선 사람이 다가오면 자지러지듯이 울어서 주로 집에서 가족들과 지냈다. 기기, 앉기, 걷기 등의 운동발달은 정상 범위였고 부모님에게는 눈맞춤을 잘하였으나, 부모님 이외의 사람들은 쳐다보지 않고 눈길을 피하였으며 이름을 불러도 반응이 없었다. 언어발달은 지연되지 않아 부모님과 일상적인 대화에 큰 어려움은 없었지만, 부모님에게 주로 자신의 요구사항이나 관심사를 말하기만 하고 부모님이 하는 말에 귀를 기울여 듣지 않았다. 촉감 놀이나 장난감에는 거의 관심을 보이지 않고 바퀴가 달린 물건을 굴리는 것을 좋아했으며, 아이들이 좋아하는 만화는 보지 않고 기차나 비행기가 나오는 영상을 반복해서 보여 달라고 졸라서 밥을 먹을 때에는 꼭 영상을 보여 주어야 했다. 처음 먹어 보거나 냄새가 강한 음식은 거부하였고, 새 옷을 입지 않으려고 하고 낡은 옷을 고집하여 부모님은 새 옷을 여러 번 빨아서 입혀야 했다.

수오는 생후 40개월에 어린이집에 처음 다니기 시작했는데, 한 달이 지나도록 부모님과 헤어질 때 심하게 울고 진정되지 않았다. 어린이집에서는 선생님에게 안겨서 떨어지지 않고 또래 아이들에게 전혀 관심을 보이지 않았으며, 잠시 진정되었다가도 아이들이 다가오거나 쳐다보면 더욱 심하게 울음을 터뜨렸다. 결국 어린이집을 중단하였고, 아동은 부모님과 외출해도 또래 아이들이 보이면 부모님 뒤에 숨고 놀이터에서도 놀지 않았다. 당시에는 집에서도 주로 블록을 가지고 놀거나 좋아하는 책을 넘겨보며 혼자 놀았고, 수오가 블록으로 만든 것에 부모님이 관심을 보여도 반응을 보이지 않았지만 자신이 늘어놓은 블록과 책을 부모님이 치우면 심하게 화를 내면서 소리를 질러서 부모님은 수오의 물건을 실수로 건드리지 않으려고 주의해야 했다. 영상을 틀어 달라고 요청하는 경우를 제외하면 수오는 부모님에게 먼저 말을 걸거나 접근하는 행동이 별로 없었다. 만 4세가 지나면서 수오는 기차에 대한 흥미가 더욱 커져서 기차가 달리는 영상을 반복해서 보려고 했고, 기차의 종류와 노선에 대해 알아보기 위해 서점에서 관련된 책을 사 달라고 하여 하루 종일 보거나 인터넷을 검색하면서 몰두하였다. 기차와 관련된 이야기를 부모님에게 계속하고, 부모님이 다른 내용에 대해 대화하려고 하면 제대로 듣지 않고 자신이 하고 싶은 기차 이야기로 결국 돌아갔다. 기차가 달리는 영상에서 나오는 기차 소리나 경적 소리는 좋아하였지만, 집 밖에서 구급차나 오토바이가 지나갈 때 나는 소리는 작은 소리까지도 잘 듣고 거슬려 하면서 귀를 막는 행동도 보였다.

　부모님은 수오를 만 4세경에 어린이집에 다시 보냈는데, 수오는 예전처럼 심하게 울지는 않았지만 COVID-19로 인해 어린이집이 휴원을 반복하여 한 달에 며칠밖에 가지 못하였다. 어린이집에 가면 아이들에게 관심이 없이 블록 장난감을 만지며 놀았고, 아이들이 블록 장난감을 가지고 놀고 있으면 항상 보는 책을 가지고 아이들이 없는 구석에서 혼자 보았다. 아이들이 다가오면 피하지는 않았지만 쳐다보거나 말을 하지 않고 대답도 하지 않았으며, 같은 반 친구들의 이름을 전혀 알지 못하였다. 워낙 아이들을 가끔 만나고 마스크를 써서 얼굴을 제대로 알지 못하여 그런 줄 알았으나, 올해부터 매일 어린이집에 다녀

도 여전히 친구들에게 관심이 없고 길에서 같은 반 친구가 이름을 불러도 수오
는 전혀 대꾸하지 않는다. 어린이집에서 책상에 앉아서 교사가 책을 읽어 주거
나 간단한 학습을 하는 시간에는 참여하지만, 단체로 율동이나 운동을 하는 활
동은 함께하지 않으려 하며 교실 밖으로 나가서 복도에 앉아서 책을 본다. 또
한 그림그리기, 가위질하기, 점토놀이 등 손으로 조작하고 만지는 놀이는 싫어
하여 교사가 옆에서 도와주어도 금방 중단하고 짜증을 내며 자리를 이탈하는
경우가 많다. 최근 어린이집에서 가족을 초대하여 아동들이 노래를 부르는 공
연을 보여 주고 가족들이 함께 레크리에이션을 하는 행사에 부모님이 다녀왔
는데, 수오가 친구들과 함께 노래를 부르지 않고 가만히 서 있기만 했고 활동
에도 참여하지 않으며 다른 아이들에게 관심이 없이 부모님 옆에만 붙어 있는
모습을 보고 걱정이 커졌다.

(3) 행동관찰

수오는 또래보다 체격이 약간 작고 마른 편이었으며, 부모님과 함께 센터에
방문하였다. 검사자가 가까이 다가가자 수오는 굳은 표정으로 아버지 뒤에 서
서 검사자를 힐끗 쳐다보고 눈길을 돌렸다. 부모님과 함께 검사실로 들어와
서 지시에 따라 착석하였고, 부모님이 인사를 하고 검사실을 나가도 쳐다보지
않고 가만히 있었다. 검사자가 말을 걸자 눈을 맞추었으나 곧 시선을 돌리면
서 "지하철 2호선 타고 왔어요. 합정역에서 환승했어요."라고 말하였고, "용산
역에서 KTX 탈 수 있어요."라며 기차에 대한 이야기를 하였다. 지능검사 소책
자 그림과 블록을 보여 주니 흥미를 보이며 만져 보았고, 검사자가 블록으로
맞추는 시범을 보이자 주의깊게 쳐다보았다. 블록과 그림 조각을 맞추거나 소
책자의 그림을 보면서 질문에 답하는 소검사에 관심을 보이며 집중할 수 있었
지만, 〈어휘〉 소검사에서는 단어의 뜻을 설명하지 않고 검사와 관련없는 버스
와 지하철 이야기를 하는 모습을 보였다. 〈이해〉 소검사에서도 문항에 대답하
다가 갑자기 기차역과 기차 노선 및 기차의 종류에 대한 이야기를 시작하며 장
황하게 말하였고, 검사자의 반응은 신경쓰지 않고 하고 싶은 이야기를 길게 하

였다. 검사 도중에 의자에서 일어나서 문 쪽으로 걸어가서 "힘들어."라고 말하였으나 혼자서 밖으로 나가지는 않았고, 쉬는 시간 이후에 검사실로 들어와서 끝까지 협조적으로 과제를 수행하였다.

(4) K-WPPSI-IV 결과 및 해석

〈표 6-11〉 기본지표점수

척도		환산점수 합	지표점수	백분위	신뢰구간[1] 90%(95%)	분류범주	SEM
언어이해	VCI	18	95	36.0	87 - 103　(85 - 105)	평균	5.04
시공간	VSI	26	117	87.0	106 - 128 (104 - 130)	평균 이상	7.04
유동추론	FRI	13	81	11.0	74 - 88　(73 - 89)	평균 이하	3.58
작업기억	WMI	19	98	45.0	90 - 106　(88 - 108)	평균	5.49
처리속도	PSI	16	89	20.0	79 - 99　(77 - 101)	평균 이하	7.79
전체 IQ	FSIQ	54	91	27.0	80 - 102　(78 - 104)	평균	6.04

[1] 신뢰구간은 추정값의 표준오차를 사용하여 산출하였다.

* 세로선은 90% 신뢰구간을 나타낸다.

[그림 6-4] 기본지표점수 프로파일

〈표 6-12〉 기본지표수준 강점/약점

척도		지표점수	비교점수[1]	점수차	임계값[2]	강점(S)/약점(W)	기저율[3]
언어이해	VCI	95	96	-1	12.16	-	>25%
시공간	VSI	117	96	21	15.61	S	1-2%
유동추론	FRI	81	96	-15	9.9	W	10-25%
작업기억	WMI	98	96	2	12.91	-	>25%
처리속도	PSI	89	96	-7	16.96	-	>25%

[1] 비교점수는 기본지표점수의 평균(MIS)을 사용하여 산출하였다.
[2] 임계값의 유의수준은 .05이다.
[3] 기저율의 준거집단은 능력수준이다.

〈표 6-13〉 기본지표수준 차이비교

점수1			점수2			점수차	임계값[1]	유의성 Y/N	기저율[2]
언어이해 VCI	95	—	시공간	VSI	117	= -22	16.97	Y	8.9
언어이해 VCI	95	—	유동추론	FRI	81	= 14	12.12	Y	22.9
언어이해 VCI	95	—	작업기억	WMI	98	= -3	14.61	N	50.2
언어이해 VCI	95	—	처리속도	PSI	89	= 6	18.19	N	36.3
시공간 VSI	117	—	유동추론	FRI	81	= 36	15.48	Y	3.1
시공간 VSI	117	—	작업기억	WMI	98	= 19	17.5	Y	10.8
시공간 VSI	117	—	처리속도	PSI	89	= 28	20.58	Y	6.7
유동추론 FRI	81	—	작업기억	WMI	98	= -17	12.85	Y	20.7
유동추론 FRI	81	—	처리속도	PSI	89	= -8	16.8	N	38.2
작업기억 WMI	98	—	처리속도	PSI	89	= 9	18.68	N	27.7

[1] 임계값의 유의수준은 .05이다.
[2] 기저율의 준거집단은 능력수준이다.

〈표 6-14〉 기본지표 소검사점수

소검사		원점수	환산점수	백분위	추정연령	SEM
토막짜기	BD	28	13	84.0	6:11	1.43
상식	IN	19	10	50.0	5:7	1.39
행렬추리	MR	11	7	16.0	4:9	0.99
동형찾기	BS	35	9	37.0	5:6	1.8
그림기억	PM	12	7	16.0	4:5	1.1
공통성	SI	17	8	25.0	4:10	1.18
공통그림찾기	PC	8	6	9.0	4:4	0.73
선택하기	CA	27	7	16.0	4:7	1.7
위치찾기	ZL	13	12	75.0	7:1	1.61
모양맞추기	OA	34	13	84.0	≥7:6	1.64
어휘	VC	16	9	37.0	5:7	1.12
동물짝짓기	AC	29	9	37.0	5:7	1.2
이해	CO	13	7	16.0	4:6	1.47
수용어휘	RV	-	-	-	-	-
그림명명	PN	-	-	-	-	-
선택하기(비정렬)	CAR	14	8	25.0	4:9	1.8
선택하기(정렬)	CAS	13	6	9.0	4:3	1.64

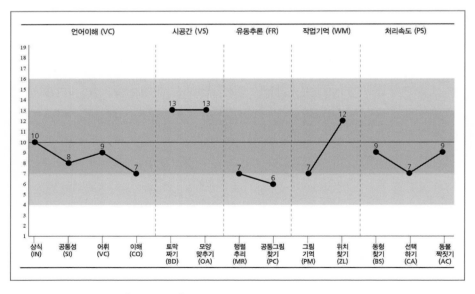

[그림 6-5] 기본지표 소검사점수 프로파일

〈표 6-15〉 기본지표 소검사수준 강점/약점

소검사		환산점수	비교점수[1]	점수차	임계값[2]	강점(S)/약점(W)	기저율[3]
상식	IN	10	9.2	0.8	3.69	-	>25%
공통성	SI	8	9.2	-1.2	3.2	-	>25%
토막짜기	BD	13	9.2	3.8	3.79	S	5-10%
모양맞추기	OA	13	9.2	3.8	4.29	-	5-10%
행렬추리	MR	7	9.2	-2.2	2.77	-	10-25%
공통그림찾기	PC	6	9.2	-3.2	2.21	W	10-25%
그림기억	PM	7	9.2	-2.2	3.02	-	10-25%
위치찾기	ZL	12	9.2	2.8	4.22	-	10-25%
동형찾기	BS	9	9.2	-0.2	4.67	-	>25%
선택하기	CA	7	9.2	-2.2	4.43	-	10-25%

[1] 비교점수는 기본지표 소검사의 평균(MSS-I)을 사용하여 산출하였다.
[2] 임계값의 유의수준은 .05이다.
[3] 기저율의 준거집단은 능력수준이다.

〈표 6-16〉 기본지표 소검사수준 차이비교

점수1			점수2			점수차	임계값[1]	유의성 Y/N	기저율[2]
상식	IN	10	공통성	SI	8	= 2	3.27	N	36.0
토막짜기	BD	13	모양맞추기	OA	13	= 0	4.36	N	-
행렬추리	MR	7	공통그림찾기	PC	6	= 1	2.83	N	45.5
그림기억	PM	7	위치찾기	ZL	12	= -5	3.43	Y	11.3
동형찾기	BS	9	선택하기	CA	7	= 2	3.99	N	32.4

[1] 임계값의 유의수준은 .05이다.
[2] 기저율의 준거집단은 능력수준이다.

〈표 6-17〉 추가지표점수

척도		환산점수 합	지표점수	백분위	신뢰구간[1] 90%(95%)	분류범주	SEM
어휘습득	VAI	-	-	-	- (-)	-	-
비언어	NVI	42	87	19.0	79 - 95 (78 - 96)	평균 이하	4.08
일반능력	GAI	38	96	39.0	89 - 103 (87 - 105)	평균	4.47
인지효율성	CPI	35	89	23.0	75 - 103 (73 - 105)	평균 이하	9.06

[1] 신뢰구간은 추정값의 표준오차를 사용하여 산출하였다.

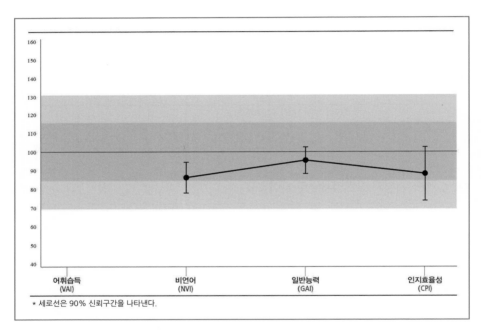

[그림 6-6] 추가지표점수 프로파일

〈표 6-18〉 추가지표수준 차이비교

점수1			점수2			점수차	임계값[1]	유의성 Y/N	기저율[2]
일반능력 GAI	96	—	전체IQ	FSIQ	91 =	5	7.61	N	17.9
일반능력 GAI	96	—	인지효율성	CPI	89 =	7	19.8	N	25.5

[1] 임계값의 유의수준은 .05이다.
[2] 기저율의 준거집단은 능력수준이다.

〈표 6-19〉 추가지표 소검사점수

소검사		원점수	환산점수	백분위	추정연령	SEM
수용어휘	RV	-	-	-	-	-
그림명명	PN	-	-	-	-	-
선택하기 비정렬	CAR	14	8	25.0	4:9	1.8
선택하기 정렬	CAS	13	6	9.0	4:3	1.64

〈표 6-20〉 추가지표 소검사/처리점수 수준 차이비교

	점수1			점수2		점수차	임계값[1]	유의성 Y/N	기저율[2]
수용어휘	RV	-	— 그림명명	PN	-	= -	-	-	
선택하기(비정렬) CAR		8	— 선택하기(정렬) CAS		6	= 2	4.14	N	22.5

[1] 임계값의 유의수준은 .05이다.
[2] 기저율의 준거집단은 능력수준이다.

(5) 지능평가 보고서 작성

이름(성별):	전수오 (남)
나이:	만 5세 9개월
생년월일:	2015년 10월 15일
평가일자:	2021년 8월 9일

기본지표점수

지표	지표점수	백분위	신뢰구간(95%)	분류범주
언어이해(VCI)	95	36.0	85~105	평균
시공간(VSI)	117	87.0	104~130	평균상
유동추론(FRI)	81	11.0	73~89	평균하
작업기억(WMI)	98	45.0	88~108	평균
처리속도(PSI)	89	20.0	77~101	평균하
전체 IQ	91	27.0	78~104	평균

지표점수 프로파일

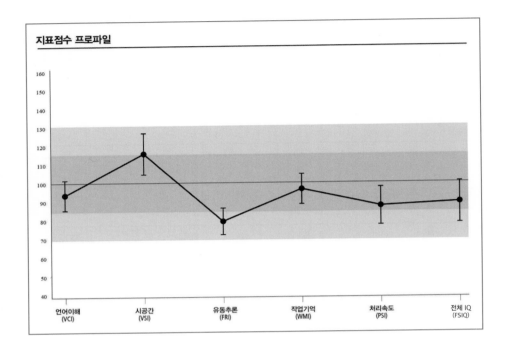

소검사 환산점수 프로파일

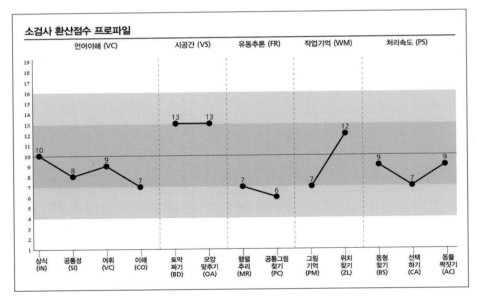

한국 웩슬러 유아지능검사(K-WPPSI-IV)로 측정한 결과, 전체 IQ는 91이며 또래 아동과 비교했을 때 전반적인 인지능력은 [평균] 수준으로 백분위 27에 해당한다(95% 신뢰구간 78~104). 기본지표점수에 대한 결과를 살펴보면, 언어이해지표는 95로 [평균] 수준, 시공간지표는 117로 [평균상] 수준, 유동추론지표는 81로 [평균하] 수준, 작업기억지표는 98로 [평균] 수준, 처리속도지표는 89으로 [평균하] 수준에 해당한다.

언어이해지표(VCI)는 95로 [평균] 수준에 해당하여, 기본적인 어휘력과 언어적 표현력의 발달이 연령대에 적합하게 발달되어 있다(백분위=36.0, 95% 신뢰구간 85~105). 일반적인 상식과 단어의 의미를 습득하고 기억하여 인출하는 능력의 발달은 연령대에 적합하게 발휘되고 있다(상식=10, 어휘=9). 그러나 〈어휘〉 소검사의 반응을 살펴보면, 아동은 단어의 뜻을 간단히 설명하기는 했지만 자신의 관심사와 관련된 이야기를 맥락에 맞지 않게 말하고 검사자의 반응과 상관없이 하고 싶은 이야기를 일방적으로 장황하게 말하였다. 이러한 수행을 고려할 때 아동은 자신의 관심 주제와 관련된 내용은 언어로 길게 표현할 수 있으나, 흥미나 감정을 타인과 공유하면서 상황과 맥락에 맞게 대화하는 사회적 상호작용과 의사소통에 상당한 결함을 보인다. 즉, 아동은 기본적인 지식과 어휘를 습득하고 있지만 이러한 언어적 능력을 사회적 상호작용에서 적절히 대화를 주고 받는 데에는 사용하지 못하고 있어 화용언어 능력에 어려움을 보인다. 두 단어의 공통점을 찾는 과제에서도 아동은 상위 개념으로 범주화하는 답변은 상당히 빈약하고 주로 구체적인 유사점을 대답하였으므로 언어적 추론 능력과 개념형성 능력의 발달은 부진하다(공통점=8). 사회적인 상황에 대해 원인과 결과를 이해하는 능력 및 관습적인 대처 방법에 대한 지식이 상당히 부족한데, 아동은 일반적인 지식을 습득하는 능력의 발달은 연령에 적합한 수준이지만 실제적, 사회적인 지식을 배우고 활용하는 능력의 발달이 저조하다(이해=7).

시공간지표(VSI)는 117로 [평균상] 수준에 해당하여, 시지각적 자료를 해석하고 조직화하는 능력의 발달이 양호하다(백분위 87.0, 95% 신뢰구간 104~130).

시공간지표(VSI)는 아동의 인지적 강점(VSI > MIS, 기저율=1~2%)에 해당하며, 다른 모든 지표점수들에 비해 유의미하게 점수가 높았다(VSI > VCI, 기저율=8.9%; VSI > FRI, 기저율=3.1%; VSI > WMI, 기저율=10.8%; VSI > PSI, 기저율=6.7%). 즉, 아동은 시지각적 자극을 분석 및 통합하여 부분을 전체로 구성하는 능력이 언어적 이해력과 표현력, 시각적 추론 능력, 시각적 작업기억 능력 및 시각 자극에 대한 신속한 변별과 처리 능력의 발달에 비해 높은 수준이다. 추상적인 시공간적 정보를 분석하여 조직화하는 능력과 구체적인 시각 자극의 부분을 전체 형태로 완성하는 능력이 잘 발달되어 있다(토막짜기=13, 모양맞추기=13).

유동추론지표(FRI)는 81로 [평균하] 수준에 해당하여, 시지각적 추론 능력과 개념적 사고 능력이 동일 연령대에 비해 부진한 발달을 보인다(백분위 11.0, 95% 신뢰구간 73~89). 시각 자극에 대한 유추와 추론 및 분류 능력의 발달이 저조한 점으로 보아, 아동은 구체적인 수준에서 사고하는 특성이 있으며 추상적인 사고에는 곤란을 보인다(행렬추리=7, 공통그림찾기=6). 시공간지표(VSI)에 비해 유동추론지표(FRI)가 유의미하게 낮은데(VSI > FRI, 기저율=3.1%), 아동은 시각 자극의 형태를 변별하고 부분을 전체로 조합하는 능력의 발달이 양호한 반면 시각 자극에 개념적 사고와 복잡한 추론을 적용시키는 능력의 발달은 부진하다.

작업기억지표(WMI)는 98로 [평균] 수준에 해당하며, 이 지표점수에 속하는 소검사들의 수행에 유의미한 편차가 나타났다(백분위 45.0, 95% 신뢰구간 88~108). 시각 자극의 위치를 기억하고 회상하는 소검사 수행이 양호한데 비해, 시각 자극에 주의를 유지하여 기억하고 재인하는 소검사 수행은 저조하다(위치찾기=12, 그림기억=7, 위치찾기>그림기억, 기저율=11.3%). 이러한 차이는 아동이 공간적 단서가 보완된 시공간적 작업기억 능력이 시각적 작업기억 능력보다 더 잘 발휘되는 점을 반영한다.

처리속도지표(PSI)는 89로 [평균하] 수준에 해당하여, 시각 자극을 신속하게 변별하고 처리하는 능력의 발달이 다소 부진하다(백분위 20.0, 95% 신뢰구간 77

~101). 시지각적 자극을 정확하고 빠르게 지각하고 변별하는 능력과 시각적 자료를 연합하는 능력의 발달은 연령대에 적합한 수준이다(동형찾기=9, 동물짝짓기=9). 동시에 많은 시각 자극을 효율적으로 주사하여 목표 자극을 처리하고 부적절한 자극에는 반응을 억제하는 능력의 발달은 저조하다(선택=7).

종합적으로 시지각적 자극을 변별하고 부분으로 전체 형태를 구성하여 조직화하는 능력의 발달이 양호한 데 비해 언어적 추론과 문제해결 능력 및 사회적 이해력과 판단력의 발달이 저조하다. 또한 시지각적 추론과 개념적, 추상적 사고 능력의 발달도 부진하다. 아동은 상식적 지식과 기본적인 단어 지식의 습득은 연령에 적절한 수준이나 사회적, 실제적 지식 습득은 빈약하고, 언어를 사용하여 타인과 사회적, 감정적 소통을 하면서 상호작용하는 데 결함을 보인다. 더불어 사회적 상황이나 대인적 맥락과 상관없이 자신의 관심사와 흥미 주제에 몰두하며 상대방의 반응을 살피지 않고 동일한 주제에 대해 반복적으로 이야기하는 언어 사용 패턴을 보였다. 이와 같이 사회적 의사소통과 상호작용의 결함 및 제한적이고 반복적인 행동을 보이고 있으므로 자폐스펙트럼장애가 시사된다.

요약

- 한국 웩슬러 유아지능검사(K-WPPSI-IV) 결과, 아동의 전반적인 인지 발달은 [평균] 수준에 해당하며(전체 IQ=91), 시공간지표는 [평균상] 수준, 언어이해지표와 작업기억지표는 [평균] 수준, 유동추론지표와 처리속도지표는 [평균하] 수준에 해당한다(VSI=117, VCI=95, WMI=98, FRI=81, PSI=89).

- 시지각적 자극을 정확히 지각하고 변별하여 부분으로 전체 형태를 완성하는 지각적 조직화 능력과 시공간적 자극의 분석 및 통합 능력의 발달이 동일 연령대 아동들에 비해 높은 수준으로 시지각적 구성 및 조직화 능력이 아동의 인지적 강점이다.

- 개념과 범주에 대한 이해가 부족하고 구체적 사고 수준에 머물러 있어 언어 및 시각 자극에 대한 추론 및 개념적 사고 능력의 발달이 저조하다.
- 제한된 관심 주제에 몰두하며 주변 맥락과 상관없이 자신의 관심사에 대해 장황하게 이야기하는 모습을 자주 보이는데, 이러한 경우 언어 표현 능력을 발휘할 수 있지만 타인의 반응을 살피며 적절히 대응하며 대화를 주고받는 사회적 의사소통 능력은 저조하다.
- 사회적 상황에 대한 이해력과 판단력 및 관습적인 대처 방법에 대한 지식이 상당히 부족하다. 타인의 행동 기저에 있는 생각, 의도, 감정 등의 내적 상태를 이해하지 못하고, 흥미와 감정을 타인과 공유하고 교류하는 사회적 상호작용에 결함을 보인다. 아동의 사회적 결함 및 제한되고 반복된 흥미와 활동을 고려할 때 자폐스펙트럼장애가 시사된다.

교육적 제언

- 아동은 자신의 제한된 관심 주제에 몰두하고 있으며 다양한 내용과 이야기에 대한 책이나 활동에 거의 관심이 없어 언어 및 인지능력을 불균형적으로 발휘하고 있다. 연령에 적합하고 또래 아동들과 공유할 수 있는 주제의 독서 및 놀이 활동을 지도하여 아동의 경험과 관심의 범위를 넓히는 기회를 제공할 필요가 있다. 아동이 흥미를 느끼는 시각적 자극을 활용하여 손으로 직접 만지거나 조작하는 활동을 함께 하는 것이 새로운 주제에 대한 아동의 호기심과 동기를 높이는 데 도움이 되겠다.
- 또래와 관계를 형성하고 집단 활동에 참여하는 사회적 능력을 향상시키기 위해 소규모 또래집단 활동을 권고한다. 교사의 지도와 구조화된 프로그램으로 진행되는 5명 이내의 소집단 활동에서 사회적 규칙을 배우고 지키는 것을 연습하고, 또래와의 상호작용 기술을 익혀서 활용하는 경험을 가질 수 있다. 교사의 감독하에 부적절한 사회적 대처 방법을 교정하고 보다 적절한 방법을 실행하여 강화를 받으며, 맥락과 상황에 맞게 사회적 기술

을 사용하고 비언어적인 의사소통 방식에 대한 이해를 높이기 위한 교육
이 필요하다.

치료적 제언

- 주변 환경과 사회적 맥락에 관심을 갖고 탐색하며 사회적 이해력을 발달
  시키고, 사회적 대처 방법에 대한 지식과 사회적 기술을 배우기 위한 개별
  및 짝 그룹 놀이치료
- 또래 아동들과 상호작용하며 관계를 형성하는 방법을 배우고, 적절한 대
  인적 행동을 적용하며 연습하기 위한 또래 그룹 프로그램
- 타인의 반응을 살피면서 대화를 주고받는 사회적 의사소통 능력 향상을
  위한 언어치료
- 아동의 증상과 심리적 특성 및 발달수준을 이해하고 문제 행동을 다루는
  방법과 발달적 촉진 방법을 상담하기 위한 부모양육코칭

③ 지적장애

(1) 의뢰사유

연서는 현재 만 5세 3개월 여아로, 생후 18개월부터 감각통합치료, 만 2세 6개
월부터 언어치료, 만 4세부터 그룹 사회성 향상 프로그램에 참여하고 있다. 연
서의 현재 인지발달수준을 파악하여 치료 계획을 수립하고, 연서에게 적합한
치료적 방향 및 교육 기관을 선택하는 데 도움을 받기 위해 연서의 부모님이
지능평가를 의뢰하였다.

(2) 배경 정보

연서는 정상 체중으로 예정일에 자연분만으로 출생하였다. 백일 전까지 밤

낮이 바뀌어 낮에는 선잠을 자고 밤에는 자지 않고 울며 보챘다. 분유를 잘 먹지 않고 자주 토하였으며, 이유식을 먹기 전까지는 체중이 같은 개월수 영아의 하위 10% 수준으로 발육이 상당히 부진하였다. 고개 가누기와 뒤집기, 앉기가 모두 늦었고 옹알이도 별로 없었으며, 생후 9개월에 영유아건강검진으로 받은 발달선별검사에서 정밀검사가 필요하다는 결과를 받았다. 이후 어린이병원에서 종합적인 검진을 받고 발달 지연이 의심된다는 전문의의 소견을 들은 후 치료적 개입을 시작하였다. 연서는 돌이 지난 후에 어른의 손을 잡고 일어설 수 있었으나 감각통합치료를 시작한 후에야 걷기 시작하였고, 두 돌이 지나서 일상적인 간단한 단어를 말할 수 있었지만 문장으로 말을 한 것은 언어치료를 시작하고 세 돌이 지나서였다. 연서는 20개월경 키와 몸무게가 또래 평균 수준으로 성장하였고, 낯가림이 거의 없었으며 부모와 눈을 맞추며 잘 웃고 이름을 부르면 돌아보며 호명 반응도 적절하였다.

부모님이 번갈아 육아휴직을 하면서 연서를 양육하고 치료 기관에 다녔으며, 언어치료를 시작한 직후부터 어린이집에 다니기 시작하였다. 연서는 교사를 잘 따르고 친구들에게 관심이 많아 처음에는 어린이집을 좋아하며 잘 다녔다. 그러나 작년부터는 친구들과 대화가 잘 통하지 않고 아이들의 놀이에 함께 참여하지 못하여, 처음에는 같이 놀다가도 중간에 혼자 집단에서 빠져나와 교실 구석에 가서 혼자 그림을 그리는 모습이 자주 관찰되었다. 어린이집 교사가 연서를 데리고 아이들이 노는 곳으로 데려가서 함께 놀도록 도와주어도 연서는 여자아이들의 역할 놀이와 가상 놀이를 잘 이해하지 못하고 엉뚱한 반응을 하여 친구들에게 "그렇게 하면 안 돼. 그거 아니야."라고 핀잔을 듣기 일쑤였다. 밖에서 놀이하는 시간에도 아동은 몸놀림이 둔하고 달리기가 느려서 술래잡기 놀이에서 항상 잡히며 술래를 하게 되어 연서와 친구들 모두 즐겁게 놀지 못하였으며, 미끄럼틀과 그네 타기를 무서워하여 놀이터에서도 친구들과 활발하게 놀기 어려웠다. 또래와의 놀이 시간에 거부당하는 경험이 반복되자 연서는 의기소침하여 풀이 죽은 표정으로 멀리서 친구들을 바라보기만 하는 경우가 많았고, 교사가 지도하는 집단 활동에서도 "못해요."라며 울음을 터뜨리는 행동을 보였다. 올해에는 장애통합어린이집으로 진학하여 특수교사의 개별적인 도움을 받고 있어 어린이집에 보다 잘 적응하며 다니고 있지만, 여전히 또래 여자아이들과 잘 어울려 놀기 어렵고 자유놀이 시간에는 자신보다 어린 아이들이나 말을 잘 하지 못하는 아기들에게 다가가곤 한다.

　연서는 집이나 조부모댁과 같이 익숙한 장소에서는 보통 쾌활하고 어른의 지시나 규칙을 잘 지키며 떼를 쓰고 짜증을 부리는 행동은 별로 없었다. 그러나 작년부터는 어릴 때는 없었던 낯가림을 보이며 부모님의 지인이 인사를 하면 부모님 뒤로 숨어 쳐다보지 않고, 키즈카페나 백화점같이 번화한 장소를 돌아다니기 싫어하며 집에 가자고 보챈다. 집에서는 혼자 놀지 못하고 심심해하면서 부모님에게 같이 놀아 달라고 조르고, 같은 만화를 계속해서 보여 달라고 칭얼거리는 행동도 늘었다. 작년에는 밥먹기와 옷입기 등의 자조 행동도 조금만 도와주면 혼자서 하려고 애쓰는 편이었으나, 올해에는 오히려 더 어린아이가 된 듯이 밥을 먹여달라고 조르는 행동이 많아지고 옷을 입거나 신발을 신을 때 바로 잘 되지 않으면 금방 포기하면서 힘들다고 짜증을 내기도 한다. 부모가 쉬운 학습 과제를 아동과 해 보려고 시도하면, 제대로 보지도 않고 "몰라."라고 하거나 다른 방으로 가는 등 나이가 들면서 인내력이 줄어들고 더 의존적인 모습을 보이는 것 같다.

(3) 행동관찰

　연서는 대기실에서 기다리는 동안 아버지의 무릎에 앉아 있었으며, 어머니는 아동에게 음료수를 빨대로 먹여 주고 있었다. 검사자가 가까이 가서 인사를 하니 아동은 살짝 표정이 굳어지며 긴장하는 듯이 보였지만, 부모님이 나중에 장난감을 사 주기로 한 약속을 상기시키니 바로 일어나서 검사자와 함께 검사실로 들어왔다. 검사자에게 눈을 맞추며 검사 지시를 열심히 들었고, 차분하게 의자에 앉아 검사 자극을 쳐다보았다. 검사자의 질문을 듣고 자신이 아는 내용은 바로 대답하였지만, 모르거나 어렵게 느껴지면 아무 말도 하지 않고 가만히 있으면서 검사자를 슬쩍 쳐다보았다. 검사자가 대답하도록 촉구하면 고개를 숙이며 매우 작은 목소리로 "몰라요."라고 말하는 경우가 많았다. 〈어휘〉와 〈이해〉 소검사에서는 문장으로 설명하지 못하고 주로 단어를 나열하여 대답하거나 말끝을 흐리는 모습을 보였다. 〈토막짜기〉와 〈모양맞추기〉 소검사에서 검사 자극을 곧장 만지지 못하고 쳐다보기만 하였고, 검사자가 시범을 보이거나 만져 보도록 격려한 후에 수행을 시작하였다. 또한 형태를 맞추다가 금방 완성하지 못하면 손을 책상 밑으로 내리며 쉽게 포기하였다. 그림을 보면서 도장을 찍는 〈동형찾기〉, 〈선택하기〉, 〈동물짝짓기〉 소검사는 다른 과제들보다 관심을 보이며 적극적으로 임하였고, 제한시간 동안 집중하며 수행하였다. 연서는 검사가 끝날 때까지 의자에 바른 자세로 앉아 지시를 잘 따랐는데, 자신이 아는 질문이나 과제는 웃으면서 수행하다가도 어려운 과제가 나오면 바로 고개를 떨구며 의기소침해 보이고 목소리가 작아졌다. 전반적으로 검사자의 지시를 이해하고 순종적으로 따랐으나, 과제 수행 실패를 두려워하며 자신감과 인내력이 저하되어 보였다.

(4) K-WPPSI-IV 결과 및 해석

〈표 6-21〉 기본지표점수

척도		환산점수 합	지표점수	백분위	신뢰구간[1] 90%(95%)		분류범주	SEM
언어이해	VCI	8	65	1.2	57 - 73	(55 - 75)	매우 낮음	5.15
시공간	VSI	9	67	1.0	56 - 78	(54 - 80)	매우 낮음	6.54
유동추론	FRI	7	63	1.0	56 - 70	(55 - 71)	매우 낮음	3.91
작업기억	WMI	8	64	1.0	56 - 72	(54 - 74)	매우 낮음	4.81
처리속도	PSI	11	75	4.0	65 - 85	(63 - 87)	경계선	6.54
전체 IQ	FSIQ	25	59	0.4	48 - 70	(46 - 72)	매우 낮음	6.35

[1] 신뢰구간은 추정값의 표준오차를 사용하여 산출하였다.

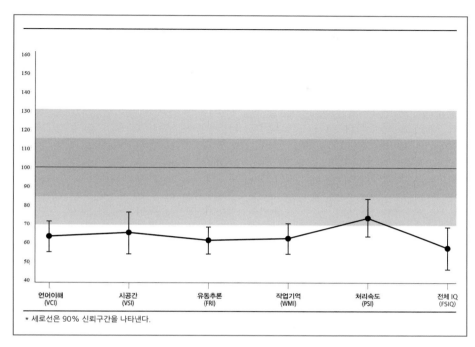

[그림 6-7] 기본지표점수 프로파일

〈표 6-22〉 기본지표수준 강점/약점

척도		지표점수	비교점수[1]	점수차	임계값[2]	강점(S)/약점(W)	기저율[3]
언어이해	VCI	65	66.8	-1.8	12.04	-	>25%
시공간	VSI	67	66.8	0.2	14.47	-	>25%
유동추론	FRI	63	66.8	-3.8	10.02	-	>25%
작업기억	WMI	64	66.8	-2.8	11.46	-	>25%
처리속도	PSI	75	66.8	8.2	14.47	-	>25%

[1] 비교점수는 기본지표점수의 평균(MIS)을 사용하여 산출하였다.
[2] 임계값의 유의수준은 .05이다.
[3] 기저율의 준거집단은 능력수준이다.

244 제6장 K-WPPSI-IV 장애별 지능평가 보고서

〈표 6-23〉 기본지표수준 차이비교

점수1			점수2			점수차	임계값[1]	유의성 Y/N	기저율[2]
언어이해 VCI	65	—	시공간 VSI	67	=	-2	16.32	N	53.6
언어이해 VCI	65	—	유동추론 FRI	63	=	2	12.67	N	39.4
언어이해 VCI	65	—	작업기억 WMI	64	=	1	13.81	N	32.7
언어이해 VCI	65	—	처리속도 PSI	75	=	-10	16.32	N	51.5
시공간 VSI	67	—	유동추론 FRI	63	=	4	14.93	N	39.4
시공간 VSI	67	—	작업기억 WMI	64	=	3	15.91	N	40.0
시공간 VSI	67	—	처리속도 PSI	75	=	-8	18.13	N	48.5
유동추론 FRI	63	—	작업기억 WMI	64	=	-1	12.15	N	59.1
유동추론 FRI	63	—	처리속도 PSI	75	=	-12	14.93	N	31.8
작업기억 WMI	64	—	처리속도 PSI	75	=	-11	15.91	N	28.8

[1] 임계값의 유의수준은 .05이다.
[2] 기저율의 준거집단은 능력수준이다.

〈표 6-24〉 기본지표 소검사점수

소검사		원점수	환산점수	백분위	추정연령	SEM
토막짜기	BD	16	4	2.0	<4:0	1.3
상식	IN	12	4	2.0	<4:0	1.33
행렬추리	MR	6	4	2.0	<4:0	0.93
동형찾기	BS	20	6	9.0	4:1	1.85
그림기억	PM	6	3	1.0	<4:0	1.02
공통성	SI	6	4	2.0	<4:0	1.17
공통그림찾기	PC	2	3	1.0	<4:0	0.91
선택하기	CA	17	5	5.0	<4:0	1.04
위치찾기	ZL	7	5	5.0	<4:0	1.44
모양맞추기	OA	15	5	5.0	<4:0	1.54
어휘	VC	9	6	9.0	<4:0	1.25
동물짝짓기	AC	10	5	5.0	<4:0	1.82
이해	CO	9	6	9.0	4:1	1.3
수용어휘	RV	16	8	25.0	4:5	1.17
그림명명	PN	12	6	9.0	4:1	1.48
선택하기(비정렬)	CAR	8	6	9.0	<4:0	1.53
선택하기(정렬)	CAS	9	5	5.0	<4:0	1.37

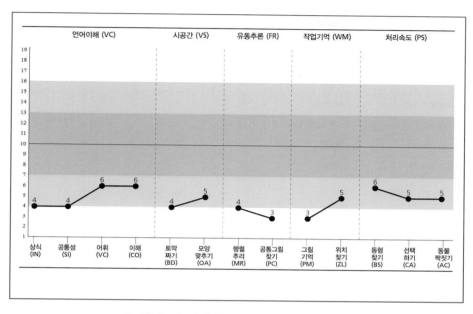

[그림 6-8] 기본지표 소검사점수 프로파일

〈표 6-25〉 기본지표 소검사수준 강점/약점

소검사		환산점수	비교점수[1]	점수차	임계값[2]	강점(S)/약점(W)	기저율[3]
상식	IN	4	4.3	-0.3	3.52	-	>25%
공통성	SI	4	4.3	-0.3	3.14	-	>25%
토막짜기	BD	4	4.3	-0.3	3.45	-	>25%
모양맞추기	OA	5	4.3	0.7	4.02	-	>25%
행렬추리	MR	4	4.3	-0.3	2.59	-	>25%
공통그림찾기	PC	3	4.3	-1.3	2.55	-	>25%
그림기억	PM	3	4.3	-1.3	2.8	-	>25%
위치찾기	ZL	5	4.3	0.7	3.78	-	>25%
동형찾기	BS	6	4.3	1.7	4.77		25%
선택하기	CA	5	4.3	0.7	2.84	-	>25%

[1] 비교점수는 기본지표 소검사의 평균(MSS-I)을 사용하여 산출하였다.
[2] 임계값의 유의수준은 .05이다.
[3] 기저율의 준거집단은 능력수준이다.

〈표 6-26〉기본지표 소검사수준 차이비교

점수1			점수2			점수차	임계값 [1]	유의성 Y/N	기저율 [2]
상식	IN	4	공통성	SI	4	0	3.27	N	-
토막짜기	BD	4	모양맞추기	OA	5	-1	4.36	N	42.4
행렬추리	MR	4	공통그림찾기	PC	3	1	2.83	N	45.5
그림기억	PM	3	위치찾기	ZL	5	-2	3.43	N	37.3
동형찾기	BS	6	선택하기	CA	5	1	3.99	N	42.9

[1] 임계값의 유의수준은 .05이다.
[2] 기저율의 준거집단은 능력수준이다.

〈표 6-27〉추가지표점수

척도		환산점수 합	지표점수	백분위	신뢰구간 [1] 90%(95%)	분류범주	SEM
어휘습득	VAI	14	83	13.0	76 - 90 (74 - 92)	평균 이하	5.3
비언어	NVI	20	55	0.1	47 - 63 (46 - 64)	매우 낮음	3.76
일반능력	GAI	16	58	0.3	51 - 65 (49 - 67)	매우 낮음	4.22
인지효율성	CPI	19	59	0.3	45 - 73 (43 - 75)	매우 낮음	8.11

[1] 신뢰구간은 추정값의 표준오차를 사용하여 산출하였다.

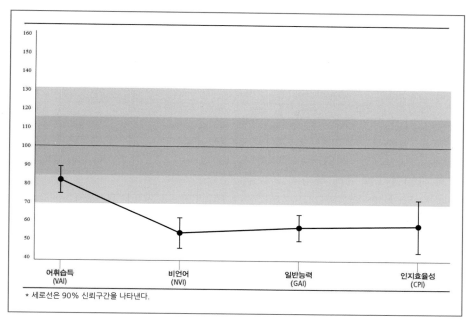

* 세로선은 90% 신뢰구간을 나타낸다.

[그림 6-9] 추가지표점수 프로파일

〈표 6-28〉 추가지표수준 차이비교

점수1		점수2		점수차	임계값[1]	유의성 Y/N	기저율[2]
일반능력 GAI	58	— 전체IQ FSIQ	59	= -1	8.32	N	61.2
일반능력 GAI	58	— 인지효율성 CPI	59	= -1	17.92	N	88.3

[1] 임계값의 유의수준은 .05이다.
[2] 기저율의 준거집단은 능력수준이다.

〈표 6-29〉 추가지표 소검사점수

소검사		원점수	환산점수	백분위	추정연령	SEM
수용어휘	RV	16	8	25.0	4:5	1.17
그림명명	PN	12	6	9.0	4:1	1.48
선택하기 비정렬	CAR	8	6	9.0	<4:0	1.53
선택하기 정렬	CAS	9	5	5.0	<4:0	1.37

〈표 6-30〉 추가지표 소검사/처리점수 수준 차이비교

점수1			점수2			점수차	임계값[1]	유의성 Y/N	기저율[2]
수용어휘	RV	8	— 그림명명	PN	6	=	2	3.34	N	31.2
선택하기(비정렬)	CAR	6	— 선택하기(정렬)	CAS	5	=	1	4.14	N	40.6

[1] 임계값의 유의수준은 .05이다.
[2] 기저율의 준거집단은 능력수준이다.

(5) 지능평가 보고서 작성

이름(성별):	이연서 (여)
나이:	만 5세 3개월
생년월일:	2016년 7월 30일
평가일자:	2021년 11월 17일

기본지표점수

지표	지표점수	백분위	신뢰구간(95%)	분류범주
언어이해(VCI)	65	1.2	55~75	매우 낮음
시공간(VSI)	67	1.0	54~80	매우 낮음
유동추론(FRI)	63	1.0	55~71	매우 낮음
작업기억(WMI)	64	1.0	54~74	매우 낮음
처리속도(PSI)	75	4.0	63~87	경계선
전체 IQ	59	0.4	46~72	매우 낮음

지표점수 프로파일

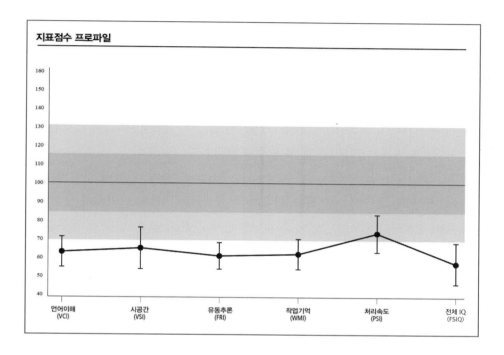

소검사 환산점수 프로파일

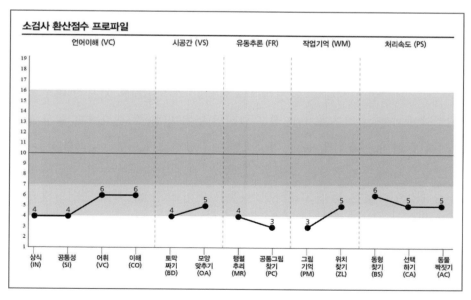

한국 웩슬러 유아지능검사(K-WPPSI-IV)로 측정한 결과, 전체 IQ는 59이며 또래 아동과 비교했을 때 전반적인 인지능력은 [매우 낮음] 수준으로 백분위 0.4에 해당한다(95% 신뢰구간 46~72). 기본지표점수에 대한 결과를 살펴보면, 언어이해지표는 65로 [매우 낮음] 수준, 시공간지표는 67로 [매우 낮음] 수준, 유동추론지표는 63으로 [매우 낮음] 수준, 작업기억지표는 64로 [매우 낮음] 수준, 처리속도지표는 75로 [경계선] 수준에 해당한다.

　언어이해지표(VCI)는 65로 [매우 낮음] 수준에 해당하여, 언어적 이해력과 표현력의 발달이 상당히 저조하고 어휘와 지식 습득이 매우 빈약하다(백분위= 1.2, 95% 신뢰구간 55~75). 언어적 개념형성과 추론 능력의 발달도 저조한데, 공통적인 속성을 알아내는 과제에서 아동은 그림문항은 성공하였으나 언어문항에서는 공통점을 말하지 못하고 단어를 듣고 생각난 개인적인 내용을 말하는 등 개념적 사고에 어려움을 보였다(공통성=4/"나 분홍색 바지 있어요."). 문장으로 된 질문을 듣고 대답하는 과제에서 아동은 주로 간단한 문장이나 단어의 나열로 답하였으며, 질문 내용을 정확히 파악하지 못하고 다소 엉뚱한 반응을 보이기도 하였으므로 아동은 언어이해와 표현 능력의 발달이 저조하다(이해= 6). 이로 인해 일상적인 경험과 독서 및 교육 기관의 활동을 통해 다양한 언어와 상식적 지식을 배우고 기억하며 활용하는 데 곤란을 겪을 것으로 보인다(상식=4). 기본적인 단어의 뜻을 설명하는 과제와 자주 접하는 사물의 명칭을 말하는 과제 수행이 저조하지만, 쉬운 단어의 뜻을 말할 수 있으므로 일상 생활에서 간단한 언어표현을 통한 의사소통은 가능하겠다(어휘=6, 그림명명=6). 특히 단어의 뜻에 해당하는 그림을 선택하는 소검사 수행이 다른 소검사에 비해 상대적으로 높은 점을 고려하면, 아동은 언어표현 능력보다 언어이해 능력의 발달이 나은 수준으로 지적 활동이나 사회적 상황에서 자신이 이해하는 내용만큼 언어로 표현하며 전달하지 못할 것으로 보인다(수용어휘=8, 어휘습득지표=83). 유창하고 조리 있게 자신의 생각과 의견을 언어로 전달하는 능력의 발달이 저조한 점과 더불어 아동은 사회적 상황에서 원인과 결과를 이해하는 능력과 대처 방법에 대한 사회적 기술 습득도 부족하여, 또래와 원활하게 의사소통하면서 놀이에 참여하기 어렵고 적절히 자기 주장을 하거나 자신의 생각과 의도를 표현하며 대응하지 못하여 좌절감을 느낄 것으로 보인다.

시공간지표(VSI)는 67로 [매우 낮음] 수준에 해당하여, 시공간적 조직화 능력과 시지각적 구성능력이 연령에 비해 상당히 저조하다(백분위 1.0, 95% 신뢰구간 54~80). 시공간적 자극을 분석하고 통합하는 능력과 구체적인 형태의 부분으로 전체 모양을 완성하는 능력이 상당히 저조하여, 아동은 시각 자극의 형태를 정확히 변별하고 부분과 전체의 관계를 파악하는 데 어려움을 보이겠다(토막짜기=4, 모양맞추기=5). 익숙한 사물의 모양 퍼즐을 완성하는 과제에서 여러 번 시도하면서 시행착오를 통해 맞추지 못하고 "어려워요." "이상해요."라고 말하면서 금방 포기하는 점으로 보아, 아동은 문제해결 방법이 곧장 떠오르지 않으면 실패에 대한 불안감이 커지고 자신감과 인내력이 쉽게 저하되어 더욱 과제 수행의 어려움이 가중될 수 있겠다.

유동추론지표(FRI)는 63으로 [매우 낮음] 수준에 해당하여, 시각적 자극에 대한 논리적 추론 능력이 매우 저조한 발달을 보인다(백분위 1.0, 95% 신뢰구간 55~71). 시지각 자극에 대해 규칙성을 유추하는 능력과 공통적인 속성을 추론하는 능력의 발달이 매우 지연되어 있다(행렬추리=4, 공통그림찾기=3). 이러한 결과와 함께 언어이해지표에서 언어적 개념형성 및 추론 능력의 발달이 저조한 점을 고려하면, 아동은 언어와 시각 자극에 대한 논리적, 개념적 사고력의 발달이 부진하여 문제해결에 상당한 어려움을 겪을 것으로 보인다.

작업기억지표(WMI)는 64로 [매우 낮음] 수준에 해당하여, 시각 자극에 대한 주의력과 작업기억 능력의 발달이 매우 저조하다(백분위 1.0, 95% 신뢰구간 54~74). 일상적인 물건의 그림을 보면서 기억하여 재인하는 과제 수행이 저조한데, 아동은 그림에 주의를 유지하면서 기억하는 데 어려움을 나타내고 앞선 문항에 나온 그림을 선택하는 오류를 자주 보였다(그림기억=3). 동물카드를 손으로 조작하면서 카드의 위치를 기억하는 과제 수행도 저조하기는 하나, 검사 태도를 살펴보면 시각 자극에 상대적으로 더 오래 집중하며 적극적으로 수행하였다(위치찾기=5). 주의집중과 작업기억 능력을 보다 잘 발휘하도록 지도하기 위해서는 자극을 눈으로 보면서 손으로 만져 보는 등 아동이 자극을 직접 다루며 다양한 정보를 얻을 수 있도록 하는 것이 도움이 되겠다.

처리속도지표(PSI)는 75로 [경계선] 수준에 해당하여, 신속한 시지각적 변별 및 처리 능력의 발달이 저조한 것으로 나타났다(백분위 4.0, 95% 신뢰구간 63~ 87). 시각 자극을 빠르고 정확하게 주사하고 변별하여 목표 자극을 선택하는 능력의 발달이 지연되어, 시각적 집중력을 발휘하여 효율적으로 처리해야 하는 과제 수행에 어려움을 겪겠다(동형찾기=6, 선택하기=5, 동물짝짓기=5). 아동은 시각 자극에 도장을 찍어 표시하는 처리속도지표 소검사들에서 저조한 결과를 보이기는 했으나, 검사 중간에 포기하지 않고 제한시간이 끝날 때까지 주의를 기울였으며 "쉬워요. 잘했지요?"라고 말하면서 다른 과제들보다 인내심과 자신감을 보였다. 이러한 검사 태도는 아동이 비교적 간단하고 반복적인 지적 작업에서 수행에 대한 긴장감이 줄어들고 동기와 의욕을 느끼며, 지적 과제에서 좋은 결과를 얻고자 하는 성취 욕구를 가지고 있다는 것을 반영한다.

종합적으로 언어적 표현력과 개념형성 능력, 시지각적 조직화와 추론 능력, 시각적 주의력과 작업기억 능력, 신속하고 정확한 시각적 변별 및 처리 능력의 발달이 저조하여 전반적인 인지능력의 발달이 낮은 수준이며 인지적 자원이 빈약하다. 언어적 이해력의 발달이 상대적으로 나은 수준으로 일상적인 언어적 의사소통은 가능하지만, 보다 복잡한 사회적 상황이나 대인적 맥락의 의미를 파악하고 타인과 유창하고 조리 있게 대화하는 능력은 저조하다. 인지적 능력 발달의 제한으로 인해 아동은 지식을 습득하고 활용하며 언어 및 시각적 문제를 해결하고 지적 활동에 참여하는 데 어려움을 겪고 있다. 특히 또래와 대화하며 놀이하는 능력이 미숙하여 친구들과 긍정적으로 교류하며 친밀감을 느끼는 경험이 부족하여 이로 인한 정서적 어려움도 나타내고 있다.

요약

• 한국 웩슬러 유아지능검사(K-WPPSI-IV) 결과, 아동의 전반적인 인지 발

달은 [매우 낮음] 수준에 해당하며(전체 IQ=59), 언어이해지표, 시공간지표, 유동추론지표, 작업기억지표가 모두 [매우 낮음] 수준, 처리속도지표는 [경계선] 수준에 해당한다(VCI=65, VSI=67, FRI=63, WMI=64, PSI=75).

- 아동은 전반적인 지적 능력의 발달이 또래 아동들에 비해 상당히 저조한 상태로, 언어 및 시각적 추론 능력, 언어적 유창성과 지식 습득, 지각적 조직화 능력, 작업기억력, 정신운동속도 모두 지연된 발달을 보인다.

- 언어적 이해력에 비해 표현력의 발달이 저조하여, 아동은 학습이나 사회적 상황에서 자신이 이해한 내용을 언어로 충분히 표현하지 못하는 것으로 보인다. 특히 자신의 생각이나 의도를 타인에게 전달하고 또래와 대화하며 놀이하는 데 어려움을 겪고 있다.

- 언어 및 시각적 추론과 개념적 사고 능력의 발달이 저조하여, 논리적 사고가 필요한 복잡한 과제 수행에는 상당한 어려움을 보인다. 또한 지적 과제에 대해 오래 생각하고 여러 번 시도하여 문제해결 방법을 찾아내지 못하고 쉽게 포기하였다. 그러나 비교적 단순하고 반복되는 시각 자극을 다루며 수행 방법이 간단한 과제에서는 보다 주의집중 능력을 발휘하며 자신감을 보였다.

교육적 제언

- 전반적인 인지적 자원이 빈약하며 제한된 인지능력으로 인해 일상 생활의 자조 행동, 지식 습득과 학습, 또래관계 및 사회적 적응에 어려움을 겪고 있다. 그러므로 자기관리 기술을 익히고 인지적 능력을 향상시키기 위해 아동의 인지적 수준에 맞는 특수교육적 개입이 필요하다.

- 지적 능력 발달을 위한 교육에서 주의집중력을 발휘할 수 있도록 눈과 손의 협응과 다양한 감각 경험을 활용하여 아동이 자극을 직접 조작하는 활동을 포함하는 것이 효과적일 것으로 보인다. 또한 언어표현 능력에 비해

이해 능력의 발달이 나은 수준이므로 아동에게 적절한 언어적 지시나 설명을 제공한 후 자신이 이해한 내용을 체계화하여 기억하고 다시 언어로 표현하는 능력을 발달시키고 연습할 수 있도록 충분한 도움과 시간을 주는 것이 중요하다.
- 아동은 어려운 과제에 대한 실패를 두려워하고 쉽게 좌절감을 느끼며 인내력이 저하되므로 아동이 성공할 수 있는 난이도의 과제를 먼저 시행하며 수행 동기를 높이고, 다소 어려운 과제에는 발판화(비계설정)를 마련하여 성취감과 자신감을 느끼는 경험이 필요하다. 또한 격려와 정서적인 지원을 제공하며 아동의 노력을 충분히 인정하는 과정이 도움이 될 수 있다.

치료적 제언

- 현재 진행하고 있는 감각통합치료, 언어치료, 그룹 프로그램 개입 유지
- 아동의 인지발달 수준에 적합한 개별 인지학습치료
- 사회적 상황에 적절한 대처 방법을 배우고 또래와 놀이하는 능력을 발달시키며 친밀한 또래관계를 경험하기 위한 짝그룹 놀이치료
- 아동의 현재 행동 문제와 부적응 기저의 인지적 능력과 심리적 상태에 대해 이해하고 아동의 발달을 촉진하며 정서적 지원을 제공하는 방법을 상담하기 위한 부모양육코칭

4 언어장애

(1) 의뢰사유

동호는 만 3세 6개월 남자 아동으로, 간단한 말은 알아듣고 '엄마, 아빠'를 부를 수 있지만 말할 수 있는 단어가 많지 않고 문장은 거의 구사하지 못하여 일상생활에서 대화가 어렵다. 6개월 전부터 어린이집을 다녔는데, 부모님은 동

호 또래 아이들이 말을 하는 것을 보고 아동의 언어 발달이 상당히 느린 것을 실감하게 되었다. 2개월 전 아동이 언어검사를 받은 결과 언어표현 및 이해 능력의 발달이 연령에 비해 상당히 지연되어 언어치료를 시작하였으며, 언어치료사가 아동의 인지적 발달 평가를 권유하여 부모님이 지능평가를 의뢰하였다.

(2) 배경 정보

동호는 임신 및 출산 시 특이 사항 없이 자연분만으로 출생하였다. 신생아기부터 지금까지 수면과 식사가 양호하고 순한 기질로, 낯가림이나 분리불안도 거의 없었다. 돌 경에 걷기 시작하여 운동발달은 정상 범위였고, 부모와 눈을 맞추며 미소를 짓고 이름을 부르면 돌아보며 호명 반응도 적절하였다. 그러나 영아기에 옹알이가 매우 적었고 많이 울지도 않고 소리를 별로 내지 않았다. '엄마, 아빠, 맘마, 우유' 등의 간단한 단어를 18개월 경에 말할 수 있었지만, 두 돌이 지난 후에도 말할 수 있는 단어가 별로 늘지 않고 문장도 구사하지 못하였다. 아동은 할 수 있는 말도 평소에 잘 하지 않고 원하는 것이 있으면 부모님의 손을 잡아 끌거나 손가락질을 하면서 행동으로 요구사항을 표현하였다. 그림책을 읽어주면 내용에는 관심이 없고 그림을 유심히 쳐다보았고, 블록이나 퍼즐 장난감은 매우 좋아하여 오래 가지고 놀곤 했다.

동호의 부모님은 결혼하면서 아버지의 직장 때문에 원가족의 거주지와 상당히 먼 지방에 거주하였고, 허니문 베이비로 동호가 태어난 후에는 어린 아기를 데리고 왕래하기 어려워서 명절 외에는 원가족과 거의 만나지 못하고 지냈다. 동호가 돌이 지나면서 아버지가 매우 바빠져서 퇴근이 늦고 어머니가 혼자서 아동을 양육하느라 상당히 힘들고 지쳤다. 어머니는 낯선 동네에 살면서 아는 사람도 없어서 아동이 어린이집에 가기 전까지 3년 동안 주로 집에서 둘이 지냈으며, 나중에 되돌아보니 아동이 보채지 않고 얌전한 편이며 어머니는 항상 기운이 없어서 아동을 옆에 앉혀 두고 어머니는 누워 있는 시간이 많았다는 생각이 들었다.

아동은 아침마다 어머니와 쉽게 헤어져서 어린이집에 잘 다니고 적응하는 것처럼 보였다. 하지만 어린이집에서 교사의 질문에 대답하지 않고 쳐다보기만 하고, 책을 읽어 주는 시간에는 듣지 않고 아이들 옆에 앉아 장난감을 만지며 혼자 놀았다. 아이들이 말을 걸면 동호는 고갯짓으로 반응하기도 했지만, 요즈음에는 아무 말도 하지 않고 가만히 있는 경우가 많다. 바깥놀이 시간에는 친구들과 어울려서 뛰어다니지만 말을 잘 하는 친구들과 어울리지 못하고, 친구들은 아동이 말을 별로 하지 않고 말을 걸어도 대꾸하지 않아서 '동호는 말을 못하는 아이'라고 생각하는 것 같다.

(3) 행동관찰

동호는 부모님과 함께 센터에 방문하였고, 대기실에서 고개를 돌려가며 주변을 구경하다가 검사자가 웃으며 다가가니 수줍은 듯이 웃었다. 검사자가 보여 주는 그림 자극에 관심을 보였으나, 이름이나 나이 등의 질문에는 대답하지 않고 살짝 고개를 돌렸다. 검사 수행 중 대부분 의자에 차분히 앉아 소책자의 검사 자극을 손가락으로 짚어서 반응하였지만, 〈수용어휘〉 소검사에서는 몇 개의 문항에 대답한 이후에는 몸을 옆으로 돌려 소책자를 주시하지 않았다. 그림의 명칭을 묻는 〈그림명명〉 소검사에서는 매우 작은 목소리로 그림의 명칭을 몇 개 말하였지만 곧 그림을 쳐다보고 무표정하게 가만히 앉아 있었다. 반면, 〈토막짜기〉와 〈모양맞추기〉 소검사에서 블록과 퍼즐을 보자 환하게 웃으면서 적극적으로 손으로 조작하고 집중하며 수행하였다. 전반적으로 검사자에게 친근하게 대하며 과제에 호기심을 보이고 협조적이었으나, 검사 시간 내내 소리 내어 말하는 모습은 거의 나타내지 않았다.

(4) K-WPPSI-IV 결과 및 해석

〈표 6-31〉 기본지표점수

척도		환산점수 합	지표점수	백분위	신뢰구간[1] 90%(95%)	분류범주	SEM
언어이해	VCI	10	72	3.0	65 - 79 (64 - 80)	경계선	3.94
시공간	VSI	25	114	82.0	103 - 125 (101 - 127)	평균 이상	6.79
작업기억	WMI	20	100	50.0	92 - 108 (90 - 110)	평균	4.93
전체 IQ	FSIQ	44	92	30.0	85 - 99 (83 - 101)	평균	3.49

[1] 신뢰구간은 추정값의 표준오차를 사용하여 산출하였다.

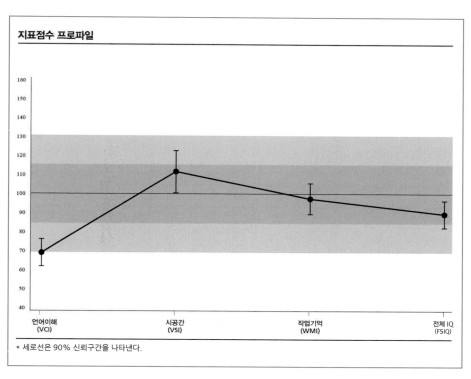

[그림 6-10] 기본지표점수 프로파일

〈표 6-32〉 기본지표수준 강점/약점

척도		지표점수	비교점수[1]	점수차	임계값[2]	강점(S)/약점(W)	기저율[3]
언어이해	VCI	72	95.33	-23.33	9.17	W	1-2%
시공간	VSI	114	95.33	18.67	11.93	S	2-5%
작업기억	WMI	100	95.33	4.67	10.04	-	>25%

[1] 비교점수는 기본지표점수의 평균(MIS)을 사용하여 산출하였다.
[2] 임계값의 유의수준은 .05이다.
[3] 기저율의 준거집단은 능력수준이다.

〈표 6-33〉 기본지표수준 차이비교

점수1			점수2			점수차	임계값[1]	유의성 Y/N	기저율[2]
언어이해	VCI	72	시공간	VSI	114	-42	15.39	Y	1.4
언어이해	VCI	72	작업기억	WMI	100	-28	12.37	Y	4.6
시공간	VSI	114	작업기억	WMI	100	14	16.45	N	17.6

[1] 임계값의 유의수준은 .05이다.
[2] 기저율의 준거집단은 능력수준이다.

〈표 6-34〉 기본지표 소검사점수

소검사		원점수	환산점수	백분위	추정연령	SEM
수용어휘	RV	7	6	9.0	<2:6	0.83
토막짜기	BD	18	12	75.0	≥3:11	1.69
그림기억	PM	8	9	37.0	3:4	1.04
상식	IN	5	4	2.0	<2:6	1.09
모양맞추기	OA	20	13	84.0	≥3:11	1.37
위치찾기	ZL	9	11	63.0	≥3:11	1.36
그림명명	PN	3	4	2.0	<2:6	1.23

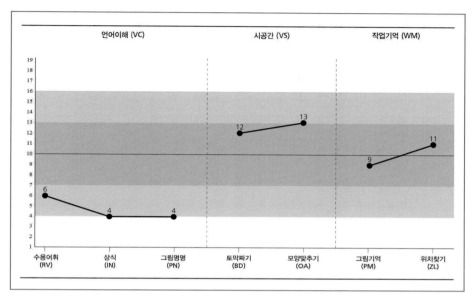

[그림 6-11] 기본지표 소검사점수 프로파일

〈표 6-35〉 기본지표 소검사수준 강점/약점

소검사		환산점수	비교점수[1]	점수차	임계값[2]	강점(S)/약점(W)	기저율[3]
수용어휘	RV	6	9.17	-3.17	2.24	W	10-25%
상식	IN	4	9.17	-5.17	2.7	W	1-2%
토막짜기	BD	12	9.17	2.83	3.87	-	10-25%
모양맞추기	OA	13	9.17	3.83	3.24	S	5-10%
그림기억	PM	9	9.17	-0.17	2.61	-	>25%
위치찾기	ZL	11	9.17	1.83	3.22	-	10-25%

[1] 비교점수는 기본지표 소검사의 평균(MSS-I)을 사용하여 산출하였다.
[2] 임계값의 유의수준은 .05이다.
[3] 기저율의 준거집단은 능력수준이다.

〈표 6-36〉 기본지표 소검사수준 차이비교

	점수1			점수2		점수차	임계값[1]	유의성 Y/N	기저율[2]
수용어휘	RV	6	— 상식	IN	4	= 2	3.23	N	27.9
토막짜기	BD	12	— 모양맞추기	OA	13	= -1	4.36	N	42.4
그림기억	PM	9	— 위치찾기	ZL	11	= -2	3.43	N	37.3

[1] 임계값의 유의수준은 .05이다.
[2] 기저율의 준거집단은 능력수준이다.

〈표 6-37〉 추가지표점수

척도		환산점수 합	지표점수	백분위	신뢰구간[1] 90%(95%)	분류범주	SEM
어휘습득	VAI	10	71	3.0	64 - 78 (62 - 80)	경계선	4.3
비언어	NVI	45	109	73.0	100 - 118 (99 - 119)	평균	6.06
일반능력	GAI	35	92	30.0	83 - 101 (81 - 103)	평균	6.4

[1] 신뢰구간은 추정값의 표준오차를 사용하여 산출하였다.

〈표 6-38〉 추가지표수준 차이비교

	점수1			점수2		점수차	임계값[1]	유의성 Y/N	기저율[2]
일반능력	GAI	92	— 전체IQ	FSIQ	92	= 0	6.71	N	-

[1] 임계값의 유의수준은 .05이다.
[2] 기저율의 준거집단은 능력수준이다.

〈표 6-39〉 추가지표 소검사수준 차이비교

	점수1			점수2		점수차	임계값[1]	유의성 Y/N	기저율[2]
수용어휘	RV	6	— 그림명명	PN	4	= 2	3.34	N	31.2

[1] 임계값의 유의수준은 .05이다.
[2] 기저율의 준거집단은 능력수준이다.

(5) 지능평가 보고서 작성

이름(성별):	차동호 (남)
나이:	만 3세 6개월
생년월일:	2018년 2월 25일
평가일자:	2021년 9월 20일

기본지표점수

지표	지표점수	백분위	신뢰구간(95%)	분류범주
언어이해(VCI)	72	3.0	64~80	경계선
시공간(VSI)	114	82.0	101~127	평균상
작업기억(WMI)	100	50.0	90~110	평균
전체 IQ	92	30.0	83~101	평균

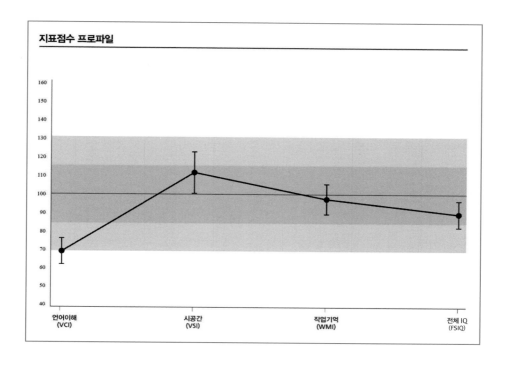

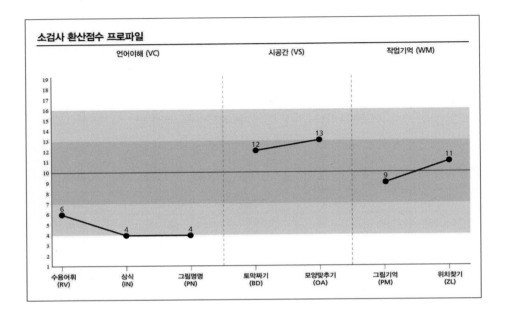

한국 웩슬러 유아지능검사(K-WPPSI-IV)로 측정한 결과, 전체 IQ는 92이며 또래 아동과 비교했을 때 전반적인 인지능력은 [평균] 수준으로 백분위 30에 해당한다(95% 신뢰구간 83~101). 기본지표점수에 대한 결과를 살펴보면, 언어이해지표는 72로 [경계선] 수준, 시공간지표는 114로 [평균상] 수준, 작업기억지표는 100으로 [평균] 수준에 해당한다.

언어이해지표(VCI)는 72로 [경계선] 수준에 해당하여, 기본적인 언어적 이해력과 표현력의 발달 및 상식적 지식 습득 수준이 저조하다(백분위=3.0, 95% 신뢰구간 64~80). 언어이해지표(VCI)는 아동의 인지적 약점(VCI < MIS, 기저율=1~2%)에 해당하며, 다른 지표점수들에 비해 유의미하게 점수가 낮았다(VCI < VSI, 기저율=1.4%; VCI < WMI, 기저율=4.6%). 아동은 시지각적 조직화 능력과 작업기억 능력에 비해 언어이해 및 표현 능력의 발달이 상당히 부진하다. 아동은 단어를 듣고 해당하는 그림을 선택하는 〈수용어휘〉 소검사에서 '컵, 창문' 등의 일상적인 사물의 명칭을 이해할 수 있었으나 동사와 형용사는 알지 못하였고, 〈그림명명〉 소검사에서는 그림을 보고 '바나나, 자동차, 시계'를 말

하였으나 다른 그림의 명칭은 말하지 못하였다. 즉 아동은 기본적인 단어 습득과 어휘력이 매우 빈약하고 단어의 의미를 이해하지 못하여 일상적인 의사소통에 상당한 곤란을 겪고 있다(수용어휘=6, 그림명명=4). 〈상식〉 소검사에서도 질문에 해당하는 그림을 고르는 그림문항에서 정답을 맞혔지만 간단한 문장으로 된 질문을 듣고 대답하지 못하여 언어이해 및 표현 능력의 발달이 매우 저조하다(상식=4). 또한 아동은 사물의 명칭과 단어의 뜻을 알지 못하여 대인적 의사소통 상황에서는 정서적으로 위축되어 주로 회피하고 있으므로 언어적 자극을 접하며 배울 수 있는 기회가 더욱 줄어드는 것으로 보인다.

시공간지표(VSI)는 114로 [평균상] 수준에 해당하여, 시지각적 변별 및 조직화 능력의 발달이 연령에 비해 높은 수준이다(백분위 82.0, 95% 신뢰구간 101~127). 아동은 시지각적 자극을 정확히 지각하고 부분과 전체의 관계를 파악하여 구체적, 추상적 형태를 완성하는 시각적 구성 능력의 발달이 양호하며 인지적 강점에 해당한다(VSI > MIS, 기저율=2-5%). 또한 시각 자극을 눈과 손의 협응을 통해 조작하여 전체 형태를 조직화하는 능력이 잘 발달되어 있다(토막짜기=12, 모양맞추기=13). 아동이 언어이해 및 표현 능력을 요하는 과제에서 저조한 수행을 보이고 심리적으로 위축되는 반면 시각 자극을 다루는 과제에서는 흥미를 보이며 적극적으로 집중하여 수행하는 모습을 보였으므로, 아동의 언어적 능력 향상을 위한 개입에서 시각적 자극과 도구를 적절히 활용하면서 자신감과 의욕을 높이는 정서적 지원이 중요해 보인다.

작업기억지표(WMI)는 100으로 [평균] 수준에 해당하여, 시각 자극에 대한 주의력과 작업기억 능력의 발달이 연령에 적합하다(백분위 50.0, 95% 신뢰구간 90~110). 시각 자극에 주의를 유지하면서 기억하고 회상하여 지적 과제를 수행하는 능력이 언어적 문제해결 능력에 비해 높은 수준이다(WMI > VCI, 기저율=4.6%). 아동은 일상적인 사물 그림에 주의를 기울여 기억하고 재인하는 능력과 시각 자극의 위치를 기억하고 회상하는 시공간적 작업기억 능력이 연령에 적절한 발달을 보인다(그림기억=9, 위치찾기=11).

추가지표를 통해 아동의 인지 발달 양상을 세부적으로 알아보면, 어휘습득지표는 71로 [경계선] 수준(백분위 3.0, 신뢰구간 62~80)에 해당하나 비언어지표는 109로 [평균] 수준(백분위 73.0, 신뢰구간 99~119), 일반능력지표는 92로 [평균] 수준(백분위 30.0, 신뢰구간 81~103)에 해당한다. 비언어지표의 결과는 아동이 현재 언어적 능력의 발달이 연령에 비해 저조하지만 언어적 요구가 감소된 과제에서는 지적 능력을 양호하게 발휘할 수 있다는 것을 반영한다. 일반능력지표와 전체 IQ가 [평균] 수준인 점을 함께 고려하면 아동은 현재 언어이해 및 표현 능력의 발달이 부진하여 일상생활과 또래관계에서 의사소통의 어려움을 보이고 있지만 일반적인 인지적 능력은 연령에 적합한 수준으로 발달되어 있으므로, 치료적 개입과 다양한 사회적 경험을 통해 언어적 능력이 향상되면 사회적 및 지적 활동에서 보다 나은 수행을 보일 수 있겠다.

요약

- 한국 웩슬러 유아지능검사(K-WPPSI-IV) 결과, 아동의 전반적인 인지 발달은 [평균] 수준에 해당하며(전체 IQ=92), 언어이해지표는 [경계선] 수준, 시공간지표는 [평균상] 수준, 작업기억지표는 [평균] 수준에 해당한다(VCI =72, VSI=114, WMI=100).
- 아동은 시지각적 변별, 지각적 조직화, 시각적 주의집중 및 작업기억 능력의 발달은 연령에 적합하거나 높지만 언어이해 및 표현 능력의 발달은 저조하여, 언어적 능력 발달 지연으로 인해 의사소통의 어려움을 보인다. 언어이해와 표현 및 문제해결 능력의 발달이 부진하지만, 언어적 능력에 대한 요구를 줄인 일반적인 지적 능력의 발달은 양호하다.
- 언어적 능력을 발휘해야 하는 지적 과제 수행이나 사회적 상황에서 심리적으로 위축되고 의욕이 저하되어 회피적인 대응 방식을 보인다. 인지적 약점과 관련된 활동에 정서적 어려움을 나타내고 있으므로 치료적 개입이나 교육에서 성취감을 느끼고 동기를 높일 수 있는 구체적인 방법을 마련할 필요가 있다.

교육적 제언

- 언어적 능력 향상을 위한 교육에 시각적 자료를 포함한 다양한 자극을 활용하는 것이 중요하다. 아동이 배우고 있는 언어적 내용을 파악하는 데 도움이 되는 시각적인 정보를 함께 제공하여, 아동이 흥미를 느끼고 쉽게 이해되는 자극을 통해 언어 자극을 보다 친숙하게 받아들이고 자신감을 갖도록 한다.
- 일상생활에서 자연스럽게 언어 자극을 접하면서 언어표현 능력을 높일 수 있도록 실제적인 활동을 하면서 언어 자극을 제시하고, 사회적 맥락에 맞는 대화를 통해 언어적 의사소통 방법을 모델링하도록 한다.
- 아동의 인지적 강점 영역에 해당하는 지적 활동을 통해 흥미와 성취감을 느끼는 시간을 충분히 가지고, 이러한 활동 중에 긍정적인 감정을 경험하면서 언어적 자극을 접하며 배울 수 있도록 한다.

치료적 제언

- 현재 진행하고 있는 개별 언어치료를 지속하고, 추후 실제적인 의사소통 능력을 향상시키기 위해 그룹 언어치료 시행
- 언어적 의사소통에 대한 심리적 위축과 불안감을 줄이고, 또래와의 놀이 활동에 능동적으로 참여할 수 있도록 돕는 개별 놀이치료
- 어머니의 양육 스트레스를 줄이고 가정에서 아동과 언어적, 비언어적 의사소통을 더욱 활발히 하며 긍정적인 정서 교류를 하는 방법을 배우기 위한 부모양육코칭

참고문헌

곽금주(2016). 발달심리학. 학지사.

김상원, 김충육(2011). 아동 인지능력 평가의 최근 동향-CHC이론과 K-WISC-IV. 한국심리학회지: 학교, 8(3), 337-358.

김재환, 오상우, 홍창희, 김지혜, 황순택, 문혜신, 정승아, 이장한, 정은경(2014). 임상심리검사의 이해(2판). 학지사.

박혜원, 이경옥, 안동현(2016). K-WPPSI-IV 실시지침서. 학지사.

박혜원, 이경옥, 안동현(2020). K-WPPSI-IV 기술지침서. 학지사.

Binet, A. (1905). New Methods for the Diagnosis of the Intellectual level of Subnormal. *L'Année Psychologique, 12*, 191-244.

Cattell, R. B. (1971). *Abilities: Their structure, growth and action.* Houghton Mifflin.

Coyle, T. R., Pillow, D. R., Snyder, A. C., & Kochunov, P. (2011). Processing speed mediates the development of general intelligence in adolescents. *Psychological Science, 22*(10), 1235-1269.

Dougherty, T. M., & Haith, M. M. (1997). Infant expectations and reaction times as predictors of childhood speed of processing and IQ. *Developmental Psychology, 33*(1), 146-155.

Grégorie, J., Coalson, D. L., & Zhu, J. (2011). Analysis of WAIS-IV index score scatter using significant deviation from the mean index score. *Assessment, 18*, 168-177., doi: 10.1177/1073191110386343

Langeslag, S. J. E., Schmidt, M., Ghassabian, A., Jaddoe, V. W., Hofman, A., Van der Lugt, A. …White, T. J. H. (2013). Functional connectivity between parietal and frontal brain regions and intelligence in young children: The generation R

참고문헌   267

study. *Human Brain Mapping, 34*(12), 3299–3307.

Lichtenberger, E. O., & Kaufman, A. S. (2012). *Essentials of WAIS–IV assessment.* Wiley.

Raiford, S. E. & Coalson, D. L. (2014). *Essentials of WPPSI–IV assessment.* John Wiley & Sons.

Sattler, J. M., Dmont, R., & Coalson, D., L. (2016). Assessment of children: WISC–V and WPPSI–IV. Jerome M. Sattler, Publisher, Inc.

Thurstone, L. L. (1946). Theories of intelligence. *Scientific Monthly, 22*, 101–112.

Wechsler, D. (1939). *Measurement of adult intelligence.* Williams & Wilkins.

Wechsler, D. (2012). WPPSI–IV: Technical and interpretive manual. Pearson.

찾아보기

장희순(Jang, Heesoon)

이화여자대학교 심리학 박사
한국심리학회 공인 임상심리전문가
정신건강임상심리사 1급
현 용인대학교 교양학부 부교수

〈주요 저서 및 역서〉
『북한이탈주민 심리상태 검사도구 개발』(공저, 통일부 하나원, 2021)
『사회정서발달』(원서 3판, 공역, 학지사, 2021)
『발달정신병리 사례집』(3판, 공역, 시그마프레스, 2016)

박혜근(Park, Hyegeun)

이화여자대학교 심리학 박사
한국심리학회 공인 임상심리전문가
한국발달지원학회 공인 놀이심리상담 수련감독자
현 이화여자대학교 아동발달센터 심리치료실 실장

〈주요 저서 및 역서〉
『최신 발달심리학』(공저, 사회평론아카데미, 2021)
『코로나 시대 아이 생활 처방전』(공저, 와이즈맵, 2021)
『놀이치료 2: 임상적 적용편』(공역, 학지사, 2019)
『놀이치료 1: 이론과 기법편』(공역, 학지사, 2018)

최은실(Choi, Eunsil)

이화여자대학교 심리학 박사
한국심리학회 공인 발달심리사 1급
정신건강임상심리사 2급
현 가톨릭대학교 심리학과 교수

〈주요 저서 및 역서〉
『놀이치료 : 교육과 치료현장을 위한 안내서』(공저, 사회평론아카데미, 2023)
『아동 · 청소년 이상심리학』(4판, 공역, 시그마프레스, 2023)
『청소년을 위한 마음챙김 기술』(공저, 학지사, 2022)
『복합 PTSD 워크북』(공역, 학지사, 2021)
『놀이치료 2: 임상적 적용편』(공역, 학지사, 2019)
『놀이치료 1: 이론과 기법편』(공역, 학지사, 2018)
『발달정신병리학』(공역, 학지사, 2017)
『발달정신병리 사례집』(3판, 공역, 시그마프레스, 2016)

〈검사 도구〉
〈성격 5요인검사〉 개발(한국가이던스)
〈STS 6요인 기질검사〉 개발(인싸이트)

K-WPPSI-IV 이해와 활용
Practical Guide for K-WPPSI-IV Assessment

2024년 5월 10일 1판 1쇄 인쇄
2024년 5월 20일 1판 1쇄 발행

지은이 • 장희순 · 박혜근 · 최은실
펴낸이 • 김진환
펴낸곳 • (주) **학지사**

  04031 서울특별시 마포구 양화로 15길 20 마인드월드빌딩 4층
대 표 전 화 • 02)330-5114   팩스 • 02)324-2345
등 록 번 호 • 제313-2006-000265호

홈 페 이 지 • http://www.hakjisa.co.kr
인스타그램 • https://www.instagram.com/hakjisabook

ISBN 978-89-997-3115-0 93180

정가 18,000원

출판미디어기업 학지사

간호보건의학출판 **학지사메디컬** www.hakjisamd.co.kr
심리검사연구소 **인싸이트** www.inpsyt.co.kr
학술논문서비스 **뉴논문** www.newnonmun.com
교육연수원 **카운피아** www.counpia.com
대학교재전자책플랫폼 **캠퍼스북** www.campusbook.co.kr